企业所得税汇算清缴
关键点风险点解析
(2019年)

沈 砼　张鼎新　主编

中国税务出版社

图书在版编目(CIP)数据

企业所得税汇算清缴关键点风险点解析.2019年/沈砼,张鼎新主编.--北京:中国税务出版社,2019.2
ISBN 978-7-5678-0807-2

I.①企… II.①沈… ②张… III.①企业所得税—税收管理—中国 IV.①F812.424

中国版本图书馆 CIP 数据核字(2019)第 035351 号

版权所有·侵权必究

书　　名	企业所得税汇算清缴关键点风险点解析(2019年)
作　　者	沈　砼　张鼎新　主编
责任编辑	刘　菲
责任校对	姚浩晴
技术设计	刘冬珂
出版发行	中国税务出版社
	北京市丰台区广安路9号国投财富广场1号楼11层
	邮政编码:100055
	http://www.taxation.cn
	E-mail:swcb@taxation.cn
	发行中心电话:(010)83362083/86/89
	传真:(010)83362046/47/48/49
经　　销	各地新华书店
印　　刷	北京天宇星印刷厂
规　　格	787毫米×1092毫米　1/16
印　　张	19.5
字　　数	410000字
版　　次	2019年2月第1版　2019年2月第1次印刷
书　　号	ISBN 978-7-5678-0807-2
定　　价	58.00元

如有印装错误　本社负责调换

前　言

《中华人民共和国企业所得税法》实施10多年来，企业所得税申报表经历了三版变化，即2008年版、2014年版和2017年版。2018年底，国家税务总局发布《关于修订〈中华人民共和国企业所得税年度纳税申报表（A类，2017年版）〉部分表单样式及填报说明的公告》（国家税务总局公告2018年第57号），对2017年版申报表进行修订，涉及18张申报表及填报说明。如何迅速掌握最新版申报表知识，提高申报信息质量，找准汇算清缴后续管理工作的切入点，最大限度降低征纳双方的涉税风险，是大家迫切希望解决的问题。

本书既是纳税申报的工具书，又是政策研读的教科书。2018年出版的《企业所得税汇算清缴关键点风险点解析（2018年）》一书受到企业财税人员、税务干部的广泛关注。此次编写的2019年版以修订后的2017版申报表为主线设置章节，方便读者快速找到每一张申报表格的填报要求。同时，将2008年至2018年12月的企业所得税政策分解到每一张表格的填报要求之中，辅之以案例来帮助读者理解政策要求和填报方法。

由于编者来自税政管理、风险防控、税务稽查等不同岗位，因此，本书的视角是多元而立体的。编者不仅将每一张表格的填报要求和税收政策以关键点的形式作出提示，同时也将大家在工作中遇到的常见问题和企业容易出现的纳税风险以风险点的形式进行解析，并结合实际案例，直指可能出现的疑难问题。

大数据时代，一切工作基于数据，企业财务人员能够准确地完成纳税申报表的填报工作，是降低涉税风险的基本方法。与此同时，高质量的申报数据也是税务机关高效开展后续管理、风险防控和税务稽查的重要前提。本书所要探索的重要课题正是将后续管理前延至纳税申报环节，从源头管控申报数据质量。精准的政策理解、规范的申报表填报,不仅能够为企业降低纳税成本,也可以帮助税务机关减少不必要的工作量,释放出人、财、物等方面的执法资源,有利于更好地开展税收违法犯罪案件的查处,为纳税人营造更加公平的营商环境。

本书由沈砼、张鼎新、李霄、霍勇杰、马泽方、张程编写。虽经编者反复审阅,仍难免存在纰漏。对我们而言,查缺补漏的过程也是完善和提升的过程。衷心希望得到读者的批评指正,以便为纳税人和基层税务工作者提供更加准确简明、切实有效的帮助。

编 者
2019 年 1 月

自　序
(2018年版)

对于亲爱的读者们来说，这是一本有关税收业务的书籍；而对于我们几位编者而言，收笔的一瞬，仿佛是一份敝帚自珍的情怀。书中提炼出的233个填报关键点，123个涉税风险点，在读者们的指尖划过之前，我们每一位编者已对它们注目许久、许久。

"少年易学老难成，一寸光阴不可轻。未觉池塘春草梦，阶前梧叶已秋声。"一次长达18个月的培训机缘，让我们几个亦老亦少的税务人通过国地税优秀中青年业务骨干班，穿越80万原本互不相识的同仁，有幸相聚在一起，重新审视我们走过的漫漫税路。

——相知。晨起嗅一阵清甜的花香，拾一枚殷红的落英，我们并非只是国家机构里冰冷的政策执行者，我们更是来自税务系统不同单位，带着税政、风控、评估、审计、稽查、出口退税等不同视角的税制改革亲历人。

——执笔。我们想要在这一张张报表面前说一段前所未有的单口相声，我们会怎样去填写它，又会怎样去检查它，用专业的语言讲述这份执着税收业务的初心，将这一切向您娓娓道来。

——激辩。一个个凌晨，我们思想碰撞、面红耳赤地找寻真理，书本所学、岗位所学、理论所学、实操所学……将这份早已内化于心的娴熟，铺就一条遵循法律、为民服务的捷径，水到而渠成。

在"放管服"改革不断优化升级的今天，不论对于企业的财务人员，还是对于我们几位编者来说，每年的企业所得税汇算清缴都像是一场年度大戏。戏中不同的，是税企之间的分工和角色。而相同的，则是征纳双方共同防范税收风险的美好愿景。2018年适逢企业所得税立法十年，本书的几位编者也都伴随税制改革一并走过了风雨同舟的十年。悠悠十载，税海徜徉，税月难忘。尽管提高全社会税法遵从的意识和能力任重且道远，但我们仍愿在力所能及的范围内多做一些、再多做一些。

谨以此书向企业所得税立法十年献礼！

不忘初心，方得始终。

编　者

2018年1月21日于北京

目 录

1 封面、表单、基础信息表填报实务(A000000) ········· 1
   1.1 表样 ········· 1
   1.2 修订变化 ········· 4
   1.3 《企业所得税年度纳税申报表(A类)》封面的政策要点 ········· 5
   1.4 《企业所得税年度纳税申报表填报表单》的政策要点 ········· 7
   1.5 《企业所得税年度纳税申报基础信息表》(A000000)填报实务 ········· 8

2 《企业所得税年度纳税申报表(A类)》填报实务(A100000) ········· 13
   2.1 表样 ········· 13
   2.2 利润总额计算的政策要点 ········· 14
   2.3 应纳税所得额计算的政策要点 ········· 16
   2.4 应纳税额计算的政策要点 ········· 18

3 收入、成本、费用政策及填报实务(A101010—A104000) ········· 21
   3.1 《一般企业收入明细表》(A101010)的填报实务 ········· 21
   3.2 《金融企业收入明细表》(A101020)的填报实务 ········· 26
   3.3 《一般企业成本支出明细表》(A102010)的填报实务 ········· 28
   3.4 《金融企业支出明细表》(A102020)的填报实务 ········· 33
   3.5 《事业单位、民间非营利组织收入、支出明细表》(A103000)
       的填报实务 ········· 35
   3.6 《期间费用明细表》(A104000)的填报实务 ········· 37

4 纳税调整政策及填报实务(A105000) ········· 42
   4.1 表样 ········· 42
   4.2 修订变化 ········· 44
   4.3 按权益法核算长期股权投资对初始投资成本调整确认收益
       (第5行)相关政策要点 ········· 45
   4.4 交易性金融资产初始投资调整(第6行)相关政策要点 ········· 46
   4.5 公允价值变动净损益(第7行)相关政策要点 ········· 48

4.6　销售折扣、折让和退回(第10行)相关政策要点 …………… 49
　　4.7　业务招待费支出(第15行)相关政策要点 ………………… 52
　　4.8　利息支出(第18行)相关政策要点 ………………………… 54
　　4.9　罚金、罚款和被没收财物的损失(第19行)相关政策要点 … 58
　　4.10　税收滞纳金、加收利息(第20行)相关政策要点 ………… 59
　　4.11　赞助支出(第21行)相关政策要点 ………………………… 60
　　4.12　与未实现融资收益相关在当期确认的财务费用(第22行)相关政策
　　　　　要点 ……………………………………………………… 60
　　4.13　佣金和手续费支出(第23行)相关政策要点 ……………… 63
　　4.14　跨期扣除的项目(第26行)相关政策要点 ………………… 63
　　4.15　与取得收入无关的支出(第27行)相关政策要点 ………… 64
　　4.16　境外所得分摊的共同支出(第28行)相关政策要点 ……… 65
　　4.17　党组织工作经费(第29行)相关政策要点 ………………… 65
　　4.18　资产减值准备金(第33行)相关政策要点 ………………… 66
　　4.19　合伙企业法人合伙人应分得的应纳税所得额 …………… 69

5　视同销售填报实务(A105010) ……………………………………… 70
　　5.1　表样 ……………………………………………………………… 70
　　5.2　一般规定 ……………………………………………………… 71
　　5.3　关键要点 ……………………………………………………… 72
　　5.4　风险环节 ……………………………………………………… 73

6　未按权责发生制原则确认的收入填报实务(A105020) …………… 80
　　6.1　表样 ……………………………………………………………… 80
　　6.2　一般规定 ……………………………………………………… 81
　　6.3　关键要点 ……………………………………………………… 84
　　6.4　风险环节 ……………………………………………………… 92

7　投资收益政策及填报实务(A105030) ……………………………… 93
　　7.1　表样 ……………………………………………………………… 93
　　7.2　债权性投资收益事项相关企业所得税政策要点 …………… 94
　　7.3　权益性投资收益事项相关企业所得税政策要点 …………… 98

8　不征税收入填报实务(A105040) ………………………………… 102
　　8.1　表样 …………………………………………………………… 102
　　8.2　一般规定 ……………………………………………………… 103
　　8.3　关键要点 ……………………………………………………… 104

8.4　风险环节 …………………………………………………………… 106

9　职工薪酬政策及填报实务（A105050） …………………………………… 110
　　9.1　表样 ………………………………………………………………… 110
　　9.2　修订变化 …………………………………………………………… 111
　　9.3　工资薪金支出扣除相关政策要点 ………………………………… 112
　　9.4　职工福利费支出相关政策要点 …………………………………… 115
　　9.5　职工教育经费支出相关政策要点 ………………………………… 117
　　9.6　工会经费支出相关政策要点 ……………………………………… 118
　　9.7　各类基本社会保障性缴款相关政策要点 ………………………… 119
　　9.8　住房公积金相关政策要点 ………………………………………… 120
　　9.9　补充养老保险相关政策要点 ……………………………………… 120
　　9.10　补充医疗保险相关政策要点 ……………………………………… 121

10　广告费和业务宣传费支出政策及填报实务（A105060） ………………… 126
　　10.1　表样 ………………………………………………………………… 126
　　10.2　一般规定 …………………………………………………………… 127
　　10.3　关键要点 …………………………………………………………… 127
　　10.4　风险环节 …………………………………………………………… 129

11　捐赠支出政策及填报实务（A105070） …………………………………… 131
　　11.1　表样 ………………………………………………………………… 131
　　11.2　一般规定 …………………………………………………………… 132
　　11.3　关键要点 …………………………………………………………… 132
　　11.4　风险环节 …………………………………………………………… 135

12　资产折旧、摊销填报实务（A105080） …………………………………… 137
　　12.1　表样 ………………………………………………………………… 137
　　12.2　修订变化 …………………………………………………………… 140
　　12.3　一般规定 …………………………………………………………… 140
　　12.4　填报关键要点 ……………………………………………………… 142
　　12.5　政策关键要点 ……………………………………………………… 149
　　12.6　风险环节 …………………………………………………………… 152

13　资产损失政策及填报实务（A105090） …………………………………… 155
　　13.1　表样 ………………………………………………………………… 155

13.2 修订变化 156
13.3 一般规定 157
13.4 风险环节 160
13.5 实际案例 162

14 企业重组政策及填报实务(A105100) 165
14.1 表样 165
14.2 一般规定 166
14.3 关键要点 166
14.4 风险环节 177

15 政策性搬迁和特殊行业准备金政策及填报实务(A105110、A105120) 183
15.1 《政策性搬迁纳税调整明细表》(A105110) 183
15.2 《特殊行业准备金及纳税调整明细表》(A105120) 192

16 企业所得税弥补亏损填报实务(A106000) 199
16.1 表样 199
16.2 修订变化 199
16.3 一般规定 200
16.4 特殊规定 200
16.5 关键要点 201
16.6 风险环节 203

17 收入、扣除优惠填报实务(A107010—A107012) 204
17.1 《免税、减计收入及加计扣除优惠明细表》(A107010) 204
17.2 《符合条件的居民企业之间的股息、红利等权益性投资收益优惠明细表》(A107011) 212
17.3 《研发费用加计扣除优惠明细表》(A107012) 218

18 应纳税所得额优惠填报实务(A107020—A107030) 227
18.1 《所得减免优惠明细表》(A107020) 227
18.2 《抵扣应纳税所得额优惠明细表》(A107030) 240

19 应纳税额优惠填报实务(A107040—A107042、A107050) 245
19.1 《减免所得税优惠明细表》(A107040) 245
19.2 《高新技术企业优惠情况及明细表》(A107041) 254

19.3 《软件、集成电路企业税收优惠情况及明细表》(A107042) …………… 260
19.4 《税额抵免优惠明细表》(A107050) ……………………………………… 267
19.5 企业清算期间及重组事项发生后税收优惠享受问题 …………………… 269
19.6 房地产开发企业土地增值税清算涉及企业所得税退税问题…………… 270

20 境外所得税收抵免填报实务(A108000—A108030) …………………… 272
20.1 境外所得税收抵免政策要点(A108000) ………………………………… 272
20.2 境外所得纳税调整后所得政策要点(A108010) ………………………… 279
20.3 境外分支机构弥补亏损政策要点(A108020) …………………………… 283
20.4 跨年度结转抵免境外所得税政策要点(A108030) ……………………… 286
20.5 《受控外国企业信息报告表》及外国企业年度独立财务报表政策
要点 ……………………………………………………………………… 287
20.6 境外所得应纳税额计算填报案例(分国不分项) ………………………… 288

21 跨地区经营汇总纳税填报实务(A109000、A109010) …………………… 290
21.1 跨地区经营汇总纳税企业年度分摊企业所得税政策要点
(A109000) ………………………………………………………………… 290
21.2 企业所得税汇总纳税分支机构所得税分配政策要点(A109010) ……… 294
21.3 跨地区汇总纳税企业所得税汇算清缴填报案例 ………………………… 296

1 封面、表单、基础信息表填报实务(A000000)

1.1 表样

中华人民共和国企业所得税年度纳税申报表封面

(A类,2017年版)

税款所属期间: 　年　月　日至　年　月　日

纳税人识别号
(统一社会信用代码):　□□□□□□□□□□□□□□□□□□

纳税人名称:

金额单位:人民币元(列至角分)

谨声明:本纳税申报表是根据国家税收法律法规及相关规定填报的,是真实的、可靠的、完整的。

纳税人(签章):
　年　月　日

经办人:	受理人:
经办人身份证号:	受理税务机关(章):
代理机构签章:	受理日期:　年　月　日

企业所得税年度纳税申报表填报表单

表单编号	表单名称	是否填报
A000000	企业所得税年度纳税申报基础信息表	√
A100000	中华人民共和国企业所得税年度纳税申报表（A类）	√
A101010	一般企业收入明细表	☐
A101020	金融企业收入明细表	☐
A102010	一般企业成本支出明细表	☐
A102020	金融企业支出明细表	☐
A103000	事业单位、民间非营利组织收入、支出明细表	☐
A104000	期间费用明细表	☐
A105000	纳税调整项目明细表	☐
A105010	视同销售和房地产开发企业特定业务纳税调整明细表	☐
A105020	未按权责发生制确认收入纳税调整明细表	☐
A105030	投资收益纳税调整明细表	☐
A105040	专项用途财政性资金纳税调整明细表	☐
A105050	职工薪酬支出及纳税调整明细表	☐
A105060	广告费和业务宣传费跨年度纳税调整明细表	☐
A105070	捐赠支出及纳税调整明细表	☐
A105080	资产折旧、摊销及纳税调整明细表	☐
A105090	资产损失税前扣除及纳税调整明细表	☐
A105100	企业重组及递延纳税事项纳税调整明细表	☐
A105110	政策性搬迁纳税调整明细表	☐
A105120	特殊行业准备金及纳税调整明细表	☐
A106000	企业所得税弥补亏损明细表	☐
A107010	免税、减计收入及加计扣除优惠明细表	☐
A107011	符合条件的居民企业之间的股息、红利等权益性投资收益优惠明细表	☐
A107012	研发费用加计扣除优惠明细表	☐
A107020	所得减免优惠明细表	☐
A107030	抵扣应纳税所得额明细表	☐
A107040	减免所得税优惠明细表	☐
A107041	高新技术企业优惠情况及明细表	☐
A107042	软件、集成电路企业优惠情况及明细表	☐
A107050	税额抵免优惠明细表	☐
A108000	境外所得税收抵免明细表	☐
A108010	境外所得纳税调整后所得明细表	☐
A108020	境外分支机构弥补亏损明细表	☐
A108030	跨年度结转抵免境外所得税明细表	☐

续表

表单编号	表单名称	是否填报
A109000	跨地区经营汇总纳税企业年度分摊企业所得税明细表	☐
A109010	企业所得税汇总纳税分支机构所得税分配表	☐

说明:企业应当根据实际情况选择需要填报的表单。

A000000　企业所得税年度纳税申报基础信息表

基本经营情况(必填项目)			
101 纳税申报企业类型(填写代码)		102 分支机构就地纳税比例(%)	
103 资产总额(填写平均值,单位:万元)		104 从业人数(填写平均值,单位:人)	
105 所属国民经济行业(填写代码)		106 从事国家限制或禁止行业	☐是 ☐否
107 适用会计准则或会计制度(填写代码)		108 采用一般企业财务报表格式(2018年版)	☐是 ☐否
109 小型微利企业	☐是 ☐否	110 上市公司	是(☐境内☐境外) ☐否
有关涉税事项情况(存在或者发生下列事项时必填)			
201 从事股权投资业务	☐是	202 存在境外关联交易	☐是
203 选择采用的境外所得抵免方式		☐分国(地区)不分项　☐不分国(地区)不分项	
204 有限合伙制创业投资企业的法人合伙人	☐是	205 创业投资企业	☐是
206 技术先进型服务企业类型(填写代码)		207 非营利组织	☐是
208 软件、集成电路企业类型(填写代码)		209 集成电路生产项目类型	☐130纳米 ☐65纳米
210 科技型中小企业	210-1 ____年(申报所属期年度)入库编号1	210-2 入库时间1	
	210-3 ____年(所属期下一年度)入库编号2	210-4 入库时间2	
211 高新技术企业申报所属期年度有效的高新技术企业证书	211-1 证书编号1	211-2 发证时间1	
	211-3 证书编号2	211-4 发证时间2	
212 重组事项税务处理方式	☐一般性　☐特殊性	213 重组交易类型(填写代码)	
214 重组当事方类型(填写代码)		215 政策性搬迁开始时间	__年__月
216 发生政策性搬迁且停止生产经营无所得年度	☐是	217 政策性搬迁损失分期扣除年度	☐是
218 发生非货币性资产对外投资递延纳税事项	☐是	219 非货币性资产对外投资转让所得递延纳税年度	☐是
220 发生技术成果投资入股递延纳税事项	☐是	221 技术成果投资入股递延纳税年度	☐是
222 发生资产(股权)划转特殊性税务处理事项	☐是	223 债务重组所得递延纳税年度	☐是

续表

主要股东及分红情况（必填项目）					
股东名称	证件种类	证件号码	投资比例(%)	当年（决议日）分配的股息、红利等权益性投资收益金额	国籍（注册地址）
其余股东合计		—	—		—

1.2 修订变化

封面、表单、基础信息表的修订变化情况如表 1-1 所示。

表 1-1　　　　封面、表单、基础信息表的修订变化

序号	修订后的 2017 版报表（国家税务总局公告 2018 年第 57 号）		2017 版报表（国家税务总局公告 2017 年第 54 号）	
	报表名称	新表	报表名称	原表
1	封面	纳税人识别号（统一社会信用代码）	封面	纳税人统一社会信用代码（纳税人识别号）
2	封面	删除原"法定代表人（签章）"	封面	
3	《企业所得税年度纳税申报表填报表单》	第 3 列"是否填报"	《企业所得税年度纳税申报表填报表单》	第 3、4 列（"填报""不填报"）"选择填报情况"
4	《企业所得税年度纳税申报表填报表单》	删除原"不填报"列	《企业所得税年度纳税申报表填报表单》	
5	《企业所得税年度纳税申报基础信息表》	表单名称"企业所得税年度纳税申报基础信息表"	《企业基础信息表》	表单名称"企业基础信息表"
6	《企业所得税年度纳税申报基础信息表》	集成基础信息，将原分布在附表中的基础信息整合到本表		

1.3 《企业所得税年度纳税申报表(A类)》封面的政策要点

纳税申报业务,是指纳税人根据税收法律法规的有关规定依法履行纳税义务,按照税收法律的规定向税务机关提交纳税事项的书面报告,税务机关受理纳税人申报的过程。它既是纳税人履行纳税义务的法定程序,又是纳税人承担法律责任、税务机关开具完税凭证的依据。通过纳税申报管理可以确认纳税人是否全面、及时、准确履行了纳税申报义务,是税务机关税收管理信息的重要来源。

实行查账征收企业所得税的居民纳税人(包括境外注册中资控股居民企业)进行企业所得税年度申报及汇算清缴,指纳税人自纳税年度终了之日起 5 个月内或实际经营终止之日起 60 日内,依照税收法律、法规、规章及其他有关企业所得税的规定,自行计算本纳税年度应纳税所得额和应纳所得税额和本纳税年度应补或者应退税额,填报《中华人民共和国企业所得税年度纳税申报表(A 类,2017 年版)》,根据《中华人民共和国企业所得税法》(中华人民共和国主席令第 63 号)及其实施条例、相关税收政策,提供税务机关要求提供的有关资料进行申报结清全年企业所得税税款的行为。

1.3.1 一般规定

实行查账征收企业所得税的居民纳税人(包括境外注册中资控股居民企业)进行企业所得税年度申报,指纳税人自纳税年度终了之日起 5 个月内或实际经营终止之日起 60 日内,填报《中华人民共和国企业所得税年度纳税申报表(A 类,2017 年版)》。企业在年度中间终止经营活动的,应当自实际经营终止之日起 60 日内,向税务机关办理当期企业所得税汇算清缴。企业应当在办理注销登记前,就其清算所得向税务机关申报并依法缴纳企业所得税。

凡在纳税年度内从事生产、经营(包括试生产、试经营),或在纳税年度中间终止经营活动的纳税人,无论是否在减税、免税期间,也无论盈利或亏损,均应按照《中华人民共和国企业所得税法》及其实施条例和《企业所得税汇算清缴管理办法》(国税发〔2009〕79 号)的有关规定进行居民企业所得税年度申报并进行汇算清缴。

如果居民企业(查账征收)企业所得税年度汇算清缴申报期限的最后一天为法定休假日的,根据《中华人民共和国税收征收管理法实施细则》(中华人民共和国国务院令第 362 号)第一百零九条的规定,以休假日期满的次日为期限的最后一日。

政策依据:《中华人民共和国税收征收管理法实施细则》第三十条至第三十七条。《中华人民共和国企业所得税法》第五十四条、第五十五条。《中华人民共和国企业所得税法实施条例》(中华人民共和国国务院令第 512 号)第一百二十九条。

1.3.2 关键要点

1. 封面"税款所属期起"与"税款所属期止"的填报

封面的"税款所属期起"与"税款所属期止"要根据纳税人的实际经营情况来填写。

"税款所属期起"的填写方法：正常经营的纳税人，填报公历当年1月1日；纳税人年度中间开业的，填报实际生产经营之日；纳税人年度中间发生合并、分立、破产、停业等情况的，填报公历当年1月1日；纳税人年度中间开业且年度中间又发生合并、分立、破产、停业等情况的，填报实际生产经营之日。

"税款所属期止"的填写方法：正常经营的纳税人，填报公历当年12月31日；纳税人年度中间开业的，填报当年12月31日；纳税人年度中间发生合并、分立、破产、停业等情况的，填报公历当年实际停业或法院裁定并宣告破产之日；纳税人年度中间开业且年度中间又发生合并、分立、破产、停业等情况的，填报实际停业或法院裁定并宣告破产之日。

实行查账征收的纳税人，如在2017年底之前成立的，至2018年12月31日仍在持续经营的，其"税款所属期起"应填"2018年1月1日"，"税款所属期止"应填"2018年12月31日"。对除上述情况之外的纳税人，其"税款所属期起止"应根据企业的实际情况进行分析后填写。

2. 案例分析

案例1：年度中间开始生产经营的情况

2018年年度中间(如2018年8月1日)开始实际生产经营的纳税人，至2018年12月31日仍在持续经营的，其"税款所属期起"应填"2018年8月1日"，"税款所属期止"应填"2018年12月31日"。一般情况下，实际生产经营之日以工商营业执照上的成立日期为准。

案例2：年度中间发生合并、分立、破产、停业的情况

纳税人在2018年年度中间(如2018年9月30日)发生合并、分立、破产、停业等情况的，填报2018年1月1日至实际停业或法院裁定并宣告破产之日。其"税款所属期起"应填"2018年8月1日"，"税款所属期止"应填"2018年9月30日"。一般情况下，实际停业之日以公司管理层决定停业之日。

案例3：年度中间开业且又发生合并、分立、破产、停业的情况

如果纳税人在2018年年度中间(如2018年3月1日)开业且年度中间(如2018年9月30日)又发生合并、分立、破产、停业等情况的，填报实际生产经营之日至实际停业或法院裁定并宣告之日。其"税款所属期起"应填"2018年3月1日"，"税款所属期止"应填"2018年9月30日"。

1.3.3 风险环节

1. 纳税人未按时进行企业所得税汇算清缴及报送相关资料

根据《中华人民共和国税收征收管理法》第六十二条，纳税人未按照规定的期限办理纳税申报和报送纳税资料的,由税务机关责令限期改正,可以处 2000 元以下的罚款;情节严重的,可以处 2000 元以上 1 万元以下的罚款。

2. 纳税人不进行企业所得税汇算清缴

根据《中华人民共和国税收征收管理法》第六十四条,纳税人不进行纳税申报,不缴或者少缴应纳税款的,由税务机关追缴其不缴或者少缴的税款、滞纳金,并处不缴或者少缴的税款 50% 以上 5 倍以下的罚款。

3. 纳税人进行虚假申报

纳税人应当按照《中华人民共和国企业所得税法》及其实施条例和相关文件规定,正确计算应纳税所得额和应纳所得税额,如实、正确填写企业所得税年度纳税申报表及其附表,完整及时报送相关资料,并对纳税申报的真实性、准确性和完整性负法律责任。纳税人进行虚假申报,构成偷税的,根据《中华人民共和国税收征收管理法》第六十三条,由税务机关追缴其不缴或者少缴的税款、滞纳金,并处不缴或者少缴的税款 50% 以上 5 倍以下的罚款;构成犯罪的,依法追究刑事责任。

1.4 《企业所得税年度纳税申报表填报表单》的政策要点

1. 表单勾选注意事项

纳税人在填报新申报表之前应结合本企业实际业务选择需要填报的申报表(A00＊＊＊＊—A10＊＊＊＊),在业务涉及的申报表处进行勾选,业务不涉及的申报表不用勾选。在进行申报表填报时,仅对勾选的申报表进行填报,未勾选的申报表不用填报。纳税人实际操作过程中,可先行在"辅学辅填工具"或纸质申报表中结合自身业务填报申报表,上传申报系统时再先行在《企业所得税年度纳税申报表填报表单》中勾选需要填报的申报表(未勾选的申报表将不会在填报过程中弹出)。

2. 政策规定表单必须填报的表格

根据《国家税务总局关于发布〈中华人民共和国企业所得税年度纳税申报表(A类,2017 年版)〉的公告》(国家税务总局公告 2017 年第 54 号)及《国家税务总局关于修订〈中华人民共和国企业所得税年度纳税申报表(A 类,2017 年版)〉部分表单样式及填报说明的公告》(国家税务总局公告 2018 年第 57 号),纳税人必须填报的表格包括:《企业所得税年度纳税申报基础信息表》(A000000)、《中华人民共和国企业所得税年度纳税申报表(A 类)》(A100000)及《职工薪酬支出及纳税调整明细表》(A105050)。

《职工薪酬支出及纳税调整明细表》(A105050)、《捐赠支出及纳税调整明细表》(A105070)、《特殊行业准备金及纳税调整明细表》(A105120)、《高新技术企业优惠情况及明细表》(A107041)等报表只要发生相关支出、准备金业务,或者高新技术企业亏损年度不享受优惠的,都需填报。

1.5 《企业所得税年度纳税申报基础信息表》(A000000)填报实务

1.5.1 关键要点

1. 基本信息填报的关键要点

纳税人在填报申报表前,首先填报基础信息表,为后续申报提供指引。基础信息表主要内容包括基本经营情况、有关涉税事项情况、主要股东及分红情况等部分。

1)"101 纳税申报企业类型"

纳税人根据情况选择。根据申报表填表说明,纳税人根据申报所属期年度的企业经营方式情况,从《跨地区经营企业类型代码表》中选择相应的代码填入本项。具体代码见表1-2。

表1-2　　　　　　　　　跨地区经营企业类型代码

代码	类型		
	大类	中类	小类
100	非跨地区经营企业		
210	跨地区经营企业总机构	总机构(跨省)——适用《跨地区经营汇总纳税企业所得税征收管理办法》	
220		总机构(跨省)——不适用《跨地区经营汇总纳税企业所得税征收管理办法》	
230		总机构(省内)	
311	跨地区经营企业分支机构	需进行完整年度纳税申报	分支机构(须进行完整年度申报并按比例纳税)
312			分支机构(须进行完整年度申报但不就地缴纳)

代码说明:

"非跨地区经营企业":纳税人未跨地区设立不具有法人资格分支机构的,为非跨地区经营企业。

"总机构(跨省)——适用《跨地区经营汇总纳税企业所得税征收管理办法》":纳税人为《国家税务总局关于印发〈跨地区经营汇总纳税企业所得税征收管理办法〉的公告》(国家税务总局公告2012年第57号发布、国家税务总局公告2018年第31号修改)规定的跨省、自治区、直辖市和计划单列市设立不具有法人资格分支机构的跨地区经营汇总纳税企业的总机构。

"总机构(跨省)——不适用《跨地区经营汇总纳税企业所得税征收管理办法》":纳

税人为《国家税务总局关于印发〈跨地区经营汇总纳税企业所得税征收管理办法〉的公告》(国家税务总局公告2012年第57号发布、国家税务总局公告2018年第31号修改)第二条规定的不适用该公告的跨地区经营汇总纳税企业的总机构。

"总机构(省内)":纳税人为仅在同一省、自治区、直辖市和计划单列市内设立不具有法人资格分支机构的跨地区经营汇总纳税企业的总机构。

"分支机构(须进行完整年度申报并按比例纳税)":纳税人为根据相关政策规定须进行完整年度申报并按比例就地缴纳企业所得税的跨地区经营企业的分支机构。

"分支机构(须进行完整年度申报但不就地缴纳)":纳税人为根据相关政策规定须进行完整年度申报但不就地缴纳所得税的跨地区经营企业的分支机构。

2)"103 资产总额"

填报纳税人全年资产总额季度平均数,单位为万元,保留小数点后2位。资产总额季度平均数,具体计算公式如下:

$$季度平均值=(季初值+季末值)\div 2$$

$$全年季度平均值=全年各季度平均值之和\div 4$$

年度中间开业或者终止经营活动的,以其实际经营期作为一个纳税年度确定上述相关指标。

注意:资产总额填报单位是万元,金额大于0,币种为人民币。

3)"104 从业人数"

纳税人填报从业人数的全年季度平均值,单位为人。从业人数是指与企业建立劳动关系的职工人数和企业接受的劳务派遣用工人数之和,依据和计算方法同"103 资产总额"。

注意:人数必须大于0且为正整数。

4)"202 存在境外关联交易"

纳税人存在境外关联交易的,选择"是",不存在境外关联交易的,选择"否"。选择"是"需要附送《中华人民共和国企业年度关联业务往来报告表(2016年版)》。

境外关联交易是税务机关进行反避税调查的重点,如果纳税人存在境外关联交易,则应选择勾选,否则该项目和企业年度审计报告、关联申报及同期资料报告会产生矛盾。

注意:境外关联交易购销金额超过2亿元、其他关联交易金额超过4000万元的企业,应按《国家税务总局关于印发〈特别纳税调整实施办法(试行)〉的通知》(国税发〔2009〕2号)、《国家税务总局关于完善关联申报和同期资料管理有关事项的公告》(国家税务总局公告2016年第42号)的规定,按期按质准备好关联交易同期资料报告,以防范不按期按质准备引起的关联交易税务风险和损失。

2. 享受小微企业税收优惠需填报的基础信息的关键要点

1)"105 所属国民经济行业"

本项目的填写直接影响企业享受小型微利企业、固定资产加速折旧政策和软件企业、集成电路企业等税收优惠政策,因此在填写"105 所属国民经济行业"时,应严格按照《国民经济行业分类》列示的所属行业明细代码进行填写。享受小型微利企业税收优惠的纳税人,工业企业填报的所属行业明细代码应为 06＊＊—4690,不包括建筑业,如填报的其他代码则系统自动确认为其他企业;享受六大行业固定资产加速折旧税收优惠的纳税人,填写所属行业明细代码为 2760(生物药品制造业)、35＊＊(专用设备制造业)、37＊＊(铁路、船舶、航空航天和其他运输设备制造业)、39＊＊(计算机、通信和其他电子设备制造业),40＊＊(仪器仪表制造业)、63＊＊—65＊＊(信息传输、软件和信息技术服务业);享受四大行业固定资产加速折旧税收优惠的纳税人,填写所属行业明细代码应按《财政部　国家税务总局关于进一步完善固定资产加速折旧企业所得税政策的通知》(财税〔2015〕106号)列示的范围填写;享受软件企业、集成电路企业税收优惠的纳税人,应填写所属行业明细代码为 3693(集成电路制造)、6550(集成电路设计)、6510(软件开发)。

2)"104 从业人数"和"103 资产总额"

该项目的填写是作为判定纳税人是否可具备享受小微企业税收优惠的相关指标,并且与软件企业、集成电路设计企业、集成电路生产企业享受税收优惠相关条件存在一定关系,企业应按实际情况进行计算,并且填报时应注意"104 从业人数"和"103 资产总额(万元)"计算数据为季度平均值,资产总额的单位为万元,而不是元。

按照《国家税务总局关于 3 项企业所得税事项取消审批后加强后续管理的公告》(国家税务总局公告 2015 年第 6 号)的规定,小型微利企业在办理 2014 年及以后年度企业所得税汇算清缴时,通过填报《国家税务总局关于修订〈中华人民共和国企业所得税年度纳税申报表(A类,2017年版)〉部分表单样式及填报说明的公告》(国家税务总局公告 2018 年第 57 号)之《企业所得税年度纳税申报基础信息表》(A100000)表中的"104 从业人数""103 资产总额"栏次,履行备案手续,不再另行备案。

3)"106 从事国家限制或禁止行业"

纳税人从事国家限制和禁止行业的,选择"是",其他选择"否"。需要特别注意的是,纳税人该项目选择"是",则无法享受小型微利企业税收优惠政策。

3. 重组事项的关键要点

1)"222 发生资产(股权)划转特殊性税务处理事项"

企业根据情况,发生资产(股权)划转特殊性税务处理事项,选择"是",并填报表 A105100;未发生选择"否"。

根据《财政部　国家税务总局关于促进企业重组有关企业所得税处理问题的通知》(财税〔2014〕109号)规定,对 100%直接控制的居民企业之间,以及受同一或相同多家居民企业 100%直接控制的居民企业之间按账面净值划转股权或资产,凡具有合理商业目的、不以减少、免除或者推迟缴纳税款为主要目的,股权或资产划转后连续 12 个月内不改变被划转股权或资产原来实质性经营活动,且划出方企业和划入方企业均未在会计上确认损益的,可以选择按以下规定进行特殊性税务处理:

①划出方企业和划入方企业均不确认所得。

②划入方企业取得被划转股权或资产的计税基础,以被划转股权或资产的原账面净值确定。

③划入方企业取得的被划转资产,应按其原账面净值计算折旧扣除。

2)"218 发生非货币性资产对外投资递延纳税事项"

企业根据情况,发生非货币性资产对外投资递延纳税事项,选择"是",并填报《企业重组及递延纳税事项纳税调整明细表》(A105100);未发生选择"否"。

根据《国家税务总局关于非货币性资产投资企业所得税有关征管问题的公告》(国家税务总局公告 2015 年第 33 号)规定,实行查账征收的居民企业以非货币性资产对外投资确认的非货币性资产转让所得,可自确认非货币性资产转让收入年度起不超过连续 5 个纳税年度的期间内,分期均匀计入相应年度的应纳税所得额,按规定计算缴纳企业所得税。居民企业选择适用此规定进行税务处理的,应在非货币性资产转让所得递延确认期间每年企业所得税汇算清缴时,填报《中华人民共和国企业所得税年度纳税申报表(A 类,2017 年版)》中"A105100 企业重组及递延纳税事项纳税调整明细表"第 12 行"非货币性资产对外投资"的相关栏目,并向主管税务机关报送《非货币性资产投资递延纳税调整明细表》。

3)"220 发生技术成果投资入股递延纳税事项"

企业发生技术入股递延纳税事项,选择"是",并填报《企业重组及递延纳税事项纳税调整明细表》(A105100);未发生选择"否"。

4. 企业主要股东及分红情况的关键要点

填报本企业投资比例前 10 位的股东情况。包括股东名称,证件种类(营业执照、税务登记证、组织机构代码证、身份证、护照等),证件号码(统一社会信用代码、纳税人识别号、组织机构代码号、身份证号、护照号等),投资比例,当年(决议日)分配的股息、红利等权益性投资收益金额,国籍(注册地址)。超过 10 位的其余股东,有关数据合计后填在"其余股东合计"行。

企业主要股东为国外非居民企业的,证件种类和证件号码可不填写。

在填报时应关注股东类型,个人股东的证件种类是身份证或护照,证件号码是身份证号或护照号;单位股东的证件种类是税务登记证或组织机构代码证,证件号码是纳税人识别号或组织机构代码号,国籍是其登记注册的地址;国外非居民企业的证件种类和证件号码可不填写。填写上述信息后,当纳税人的股东与上一年对比发生变化时,则会确认为纳税人股东结构发生变化。股东结构变化过程中需重点关注,自然人股东是否按规定计算缴纳个人所得税,纳税人是否按规定履行代扣代缴个人所得税,法人股东是否按规定计算确认股权转让所得或损失。

当年(决议日)分配的股息、红利等权益性投资收益金额,根据《国家税务总局关于贯彻落实企业所得税法若干税收问题的通知》(国税函〔2010〕79 号)规定,企业权益性投资取得股息、红利等收入,应以被投资企业股东会或股东大会作出利润分配或转股决定的日期,确定收入的实现。被投资企业将股权(票)溢价所形成的资本公积转为股本的,不作为投资方企业的股息、红利收入,投资方企业也不得增加该项长期投资的计税基础。

1.5.2 风险环节

1. 享受小微企业税收优惠的基础信息

《企业所得税年度纳税申报基础信息表》中"105 所属国民经济行业""104 从业人数"和"103 资产总额""106 从事国家限制或禁止行业"等信息替代了"符合条件的小型微利企业"税收优惠备案资料。纳税人必须按照相关政策口径准确填写,才能保证正确享受税收优惠政策。

2. 享受"小型微利企业"的减半征税优惠

《财政部 税务总局关于进一步扩大小型微利企业所得税优惠政策范围的通知》(财税〔2018〕77 号)规定,自 2018 年 1 月 1 日至 2020 年 12 月 31 日,将小型微利企业的年应纳税所得额上限由 50 万元提高至 100 万元,对年应纳税所得额低于 100 万元(含 100 万元)的小型微利企业,其所得减按 50% 计入应纳税所得额,按 20% 的税率缴纳企业所得税。具体政策及填报方法详见第 19 章和第 22 章。

2 《企业所得税年度纳税申报表(A类)》填报实务(A100000)

2.1 表样

A100000 　　　　　中华人民共和国企业所得税年度纳税申报表(A类)

行次	类别	项　　目	金额
1	利润总额计算	一、营业收入(填写 A101010\101020\103000)	
2		减:营业成本(填写 A102010\102020\103000)	
3		减:税金及附加	
4		减:销售费用(填写 A104000)	
5		减:管理费用(填写 A104000)	
6		减:财务费用(填写 A104000)	
7		减:资产减值损失	
8		加:公允价值变动收益	
9		加:投资收益	
10		二、营业利润(1-2-3-4-5-6-7+8+9)	
11		加:营业外收入(填写 A101010\101020\103000)	
12		减:营业外支出(填写 A102010\102020\103000)	
13		三、利润总额(10+11-12)	
14	应纳税所得额计算	减:境外所得(填写 A108010)	
15		加:纳税调整增加额(填写 A105000)	
16		减:纳税调整减少额(填写 A105000)	
17		减:免税、减计收入及加计扣除(填写 A107010)	
18		加:境外应税所得抵减境内亏损(填写 A108000)	
19		四、纳税调整后所得(13-14+15-16-17+18)	
20		减:所得减免(填写 A107020)	
21		减:弥补以前年度亏损(填写 A106000)	
22		减:抵扣应纳税所得额(填写 A107030)	

续表

行次	类别	项 目	金额
23	应纳税所得额计算	五、应纳税所得额(19-20-21-22)	
24	应纳税额计算	税率(25%)	
25		六、应纳所得税额(23×24)	
26		减:减免所得税额(填写 A107040)	
27		减:抵免所得税额(填写 A107050)	
28		七、应纳税额(25-26-27)	
29		加:境外所得应纳所得税额(填写 A108000)	
30		减:境外所得抵免所得税额(填写 A108000)	
31		八、实际应纳所得税额(28+29-30)	
32		减:本年累计实际已缴纳的所得税额	
33		九、本年应补(退)所得税额(31-32)	
34		其中:总机构分摊本年应补(退)所得税额(填写 A109000)	
35		财政集中分配本年应补(退)所得税额(填写 A109000)	
36		总机构主体生产经营部门分摊本年应补(退)所得税额(填写 A109000)	

《中华人民共和国企业所得税年度纳税申报表(A 类)》在会计利润的基础上进行纳税调整,确定应纳税所得额,并据以计算年度应纳税所得额。企业财务、会计处理方法与税法规定不一致的,应当按照税法规定计算应纳税所得额及应纳所得税。税法规定不明确的,暂按企业财务、会计规定计算。

本表分为利润总额计算、应纳税所得额计算、应纳税额计算三个部分,利润总额的数据来源于企业利润表的相关数据,与会计核算口径相同。

2.2 利润总额计算的政策要点

2.2.1 关键要点

1.利润总额计算数据来源

利润总额的计算,由第 1 行至第 13 行共 13 个栏次组成,其数据来源于申报所属期利润表,与会计核算口径相同,应与财务报表的有关数据相一致。从数据填报方式来看,可以分为三种方式填报的栏次:一是依据附表填报的栏次;二是直接填报的栏次;三是表内计算的栏次。

(1)依据附表填报的栏次:第 1 行"营业收入"(A101010、A101020、A103000);第 2

行"营业成本"(A102010、A102020、A103000);第4行"销售费用"(A104000);第5行"管理费用"(A104000);第6行"财务费用"(A104000);第11行"营业外收入"(A101010、A101020、A103000);第12行"营业外支出"(A102010、A102020、A103000)。

(2)直接填报的栏次:第3行"税金及附加";第7行"资产减值损失";第8行"公允价值变动收益";第9行"投资收益"。

(3)表内计算的栏次:第10行"营业利润";第13行"利润总额"。

2. 税金及附加的确认时间及收入配比问题

主表第3行"税金及附加"项目的填报直接从申报所属期利润表取数。对于税金及附加应关注税金确认时间和与收入配比两个问题。

(1)税金的确认时间。一是纳税义务发生时间的确认;二是税前扣除时间的确认。各税种的纳税义务发生时间是由相关税法确定的,这里不再赘述。《中华人民共和国企业所得税法实施条例》第三十一条规定,税金,是指企业发生的除企业所得税和允许抵扣的增值税以外的各项税金及其附加。这项规定的关键点是如何证实"企业发生"。发生的必须是与本企业收入有关的税金,且发生是一个过程,包括会计核算和纳税申报两个环节。

(2)与收入配比。税金及附加与本期"主营业务收入""其他业务收入"相对应,在实际操作中,有两种情况影响对应关系。

①对于本期补缴以前年度的税金及附加,《期间费用明细表》(A104000)没有设计有关栏次作专项反映,因此也应在本行填报。补缴以前年度的税金及附加,不可能与本期主营业务收入相对应。

②企业缴纳的契税、进口设备的关税,应予以资本化,计入固定资产或无形资产原值,不能作为当期费用直接扣除。

3. 资产减值损失数据来源及调整

主表第7行"资产减值损失"项目的填报直接从申报所属期利润表取数。资产减值损失为企业所得税后续管理的跨期事项,只要发生即涉及纳税调整,一般企业资产减值准备直接在《纳税调整项目明细表》(A105000)第33行"资产减值准备金"进行调整。特殊行业资产减值准备金单设附表《特殊行业准备金及纳税调整明细表》(A105120)进行调整。

4. 公允价值变动损益数据来源及调整

主表第8行"公允价值变动收益"项目的填报均直接从申报所属期利润表取数。公允价值变动损益为企业所得税后续管理的跨期事项,公允价值变动损益项目在《纳税调整项目明细表》(A105000)第7行"公允价值变动净损益"进行调整。

5. 投资收益数据来源及调

主表第9行"投资收益"项目的填报均直接从申报所属期利润表取数。投资收益的核算方式可能面临着对后续管理以收入为基数的税前扣除事项的影响,如广告费和业务宣传费的15%问题。

投资收益项目的税会差异,初始确认阶段在A105000《纳税调整项目明细表》第6

行"交易性金融资产初始投资调整"进行调整,投资资产持有期间和处置环节的税会差异单独设附表A105030《投资收益纳税调整明细表》进行调整。

上述事项的具体填报解析见本书第4章。

2.2.2 风险环节

1. 利润总额项目的会计调整事项

在填报利润总额项目时,应关注申报年度会计调整事项:一是资产负债表日后事项;二是财务报表批准报出日后差错。

(1)资产负债表日后事项调整情况,应根据申报年度的次年"以前年度损益调整"科目记录的内容填制申报表。在审核时发现的未按会计制度核算造成的应计未计收入或成本,属于资产负债表日后事项的,应调整报告年度的收入或成本;属于财务报告批准报出日之后企业所得税汇算清缴前的,应调整本年度(即报告年度的次年)的收入。否则,在汇算清缴后按有关规定应作为以前年度应计未计收入或成本,不能作为有关费用的计提基数或不能作税前扣除项目。

(2)财务报表批准报出日后差错调整情况,应根据财务报表批准报出日后发生的会计差错更正相关会计数据。对于在申报过程中新发现的会计差错,应按会计差错进行会计处理。如果不能按会计差错进行会计处理,应作为纳税调整项目进行处理。

2. "税金及附加"行填报注意事项

《财政部关于印发〈增值税会计处理规定〉的通知》(财会〔2016〕22号)规定,全面试行营业税改征增值税后,"营业税金及附加"科目名称调整为"税金及附加"科目,该科目核算企业经营活动发生的消费税、城市维护建设税、资源税、教育费附加及房产税、城镇土地使用税、车船税、印花税等相关税费,"管理费用"科目不再包括房产税、印花税、车船税和城镇土地使用税。利润表中的"营业税金及附加"项目调整为"税金及附加"项目。本行纳税人应根据相关会计科目填报,在其他会计科目核算的税费本行不要重复填报。

例如土地增值税,以销售不动产为主营业务的房地产开发企业缴纳的土地增值税,在本行填报。其他一般纳税人处置不动产或土地使用权所缴纳的土地增值税应通过营业外相关科目核算,反映在《一般企业收入明细表》(A101010)"非流动资产处置利得"行或《一般企业成本支出明细表》(A102010)"非流动资产处置损失"行中。

2.3 应纳税所得额计算的政策要点

2.3.1 一般规定

《中华人民共和国企业所得税法》第五条规定,企业每一纳税年度的收入总额,减除不征税收入、免税收入、各项扣除以及允许弥补的以前年度亏损后的余额,为应纳税所得额。

《中华人民共和国企业所得税法实施条例》第九条规定,企业应纳税所得额的计算,以权责发生制为原则,属于当期的收入和费用,不论款项是否收付,均作为当期的收入和费用;不属于当期的收入和费用,即使款项已经在当期收付,均不作为当期的收入和费用。实施条例和国务院财政、税务主管部门另有规定的除外。

2.3.2 关键要点

1. 应纳税所得额计算数据来源

应纳税所得额的计算,由第14行至第23行共10个栏次组成,根据表间逻辑关系,没有直接填报栏次,只有表内计算栏次和依据附表填报的栏次,具体情况如下:

(1)表内计算栏次:第19行"纳税调整后所得";第23行"应纳税所得额",若计算结果本行为负数,本行金额填零。

(2)依据附表填报的栏次:第14行"境外所得"(依据A108010填报);第15行"纳税调整增加额"(依据A105000填报);第16行"纳税调整减少额"(依据A105000填报);第17行"免税、减计收入及加计扣除"(依据A107010填报);第18行"境外应税所得抵减境内亏损"(依据A108000填报);第20行"所得减免"(依据A107020填报);第21行"弥补以前年度亏损"(依据A106000填报);第22行"抵扣应纳税所得额"(依据A107030填报)。

2. 纳税调整后所得的计算

在利润总额计算的基础上,将境外所得与境内所得分离,分别进行税会差异调整和收入、扣除类优惠计算。境内所得计算结果为负数时,以境外纳税调整后所得弥补当期境内亏损,最终得出"境内纳税调整后所得"。

3. 应纳税所得额的计算

在境内纳税调整后所得的基础上,进行减免所得、抵扣所得和弥补以前年度亏损计算,得出"境内应纳税所得额"。该步骤包括主表第20行至第23行及其对应的附表。

即通过《所得减免优惠明细表》(A107020)完成减免所得优惠的计算;通过《抵扣应纳税所得额明细表》(A107030)完成抵扣应纳税所得额优惠的计算;通过《企业所得税弥补亏损明细表》(A106000)完成本年度实际弥补的以前年度亏损额的计算。最终得出主表第23行"应纳税所得额"。

2.3.3 风险环节

各类税基式减免的税收优惠应在弥补亏损前减除:应纳税所得额确定顺序应按照《中华人民共和国企业所得税法》第五条"企业每一纳税年度的收入总额,减除不征税收入、免税收入、各项扣除以及允许弥补的以前年度亏损后的余额,为应纳税所得额。"的规定来确定,所以各类税收优惠应在弥补亏损前减除。各类税基式减免的税收优惠应与主表相对应,税基式减免优惠项目均应在纳税调整表之外弥补亏损前扣除。本表应按从第 13 行"利润总额"到第 23 行"应纳税所得额"的框架顺序填报,避免先弥补亏损后享受税基式优惠的问题发生。

2.4 应纳税额计算的政策要点

2.4.1 一般规定

《中华人民共和国企业所得税法》第二十二条规定,企业的应纳税所得额乘以适用税率,减除依照本法关于税收优惠的规定减免和抵免的税额后的余额,为应纳税额。

《中华人民共和国企业所得税法》第二十三条规定,企业取得的下列所得已在境外缴纳的所得税税额,可以从其当期应纳税额中抵免,抵免限额为该项所得依照本法规定计算的应纳税额;超过抵免限额的部分,可以在以后五个年度内,用每年度抵免限额抵免当年应抵税额后的余额进行抵补:

①居民企业来源于中国境外的应税所得;

②非居民企业在中国境内设立机构、场所,取得发生在中国境外但与该机构、场所有实际联系的应税所得。

《中华人民共和国企业所得税法》第二十四条规定,居民企业从其直接或者间接控制的外国企业分得的来源于中国境外的股息、红利等权益性投资收益,外国企业在境外实际缴纳的所得税税额中属于该项所得负担的部分,可以作为该居民企业的可抵免境外所得税税额,在本法第二十三条规定的抵免限额内抵免。

《中华人民共和国企业所得税法实施条例》第七十六条规定,企业所得税法第二十二条规定的应纳税额的计算公式为:

$$应纳税额 = 应纳税所得额 \times 适用税率 - 减免税额 - 抵免税额$$

公式中的减免税额和抵免税额,是指依照企业所得税法和国务院的税收优惠规定减征、免征和抵免的应纳税额。

《中华人民共和国企业所得税法实施条例》第七十七条规定,企业所得税法第二十三条所称已在境外缴纳的所得税税额,是指企业来源于中国境外的所得依照中国境外税收法律以及相关规定应当缴纳并已经实际缴纳的企业所得税性质的税款。

《中华人民共和国企业所得税法实施条例》第七十八条规定,企业所得税法第二十三条所称抵免限额,是指企业来源于中国境外的所得,依照企业所得税法和本条例的规定计算的应纳税额。除国务院财政、税务主管部门另有规定外,该抵免限额应当分国(地区)不分项计算,计算公式如下:

$$抵免限额 = 中国境内、境外所得依照企业所得税法和本条例的规定计算的应纳税总额 \times \frac{来源于某国(地区)的应纳税所得额}{中国境内、境外应纳税所得总额}$$

2.4.2 关键要点

1. 应纳税额计算数据来源

应纳税额的计算,包括由第24行至第36行等13个栏次组成,根据表间逻辑关系,可以分为以下三类:

(1)直接填报栏次:第24行"税率";第32行"减:本年累计实际已缴纳的所得税额"。

(2)表内计算栏次:第25行"应纳所得税额";第28行"应纳税额";第31行"实际应纳所得税额";第33行"本年应补(退)所得税额"。

(3)依据附表填报的栏次。第26行"减:减免所得税额"(依据表A107040填报);第27行"减:抵免所得税额"(依据表A107050填报);第29行"加:境外所得应纳所得税额"(依据表A108000填报);第30行"减:境外所得抵免所得税额"(依据表A108000填报);第34行"其中:总机构分摊本年应补(退)所得税额"(依据表A109000填报);第35行"财政集中分配本年应补(退)所得税额"(依据表A109000填报);第36行"总机构主体生产经营部门分摊本年应补(退)所得税额"(依据表A109000填报)。

2. 应纳所得税额的计算

用应纳税所得额乘以法定税率,计算得出应纳所得税额,再进行减免所得税额、抵免税额的计算,即可得出应纳税额。该步骤包括主表第24行至第28行及其对应的附表。即通过《减免所得税优惠明细表》(A107040)及其2张附表完成减免所得税额的计算;通过《税额抵免优惠明细表》(A107050)完成抵免所得税额的计算。最终得出主表第28行"应纳税额"。

3. 实际应纳所得税额的计算

将境内所得应纳所得税额和境外所得应纳所得税额相加,并进行境外所得应纳所得税额抵免计算,得出"境内外所得实际应纳税额"。该步骤包括主表第29行至第31行及其对应的附表。即通过《境外所得税收抵免明细表》(A108000)及其3张附表完成境外所得应纳税所得额和境外所得抵免所得税额计算,最终得出主表第31行"实际应纳所得税额"。

对《国家税务总局关于修订〈中华人民共和国企业所得税年度纳税申报表(A类,2017年版)〉部分表单样式及填报说明的公告》(国家税务总局公告2018年第57号)的解读:为与《财政部关于修订印发2018年度一般企业财务报表格式的通知》(财会〔2018〕15号)规定衔接,修订"利润总额计算"部分的填报说明,明确采用一般企业财务报表格式(2018年版)的纳税人相关项目的填报规则;规范分支机构(须进行完整年度纳税申报且按比例纳税)第31行"实际应纳所得税额"的填报规则;根据附表的调整情况,对表间关系进行了相应调整。

国家税务总局公告2018年第57号的附件——《〈中华人民共和国企业所得税年度纳税申报表(A类,2017年版)〉部分表单及填报说明》规定:跨地区经营企业类型为"分支机构(须进行完整年度申报并按比例纳税)"的纳税人,填报(第28+29-30行)×

"分支机构就地纳税比例"金额。

2.4.3 风险环节

本表第32行"减:本年累计实际已缴纳的所得税额"仅为税款所属为本年度的已缴所得税,不要将本年检查补缴且税款所属为其他年度的所得税填入本行。

3 收入、成本、费用政策及填报实务（A101010—A104000）

企业所得税汇算清缴申报，是在申报所属期间会计核算结果的基础上进行税会差异调整、税收优惠计算、亏损弥补、税额抵免，最终得出当期应纳所得税额。

对一般企业而言，收入、成本、费用明细表是纳税申报的必填表，也是企业进行纳税调整的主要数据来源。对照收入、成本、费用明细表中的项目发生额，梳理发现税会差异，再穿透至纳税调整表相应位置进行调整，对初次接触新申报表的企业财务人员而言，是一条便捷的思路。

《国家税务总局关于修订〈中华人民共和国企业所得税年度纳税申报表（A类，2017年版）〉部分表单样式及填报说明的公告》（国家税务总局公告2018年第57号）没有对表A101010—表A104000进行修订。

以下将以一般企业利润总额计算相关的收入、成本、期间费用三张明细表和主表资产减值损失、公允价值变动收益、投资收益三个申报项目以及事业单位、民间非营利组织收入、支出明细表为分析对象，探讨如何根据会计核算信息识别纳税调整的关键点。

3.1 《一般企业收入明细表》（A101010）的填报实务

3.1.1 表样

A101010 　　　　　　　　　　一般企业收入明细表

行次	项 目	金额
1	一、营业收入（2+9）	
2	（一）主营业务收入（3+5+6+7+8）	
3	1.销售商品收入	
4	其中:非货币性资产交换收入	
5	2.提供劳务收入	
6	3.建造合同收入	
7	4.让渡资产使用权收入	

续表

行次	项 目	金额
8	5.其他	
9	(二)其他业务收入(10+12+13+14+15)	
10	1.销售材料收入	
11	其中:非货币性资产交换收入	
12	2.出租固定资产收入	
13	3.出租无形资产收入	
14	4.出租包装物和商品收入	
15	5.其他	
16	二、营业外收入(17+18+19+20+21+22+23+24+25+26)	
17	(一)非流动资产处置利得	
18	(二)非货币性资产交换利得	
19	(三)债务重组利得	
20	(四)政府补助利得	
21	(五)盘盈利得	
22	(六)捐赠利得	
23	(七)罚没利得	
24	(八)确实无法偿付的应付款项	
25	(九)汇兑收益	
26	(十)其他	

《一般企业收入明细表》(A101010)适用于除金融企业、事业单位和民间非营利组织外的企业填报。一般企业应依据国家统一会计制度的规定对营业收入和营业外收入进行核算,根据会计核算结果填报"主营业务收入""其他业务收入"和"营业外收入"。此表不填报会计核算中的投资收益、公允价值变动净损益和冲减财务费用的利息收入。

本表包括营业收入和营业外收入两部分,而营业收入则由主营业务收入和其他业务收入两部分组成。

3.1.2 一般规定

《中华人民共和国企业所得税法》第六条规定,企业以货币形式和非货币形式从各种来源取得的收入,为收入总额。包括:①销售货物收入;②提供劳务收入;③转让财产收入;④股息、红利等权益性投资收益;⑤利息收入;⑥租金收入;⑦特许权使用费收入;⑧接受捐赠收入;⑨其他收入。

《国家税务总局关于印发〈新企业所得税法精神宣传提纲〉的通知》(国税函〔2008〕159号)第八条规定,为防止纳税人将应征税的经济利益排除在应税收入之外,新企业所得税法将企业以货币形式和非货币形式取得的收入,都作为收入总额。《中华人民共和国企业所得税法实施条例》将企业取得收入的货币形式,界定为取得的现金、存款、应收账款、应收票据、准备持有至到期的债券投资以及债务的豁免等;企业取得收入的非货币形式,界定为固定资产、生物资产、无形资产、股权投资、存货、不准备持有至到期的债券投资、劳务以及有关权益等。由于取得收入的货币形式的金额是确定的,而取得收入的非货币形式的金额不确定,企业在计算非货币形式收入时,必须按一定标准折算为确定的金额。

《中华人民共和国企业所得税法实施条例》规定,企业以非货币形式取得的收入,按照公允价值确定收入额。公允价值,是指按照市场价格确定的价值。

3.1.3 关键要点

1. 主营业务收入相关事项的政策要点

1)适用《企业会计准则》核算的纳税人的申报口径

(1)填写申报表时,对适用《企业会计准则》的一般企业而言,"(一)主营业务收入"对应的会计核算科目为"主营业务收入"(科目编号6001)。

(2)明细申报项目"1.销售商品收入""2.提供劳务收入""3.建造合同收入""4.让渡资产使用权收入""5.其他"应结合申报表填表说明正列举内容及《企业会计准则——应用指南》附录"会计科目和主要账务处理"中"主营业务收入的主要账务处理"规定分析填列。

(3)第4行"其中:非货币性资产交换收入"填报纳税人发生的非货币性资产交换按照国家统一会计制度应确认的销售商品收入,即具有商业实质且公允价值能够可靠计量的情况下,企业按换出商品的公允价值确认的换出商品收入。

(4)《企业会计准则第14号——收入》(财会〔2017〕22号)规定,"让渡资产使用权收入"包括利息收入、使用费收入等。按照申报表填表说明规定,本行填报"纳税人在主营业务收入核算的,让渡无形资产使用权而取得的使用费收入以及出租固定资产、无形资产、投资性房地产取得的租金收入"。一般企业的利息收入在"财务费用"科目核算,出租固定资产、无形资产、投资性房地产的租金收入一般在"其他业务收入"科目核算。因此,纳税人较常在本行填写的主要是"特许权使用费收入"。《中华人民共和国企业所得税法实施条例》第二十条规定,企业所得税法第六条第(七)项所称特许权使用费收入,是指企业提供专利权、非专利技术、商标权、著作权以及其他特许权的使用权取得的收入。

2)分期收款销售商品收入确认

《企业会计准则——应用指南》附录"会计科目和主要账务处理"中指出,采用递延方式分期收款、实质上具有融资性质的销售商品或提供劳务满足收入确认条件的,按应收合同或协议价款,借记"长期应收款"科目,按应收合同或协议价款的公允价值,贷记"主营业务收入"科目,按专用发票上注明的增值税额,贷记"应交税费——应交增值税(销项税额)"科目,按其差额,贷记"未实现融资收益"科目。

纳税人应检查自身是否存在上述"分期收款销售商品"处理。如存在,在《未按权责发生制确认收入纳税调整明细表》(A105020)第6行"分期收款方式销售货物收入"

和《纳税调整项目明细表》(A105000)第22行"与未实现融资收益相关在当期确认的财务费用"进行税会差异调整。

3) 销售退回

纳税人应检查是否存在作为资产负债表日后调整事项处理的销货退回。如存在,应对应在《纳税调整项目明细表》(A105000)第10行"销售折扣、折让和退回"进行税会差异调整。

4) 租金、利息、特许权使用费确认

纳税人应检查是否存在租金、利息、特许权使用费未按合同约定确认收入的情况。如存在,应分别对应在《未按权责发生制确认收入纳税调整明细表》(A105020)第2行"租金"、第3行"利息"和第4行"特许权使用费"进行税会差异调整。

5) 持续时间超过12个月的建造合同收入确认

是否存在建造合同未按税收口径确认收入的情况。如存在,应对应在《未按权责发生制确认收入纳税调整明细表》(A105020)第7行"持续时间超过12个月的建造合同收入"进行调整。

2. 其他业务收入相关事项的政策要点

1)《企业会计准则》核算的纳税人的申报口径

(1) 填写申报表时,对适用《企业会计准则》的一般企业而言,"(二)其他业务收入"对应会计核算科目为"其他业务收入"(科目编号6051)。填报时应保证申报"其他业务收入"数据与申报所属期对应年度利润表"其他业务收入"金额一致。

(2) 明细申报项目"1.销售材料收入""2.出租固定资产收入""3.出租无形资产收入""4.出租包装物和商品收入""5.其他"应结合申报表填表说明正列举内容及《企业会计准则——应用指南》附录"会计科目和主要账务处理"中"其他业务收入的主要账务处理"规定分析填列。其中,"1.销售材料收入——其中:非货币性资产交换收入"应申报填写具有商业实质且公允价值能够可靠计量的情况下,企业按换出原材料的公允价值确认的换出原材料收入。

2) "其他业务收入"中分期收款销售材料收入确认

纳税人应检查是否存在分期收款销售材料的情况。如存在,应对应在《未按权责发生制确认收入纳税调整明细表》(A105020)第6行"分期收款方式销售货物收入"和《纳税调整项目明细表》(A105000)第22行"与未实现融资收益相关在当期确认的财务费用"进行税会差异调整。

3) "其他业务收入"中销售折扣、折让和退回

纳税人应检查是否存在属于资产负债表日后事项的销货退回。如存在,应对应在《纳税调整项目明细表》(A105000)第10行"销售折扣、折让和退回"进行税会差异调整。

4) "其他业务收入"中未按合同约定确认收入

纳税人应检查是否存在出租固定资产、无形资产、投资性房地产、包装物、商品租金未按合同约定确认收入。如存在,应对应在《未按权责发生制确认收入纳税调整明细表》(A105020)第2行"租金"进行税会差异调整。

3. 营业外收入相关事项的政策要点

1)《企业会计准则》中营业外收入核算内容

《企业会计准则——应用指南》附录"会计科目和主要账务处理"规定,"营业外收入"科目核算企业发生的与其经营活动无直接关系的各项净收入,主要包括处置非流动资产利得、非货币性资产交换利得、债务重组利得、罚没利得、政府补助利得、确实无法支付而按规定程序经批准后转作营业外收入的应付款项等。

2)《小企业会计准则》中营业外收入核算内容

《小企业会计准则——会计科目、主要账务处理和财务报表》规定,"营业外收入"科目核算小企业实现的各项营业外收入。包括:非流动资产处置净收益、政府补助、捐赠收益、盘盈收益、汇兑收益、出租包装物和商品的租金收入、逾期未退包装物押金收益、确实无法偿付的应付款项、已作坏账损失处理后又收回的应收款项、违约金收益等。

3)申报表营业外收入明细项目的设置及申报口径

营业外收入申报明细项目包括非流动资产处置利得、非货币性资产交换利得、债务重组利得、政府补助利得、盘盈利得、捐赠利得、罚没利得、确实无法支付的应付款项、汇兑损益、其他。其中,执行《企业会计准则》的纳税人,盘盈利得、汇兑收益不在《营业外收入》科目核算,上述两个项目仅适用于执行《小企业会计准则》的纳税人填报。企业会计核算发生但未在申报表明细申报项目中列示的项目应在"其他"项目反映。"非货币性资产交换利得"应申报填写具有商业实质且公允价值能够可靠计量的情况下,企业按换出固定资产、无形资产、长期股权投资等的公允价值确认的换出资产的处置利得。

4)不征税收入政府补助

(1)是否存在符合不征税收入确认条件且按不征税收入处理的政府补助。若存在,应对应在《专项用途财政性资金纳税调整明细表》(A105040)第4列"其中:计入本年损益的金额"、第14列"应计入本年应税收入金额",《纳税调整项目明细表》(A105000)第9行"其中:专项用途财政性资金"进行税会差异调整。

(2)是否存在不符合不征税收入确认条件。若存在不符合不征税收入确认条件的情况,应对应在《未按权责发生制确认收入纳税调整明细表》(A105020)第10行"与收益相关的政府补助"、第11行"与资产相关的政府补助"进行税会差异调整。

5)非货币性资产交换利得

是否存在因为不具备商业实质或具备商业实质但交换资产的公允价值不能可靠计量或其他原因,未按公允价值模式计量的非货币性资产交换利得。若存在,应在《视同销售和房地产开发企业特定业务纳税调整明细表》(A105010)第2行"非货币性资产交换视同销售收入"进行税会差异调整。

6)债务重组利得

《企业会计准则第12号——债务重组》对债务重组的会计处理事项进行了规范,债务重组,是指在债务人发生财务困难的情况下,债权人按照其与债务人达成的协议或者法院的裁定做出让步的事项。纳税人的债务重组利得在符合《财政部 国家税务总局关于企业重组业务企业所得税处理若干问题的通知》(财税〔2009〕59号)、《国家税务总局关于发布〈企业重组业务企业所得税管理办法〉的公告》(国家税务总局公告2010年第4号)、《国家税务总局关于企业重组业务企业所得税征收管理若干问题的公告》(国家税务总局公告2015年第48号)相关政策规定时,可递延计算缴纳企业所得税,在《企业重组及递延纳税事项纳税调整明细表》(A105100)第1行"债务重组"进行调整。

3.1.4 风险环节

提前执行新收入准则的企业,应注意新增的税会差异。《企业会计准则第14号——收入》(财会〔2017〕22号,以下简称新收入准则)发布后,部分企业可提前执行。而执行新收入准则的企业,不再执行《财政部关于印发〈企业会计准则第1号——存货〉等38项具体准则的通知》(财会〔2006〕3号)中的《企业会计准则第14号——收入》和《企业会计准则第15号——建造合同》,《财政部关于印发〈企业会计准则——应用指南〉的通知》(财会〔2006〕18号)中的《〈企业会计准则第14号——收入〉应用指南》。《国家税务总局关于确认企业所得税收入若干问题的通知》(国税函〔2008〕875号)规定的企业所得税收入确认条件,与原收入准则差异不大。随着新收入准则的改变,企业采用托收承付、预收款、需要安装和检验及采用支付手续费方式委托代销等销售方式的情况下,产生了新的税会差异。此外新收入准则要求采用统一的收入确认模型来规范所有与客户之间的合同产生的收入,不再区分销售商品、提供劳务、让渡资产使用权和建造合同,与本表的结构有所不同。这些都是提前执行新收入准则的企业要注意的方面。

本表不填报纳税人会计核算中的投资收益、公允价值变动净损益和冲减财务费用的利息收入。

3.2 《金融企业收入明细表》(A101020)的填报实务

3.2.1 表样

A101020 金融企业收入明细表

行次	项目	金额
1	一、营业收入(2+18+27+32+33+34)	
2	(一)银行业务收入(3+10)	
3	1.利息收入(4+5+6+7+8+9)	
4	(1)存放同业	
5	(2)存放中央银行	
6	(3)拆出资金	
7	(4)发放贷款及垫资	
8	(5)买入返售金融资产	
9	(6)其他	

续表

行次	项 目	金额
10	2.手续费及佣金收入(11+12+13+14+15+16+17)	
11	（1）结算与清算手续费	
12	（2）代理业务手续费	
13	（3）信用承诺手续费及佣金	
14	（4）银行卡手续费	
15	（5）顾问和咨询费	
16	（6）托管及其他受托业务佣金	
17	（7）其他	
18	（二）证券业务收入(19+26)	
19	1.证券业务手续费及佣金收入(20+21+22+23+24+25)	
20	（1）证券承销业务	
21	（2）证券经纪业务	
22	（3）受托客户资产管理业务	
23	（4）代理兑付证券	
24	（5）代理保管证券	
25	（6）其他	
26	2.其他证券业务收入	
27	（三）已赚保费(28-30-31)	
28	1.保险业务收入	
29	其中：分保费收入	
30	2.分出保费	
31	3.提取未到期责任准备金	
32	（四）其他金融业务收入	
33	（五）汇兑收益（损失以"-"号填列）	
34	（六）其他业务收入	
35	二、营业外收入(36+37+38+39+40+41+42)	
36	（一）非流动资产处置利得	
37	（二）非货币性资产交换利得	
38	（三）债务重组利得	
39	（四）政府补助利得	
40	（五）盘盈利得	
41	（六）捐赠利得	
42	（七）其他	

《金融企业收入明细表》(A101020)适用于执行《企业会计准则》的金融企业纳税人填报，包括银行（信用社）、保险公司、证券公司等金融企业。金融企业应根据《企业会计准则》的规定对

营业收入和营业外收入进行核算,根据会计核算结果填报"营业收入""营业外收入"。

本表包括营业收入和营业外收入两个部分:而营业收入包括六项,即银行业务收入、证券业务收入、已赚保费、其他金融业务收入、汇兑收益、其他业务收入。农村信用社的业务收入一般纳入银行业务收入管理和填报。信托业务收入、保险资产管理业务收入、基金管理业务收入都可以纳入其他金融业务收入管理和填报。

3.2.2 一般规定

同《一般企业收入明细表》(A101010)的填报实务一般规定。

3.2.3 关键要点

1. 营业收入计算数据来源

营业收入填报数据为:金融企业应根据《企业会计准则》的规定填报"营业收入""营业外收入"。营业收入分为以下六部分内容:第一部分为从事银行业务的纳税人填报,填报第2行至17行,包括:"利息收入""手续费及佣金收入";第二部分为从事证券业务的纳税人填报,填报第18行至26行,包括:"证券业务手续费及佣金收入""其他证券业务收入";第三部分为从事保险业务的纳税人填报,填报第27行至31行,包括:"保险业务收入""分出保费""提取未到期责任准备金";第四部分为提供除银行业、保险业、证券业以外的金融商品服务取得的纳税人填报,填报第32行"其他金融业务收入";第五部分为纳税人发生的外币交易因汇率变动而产生的汇兑损益,填报第33行"汇兑收益(损失以'-'号填列)";第六部分为填报纳税人发生的除主营业务活动以外的其他经营活动实现的收入,填报第34行"其他业务收入"。

2. 营业收入项目的审核

营业收入项目的审核关键点有四个:一是内容审核;二是确认时间审核;三是计量审核;四是会计处理。审核的关键是对上述四个审核项目是否符合会计核算要求,对于未按会计要求核算的收入,所造成的差错,对收入总额有影响的,应进行纳税调整,在《纳税调整项目明细表》(A105000)中纳税调整。

3.3 《一般企业成本支出明细表》(A102010)的填报实务

3.3.1 表样

A102010　　　　　　　　　一般企业成本支出明细表

行次	项　目	金额
1	一、营业成本(2+9)	
2	(一)主营业务成本(3+5+6+7+8)	

续表

行次	项　目	金额
3	1.销售商品成本	
4	其中:非货币性资产交换成本	
5	2.提供劳务成本	
6	3.建造合同成本	
7	4.让渡资产使用权成本	
8	5.其他	
9	(二)其他业务成本(10+12+13+14+15)	
10	1.销售材料成本	
11	其中:非货币性资产交换成本	
12	2.出租固定资产成本	
13	3.出租无形资产成本	
14	4.包装物出租成本	
15	5.其他	
16	二、营业外支出(17+18+19+20+21+22+23+24+25+26)	
17	(一)非流动资产处置损失	
18	(二)非货币性资产交换损失	
19	(三)债务重组损失	
20	(四)非常损失	
21	(五)捐赠支出	
22	(六)赞助支出	
23	(七)罚没支出	
24	(八)坏账损失	
25	(九)无法收回的债券股权投资损失	
26	(十)其他	

《一般企业成本支出明细表》(A102010)适用于除金融企业、事业单位和民间非营利组织外的企业填报。纳税人应依据根据国家统一会计制度的规定对营业成本和营业外支出进行会计核算,根据会计核算结果填报"主营业务成本""其他业务成本"和"营业外支出"。此表不填报会计上核算的资产减值损失和公允价值变动净损失。

本表包括营业成本和营业外支出两部分,而营业成本则由主营业务成本和其他业务成本两部分组成。

3.3.2　一般规定

《中华人民共和国企业所得税法》第八条规定,企业实际发生的与取得收入有关的、合理的支出,包括成本、费用、税金、损失和其他支出,准予在计算应纳税所得额时扣除。

《中华人民共和国企业所得税法实施条例》第二十九条规定,企业所得税法第八条所称成本,是指企业在生产经营活动中发生的销售成本、销货成本、业务支出以及其他耗费。

《中华人民共和国企业所得税法实施条例》第三十二条规定,企业所得税法第八条所称损失,是指企业在生产经营活动中发生的固定资产和存货的盘亏、毁损、报废损失,转让财产损失、呆账损失、坏账损失,自然灾害等不可抗力因素造成的损失以及其他损失。企业发生的损失,减除责任人赔偿和保险赔款后的余额,依照国务院财政、税务主管部门的规定扣除。企业已经作为损失处理的资产,在以后纳税年度又全部收回或者部分收回时,应当计入当期收入。

《中华人民共和国企业所得税法实施条例》第三十三条规定,企业所得税法第八条所称其他支出,是指除成本、费用、税金、损失外,企业在生产经营活动中发生的与生产经营活动有关的、合理的支出。

《国家税务总局关于发布〈企业所得税税前扣除凭证管理办法〉的公告》(国家税务总局公告2018年第28号)第二条规定,本办法所称税前扣除凭证,是指企业在计算企业所得税应纳税所得额时,证明与取得收入有关的、合理的支出实际发生,并据以税前扣除的各类凭证。

3.3.3 关键要点

1. 主营业务成本相关事项的政策要点

1)适用《企业会计准则》核算的纳税人申报口径

填写申报表时,对适用《企业会计准则》的一般企业而言,《一般企业成本支出明细表》(A102010)第2行"(一)主营业务成本"对应会计核算科目为"主营业务成本"(科目编号6401)。填报时应保证申报"主营业务成本"的数据与申报所属期对应年度利润表中"主营业务成本"的金额一致。

明细申报项目"1.销售商品成本""2.提供劳务成本""3.建造合同成本""4.让渡资产使用权成本""5.其他"与《一般企业收入明细表》(A101010)主营业务收入明细申报项目对应。应结合申报表填表说明正列举内容及《企业会计准则——应用指南》附录"会计科目和主要账务处理"中"主营业务成本的主要账务处理"的规定分析填列。其中"1.销售商品成本——其中:非货币性资产交换成本"填报纳税人发生的非货币性资产交换按照国家统一会计制度应确认的销售商品成本。即具有商业实质且公允价值能够可靠计量的情况下,企业按换出商品的账面价值计算的换出商品成本。

2)非货币性资产换出商品的账面价值和计税基础

判断销售商品或非货币性资产交换换出商品的账面价值和计税基础之间是否存在差异。例如,是否计提过存货跌价准备。如存在,需按照资产计税基础对会计结转的主营业务成本进行调整。换出资产为存货的,根据《中华人民共和国企业所得税法实施条例》第二十五条的规定做视同销售处理,根据《企业会计准则第14号——收入》(财会〔2006〕3号)按其公允价值确认商品销售收入并结转商品销售成本。

3)收入、成本配比确认

(1)提供劳务收入确认存在税会差异,对主营业务收入进行调整时,需同时调整主营业务成本。

(2)存在建造合同未按税收口径确认收入的情况。对建造合同收入确认进行调整时,需同时调整当期确认的建造合同成本。

2. 其他业务成本相关事项的政策要点

1)适用《企业会计准则》核算的纳税人的申报口径

填写申报表时,对适用《企业会计准则》的一般企业而言,"(二)其他业务成本"对应的会计核算科目为"其他业务成本"(科目编号6402)。填报时应保证申报"其他业务成本"的数据与申报所属期对应年度利润表"其他业务成本"金额一致。

明细申报项目"1.销售材料成本""2.出租固定资产成本""3.出租无形资产收入""4.包装物出租成本""5.其他"与《一般企业收入明细表》(A101010)其他业务收入明细申报项目对应,主要包括销售材料的成本、出租固定资产的累计折旧、出租无形资产的累计摊销、出租包装物的成本或摊销额、采用成本模式计量的投资性房地产的累计折旧或累计摊销等。其中"1.销售材料成本——其中:非货币性资产交换成本"填报纳税人发生的非货币性资产交换按照国家统一会计制度应确认的其他业务成本,即具有商业实质且公允价值能够可靠计量的情况下,企业按换出原材料的账面价值确认的换出原材料成本。

2)计入损益的折旧、摊销额调整

是否存在出租固定资产、无形资产,计入当期损益的折旧、摊销金额不符合税收政策规定。如存在,应对应在《资产折旧、摊销及纳税调整明细表》(A105080)进行税会差异调整。

3. 营业外支出相关事项的政策要点

1)《企业会计准则》中营业外支出核算内容

《企业会计准则——应用指南》附录"会计科目和主要账务处理"规定,"营业外支出"科目核算企业发生的各项营业外支出,包括非流动资产处置损失、非货币性资产交换损失、债务重组损失、公益性捐赠支出、非常损失、盘亏损失等。

2)《小企业会计准则》中营业外支出核算内容

《小企业会计准则——会计科目、主要账务处理和财务报表》规定,"营业外支出"科目核算小企业发生的各项营业外支出。包括:存货的盘亏、毁损、报废损失,非流动资产处置净损失,坏账损失,无法收回的长期债券投资损失,无法收回的长期股权投资损失,自然灾害等不可抗力因素造成的损失,税收滞纳金,罚金,罚款,被没收财物的损失,捐赠支出,赞助支出等。

3)申报表营业外支出明细项目的设置及申报口径

营业外支出申报明细项目包括非流动资产处置损失、非货币性资产交换损失、债务重组损失、非常损失、捐赠支出、赞助支出、罚没支出、坏账损失、无法收回的债券股权投资损失、其他。

"非货币性资产交换损失"应申报填写具有商业实质且公允价值能够可靠计量的情况下,企业按换出固定资产、无形资产、长期股权投资等的公允价值确认的换出资产的处置损失。

4)"营业外支出"中可能存在的税会差异调整事项

纳税人填报《一般企业成本支出明细表》(A102010)时,可结合"营业外支出"各明细申报项目发生额,关注以下三点:

(1)非流动资产处置损失、非货币性资产交换损失、债务重组损失、非常损失、坏账损失、无法收回的债券股权投资损失等税前扣除的资产损失当年度存在发生额的,均需在《资产损失税前扣除及纳税调整明细表》(A105090)进行填报及税会差异调整。

"非流动资产处置损失"填报纳税人处置非流动资产形成的净损失。税务的规定为:

《企业资产损失所得税税前扣除管理办法》(国家税务总局公告 2011 年第 25 号)第二条规定,资产是指企业拥有或者控制的、用于经营管理活动相关的资产,包括现金、银行存款、应收及预付款项(包括应收票据、各类垫款、企业之间往来款项)等货币性资产,存货、固定资产、无形资产、在建工程、生产性生物资产等非货币性资产,以及债权性投资和股权(权益)性投资。

《企业资产损失所得税税前扣除管理办法》(国家税务总局公告 2011 年第 25 号)第四条规定,企业实际资产损失,应当在其实际发生且会计上已作损失处理的年度申报扣除;法定资产损失,应当在企业向主管税务机关提供证据资料证明该项资产已符合法定资产损失确认条件,且会计上已作损失处理的年度申报扣除。依据《国家税务总局关于企业所得税资产损失资料留存备查有关事项的公告》(国家税务总局公告 2018 年第 15 号),有关资产损失证据资料、会计核算资料、纳税资料等相关资料报送的内容废止。

《企业资产损失所得税税前扣除管理办法》(国家税务总局公告 2011 年第 25 号)第五条规定,企业发生的资产损失,应按规定的程序和要求向主管税务机关申报后方能在税前扣除。未经申报的损失,不得在税前扣除。

《企业资产损失所得税税前扣除管理办法》(国家税务总局公告 2011 年第 25 号)第二十五条规定,企业非货币资产损失包括存货损失、固定资产损失、无形资产损失、在建工程损失、生产性生物资产损失等。

会计准则的规定为:

《企业会计准则第 4 号——固定资产》第二十三条规定,企业出售、转让、报废固定资产或发生固定资产毁损,应当将处置收入扣除账面价值和相关税费后的金额计入当期损益。固定资产的账面价值是固定资产成本扣减累计折旧和累计减值准备后的金额。

《企业会计准则第 5 号——生物资产》第二十六条规定,生物资产出售、盘亏或死亡、毁损时,应当将处置收入扣除其账面价值和相关税费后的余额计入当期损益。

《企业会计准则第 6 号——无形资产》第二十二条规定,企业出售无形资产,应当将取得的价款与该无形资产账面价值的差额计入当期损益。第二十三条规定,无形资产预期不能为企业带来经济利益的,应当将该无形资产的账面价值予以转销。

(2)捐赠支出需区分公益性捐赠及非公益性捐赠,按照税法规定的扣除限额,在《捐赠支出及纳税调整明细表》(A105070)进行税会差异调整。

(3)赞助支出、罚没支出需在《纳税调整项目明细表》(A105000)第19行"罚金、罚款和没收财物的损失"、第21行"赞助支出"进行税会差异调整。

3.3.4 风险环节

税前扣除要符合扣除条件:税前扣除的基本原则是按照《中华人民共和国企业所得税法》第八条规定,企业实际发生的与取得收入有关的、合理的支出,包括成本、费用、税金、损失和其他支出,准予在计算应纳税所得额时扣除。这里所指的条件即支出要实际发生,且与取得的收入有关、合理的支出。《国家税务总局关于发布〈企业所得税税前扣除凭证管理办法〉的公告》(国家税务总局公告2018年第28号)所附政策解读在第二条第三款"税前扣除凭证与税前扣除"的关系中明确,税前扣除凭证是企业计算企业所得税应纳税所得额时,扣除相关支出的依据。企业发生支出的税前扣除范围和标准应当按照《中华人民共和国企业所得税法》及其实施条例等相关规定执行。

因此,判断企业的一项支出能否税前扣除,首先确认是否实际发生,且与取得的收入有关、合理;其次确认是否符合该项支出的特殊性政策要求(如利息、佣金、公益性捐赠等);最后确认凭证是否合规。所以,凭证是最后一步,只有该项支出在实质上可以税前扣除,才确认凭证的合规性。如果该项支出不允许税前扣除,则无论有无合规凭证都不能税前扣除。但在实务中,凭证往往是第一步,若没有取得合规凭证,则不能税前扣除,因此也就无须再判断业务本身是否符合税前扣除条件、能否税前扣除了。《国家税务总局关于发布〈企业所得税税前扣除凭证管理办法〉的公告》(国家税务总局公告2018年第28号)对税前扣除凭证作出明确规定后,实务中重视税前扣除条件就更显重要了。因此,填制本表及《期间费用明细表》(A104000)和后续各纳税调整明细表等表时要注意按国家税务总局公告2018年第28号的要求进行税前扣除凭证的把握。

3.4 《金融企业支出明细表》(A102020)的填报实务

3.4.1 表样

A102020　　　　　　　　　金融企业支出明细表

行次	项　目	金额
1	一、营业支出(2+15+25+31+32)	
2	(一)银行业务支出(3+11)	
3	1.银行利息支出(4+5+6+7+8+9+10)	

续表

行次	项 目	金额
4	（1）同业存放	
5	（2）向中央银行借款	
6	（3）拆入资金	
7	（4）吸收存款	
8	（5）卖出回购金融资产	
9	（6）发行债券	
10	（7）其他	
11	2.银行手续费及佣金支出(12+13+14)	
12	（1）手续费支出	
13	（2）佣金支出	
14	（3）其他	
15	（二）保险业务支出(16+17-18+19-20+21+22-23+24)	
16	1.退保金	
17	2.赔付支出	
18	减：摊回赔付支出	
19	3.提取保险责任准备金	
20	减：摊回保险责任准备金	
21	4.保单红利支出	
22	5.分保费用	
23	减：摊回分保费用	
24	6.保险业务手续费及佣金支出	
25	（三）证券业务支出(26+30)	
26	1.证券业务手续费及佣金支出(27+28+29)	
27	（1）证券经纪业务手续费支出	
28	（2）佣金支出	
29	（3）其他	
30	2.其他证券业务支出	
31	（四）其他金融业务支出	
32	（五）其他业务成本	
33	二、营业外支出(34+35+36+37+38+39)	
34	（一）非流动资产处置损失	
35	（二）非货币性资产交换损失	
36	（三）债务重组损失	
37	（四）捐赠支出	
38	（五）非常损失	
39	（六）其他	

《金融企业支出明细表》(A102020)适用于执行《企业会计准则》的金融企业纳税人填报,包括银行(信用社)、保险公司、证券公司等金融企业。金融企业应根据《企业会计准则》的规定对营业收入和营业外收入进行核算,根据会计核算结果填报"营业支出""营业外支出"。

本表包括营业支出和营业外支出两个部分:而营业支出包括5项,即银行业主要业务支出,保险业主要业务支出,证券业主要业务支出,金融业其他业务支出,其他业务成本。

3.4.2 一般规定

同《一般企业成本支出明细表》(A102010)的填报实务一般规定。

3.4.3 关键要点

证券、期货、保险代理手续费佣金支出:根据《国家税务总局关于企业所得税应纳税所得额若干税务处理问题的公告》(国家税务总局公告2012年第15号)第三条规定,从事代理服务、主营业务收入为手续费、佣金的企业(如证券、期货、保险代理等企业),其为取得该类收入而实际发生的营业成本(包括手续费及佣金支出),准予在企业所得税前据实扣除。

3.5 《事业单位、民间非营利组织收入、支出明细表》(A103000)的填报实务

3.5.1 表样

A103000　　　　　事业单位、民间非营利组织收入、支出明细表

行次	项目	金额
1	一、事业单位收入(2+3+4+5+6+7)	
2	(一)财政补助收入	
3	(二)事业收入	
4	(三)上级补助收入	
5	(四)附属单位上缴收入	
6	(五)经营收入	
7	(六)其他收入(8+9)	
8	其中:投资收益	
9	其他	
10	二、民间非营利组织收入(11+12+13+14+15+16+17)	
11	(一)接受捐赠收入	

续表

行次	项目	金额
12	（二）会费收入	
13	（三）提供劳务收入	
14	（四）商品销售收入	
15	（五）政府补助收入	
16	（六）投资收益	
17	（七）其他收入	
18	三、事业单位支出（19+20+21+22+23）	
19	（一）事业支出	
20	（二）上缴上级支出	
21	（三）对附属单位补助支出	
22	（四）经营支出	
23	（五）其他支出	
24	四、民间非营利组织支出（25+26+27+28）	
25	（一）业务活动成本	
26	（二）管理费用	
27	（三）筹资费用	
28	（四）其他费用	

《事业单位、民间非营利组织收入、支出明细表》（A103000）适用于实行《事业单位会计准则》的事业单位以及执行民间非营利组织会计制度的社会团体、民办非企业单位、非营利性组织等查账征收居民纳税人填报。纳税人应根据《事业单位会计准则》、民间非营利组织会计制度的规定，对收入和支出进行核算，根据会计核算结果填报本表。需要注意的是，执行民间非营利会计制度的纳税人不等同于企业所得税法规定的具有免税资格的非营利组织。

本表包括事业单位收入、民间非营利组织收入、事业单位支出、民间非营利组织支出四个部分；而事业单位收入包括6项，即财政补助收入、事业收入、上级补助收入、附属单位上缴收入、经营收入、其他收入。

3.5.2 一般规定

同《一般企业收入明细表》（A101010）的填报实务一般规定和《一般企业成本支出明细表》（A102010）的填报实务一般规定。

《中华人民共和国企业所得税法实施条例》第三十条规定，企业所得税法第八条所称费用，是指企业在生产经营活动中发生的销售费用、管理费用和财务费用，已经计入成本的有关费用除外。

3.5.3 关键要点

《事业单位、民间非营利组织收入、支出明细表》(A103000)填报事项分为四类：①事业单位收入的组成项目(第1行至第9行)，根据《事业单位会计准则》核算的收入类会计科目提供的信息资料填报；②民间非营利组织收入的组成项目(第10行至第17行)，根据民间非营利组织会计制度核算的收入类会计科目提供的信息资料填报；③事业单位支出的组成项目(第18行至第23行)，根据《事业单位会计准则》核算的支出类会计科目提供的信息资料填报；④民间非营利组织支出的组成项目(第24行至第28行)，根据民间非营利组织会计制度核算的支出类会计科目提供的信息资料填报。

3.6 《期间费用明细表》(A104000)的填报实务

3.6.1 表样

A104000　　　　期间费用明细表

行次	项目	销售费用	其中：境外支付	管理费用	其中：境外支付	财务费用	其中：境外支付
		1	2	3	4	5	6
1	一、职工薪酬		*		*	*	*
2	二、劳务费					*	*
3	三、咨询顾问费					*	*
4	四、业务招待费		*		*	*	*
5	五、广告费和业务宣传费		*		*	*	*
6	六、佣金和手续费						
7	七、资产折旧摊销费		*		*	*	*
8	八、财产损耗、盘亏及毁损损失		*		*	*	*
9	九、办公费		*		*	*	*
10	十、董事会费		*		*	*	*
11	十一、租赁费					*	*
12	十二、诉讼费		*		*	*	*
13	十三、差旅费		*		*	*	*
14	十四、保险费		*		*	*	*
15	十五、运输、仓储费					*	*

续表

行次	项目	销售费用	其中：境外支付	管理费用	其中：境外支付	财务费用	其中：境外支付
		1	2	3	4	5	6
16	十六、修理费					*	*
17	十七、包装费		*		*	*	*
18	十八、技术转让费					*	*
19	十九、研究费用					*	*
20	二十、各项税费		*		*		*
21	二十一、利息收支	*	*	*	*		
22	二十二、汇兑差额	*	*	*	*		
23	二十三、现金折扣	*	*	*	*		*
24	二十四、党组织工作经费	*	*		*	*	*
25	二十五、其他						
26	合计（1+2+3+…+25）						

《期间费用明细表》（A104000）适用于执行《企业会计准则》《小企业会计准则》、企业会计制度、分行业会计制度的查账征收居民纳税人填报。纳税人应根据《企业会计准则》《小企业会计准则》、企业会计制度、分行业会计制度规定，对期间费用进行核算，根据会计核算结果填报本表。

本表包括"销售费用""管理费用"和"财务费用"三个部分；而各期间费用各自包括25项，即①职工薪酬；②劳务费；③咨询顾问费；④业务招待费；⑤广告费和业务宣传费；⑥佣金和手续费；⑦资产折旧摊销费；⑧财产损耗、盘亏及毁损损失；⑨办公费；⑩董事会费；⑪租赁费；⑫诉讼费；⑬差旅费；⑭保险费；⑮运输、仓储费；⑯修理费；⑰包装费；⑱技术转让费；⑲研究费用；⑳各项税费；㉑利息收支；㉒汇兑差额；㉓现金折扣；㉔党组织工作经费；㉕其他。

3.6.2 一般规定

《中华人民共和国企业所得税法》第八条规定，企业实际发生的与取得收入有关的、合理的支出，包括成本、费用、税金、损失和其他支出，准予在计算应纳税所得额时扣除。

《中华人民共和国企业所得税法实施条例》第三十条规定，企业所得税法第八条所称费用，是指企业在生产经营活动中发生的销售费用、管理费用和财务费用，已经计入成本的有关费用除外。

3.6.3 关键要点

1. 期间费用中涉及的纳税调整事项（事业单位、非营利组织除外）

设置结构化的《期间费用明细表》(A104000)，从费用发生绝对值及费用构成两个维度来衡量费用列支的合理性，是企业财务内控的常见手段。2018版申报表设置的《期间费用明细表》(A104000)能够起到两级期间费用明细账的作用，在主管税务机关开展后续管理，进行初步的数据筛查和疑点判断时，提供覆盖每个纳税人的明细数据来源，方便主管税务机关迈出案头分析的第一步。由于数据覆盖面广，来源稳定，还可用于进行行业数据、跨期数据的动态分析。

期间费用作为直接影响当期损益的税前扣除类项目，涉及的税会差异调整事项较多，且申报数据的真实性和准确性可直接通过与会计核算资料进行比对得出，因此纳税人在申报填写《期间费用明细表》(A104000)时应审慎分析，规范填写，充分识别纳税调整要点。

2.《期间费用明细表》填报数据来源

《期间费用明细表》(A104000)的填报应保证第26行销售费用、管理费用、财务费用的填报金额直接取自申报所属期利润表，明细申报项目应反映真实的财务核算信息，如果有与申报表不一致的项目，应合并至对应的费用项目中。

3.《期间费用明细表》(A104000)不适用事业单位、民间非营利组织纳税人

《事业单位、民间非营利组织收入、支出明细表》(A103000)设置的支出项目同时包含成本类项目及费用类项目，因此填报该表的事业单位、民间非营利组织纳税人不再填报《期间费用明细表》(A104000)。

4. 金融企业不填报第3列和第4列

金融企业不设置"管理费用"科目，金融企业填报《期间费用明细表》(A104000)时，不填写第3列和第4列。

5. 境外支付费用

《期间费用明细表》(A104000)第2列、第4列和第6列对企业费用列支中向境外支付的部分进行信息采集，为主管税务机关进行反避税调查提供了便利，纳税人在填报相关项目时应谨慎对待，规范填报境外支付费用金额，避免不规范的费用列支引发涉税风险。

6. "职工薪酬"项目填报注意问题

《期间费用明细表》(A104000)第1行"职工薪酬"项目，应检查是否存在计提未发放的工资薪金；是否存在列支工资薪金未履行代扣代缴个人所得税义务的情况；属于国有性质的企业列支的工资薪金是否超过了政府有关部门给予的限定数额；是否存在计提未实际支出的职工教育经费；是否存在计提未实际缴纳的补充养老保险、补充医疗保险；工会经费、职工教育经费、职工福利费、补充养老保险、补充医疗保险的实际列支金额是否超出了以"工资薪金"税收金额为基础计算的扣除限额等。此外，还应核实上述事项是否取得了合法有效的税前扣除凭证。上述情况如实际存在，应在《职工薪酬支出及纳税调整明细表》(A105050)进行税会差异调整。具体填报方法见本书第4章。

7. "劳务费""咨询顾问费"的扣除凭证问题

《期间费用明细表》(A104000)第2行"劳务费"、第3行"咨询顾问费"项目,应检查费用列支是否取得了合法有效的税前扣除凭证(劳务费、咨询费发票);企业向境外支付的劳务费、咨询费是否履行了代扣代缴企业所得税的义务;是否存在为逃避缴纳税款超额支付给境外关联方的劳务费、咨询费;是否存在同一法人主体内部支付劳务费在税前列支的情况等。如存在上述情况,应在《纳税调整项目明细表》(A105000)第30行"其他"进行调整。

8. "业务招待费"列支范围与扣除凭证

《期间费用明细表》(A104000)第4行"业务招待费"项目,应检查费用列支是否取得了合法有效的税前扣除凭证;业务招待费列支是否超过了以"销售(营业)收入"为基础计算的税前扣除限额等。如存在上述情况,应在《纳税调整项目明细表》(A105000)第15行"业务招待费支出"进行调整。此外,还应关注是否存在将自产或外购的资产用于交际应酬,会计核算中未确认收入、成本的情况,如存在,应在《视同销售和房地产开发企业特定业务纳税调整明细表》(A105010)第4行"用于交际应酬视同销售收入"和第14行"用于交际应酬视同销售成本"进行税会差异调整,同时按视同销售收入确认金额对业务招待费列支进行调整。

9. 填报"广告费和业务宣传费"应注意的问题

对照《期间费用明细表》(A104000)第5行"广告费和业务宣传费"项目,应检查费用列支是否取得了合法有效的税前扣除凭证;广告效应不只由纳税人自身获得的广告费是否在不同法人主体之间进行了合理分摊;税前列支的广告费用是否超过了以"销售(营业)收入"为基础计算当期税前扣除限额;是否存在以前年度超过扣除限额结转本年扣除的广告费和业务宣传费等。若存在上述情况,应在《广告费和业务宣传费跨年度纳税调整明细表》(A105060)进行税会差异调整。此外,还应关注是否存在将自产或外购的资产用于市场推广,会计核算中未确认收入、成本的情况。如存在,应在《视同销售和房地产开发企业特定业务纳税调整明细表》(A105010)第3行"用于市场推广或销售视同销售收入"和第13行"用于市场推广或销售视同销售成本"进行税会差异调整,同时按视同销售收入确认广告费列支进行调整。

10. 填报"佣金和手续费"时应考虑的问题

对于《期间费用明细表》(A104000)第6行"佣金和手续费"项目,应检查费用列支是否取得了合法有效的税前扣除凭证;佣金和手续费的税前扣除金额是否超过了税法规定的扣除限额等。若存在上述情况,应在《纳税调整项目明细表》(A105000)第23行"佣金和手续费支出"进行税会差异调整。此外,还应关注是否存在以避税为目的向境外超额支付佣金、手续费的情况;向境外支付的佣金、手续费是否履行了代扣代缴企业所得税的义务等。

11. 资产折旧摊销费

对照《期间费用明细表》(A104000)第7行"资产折旧摊销费",资产折旧摊销账载金额与税收金额之间的差异在《资产折旧、摊销及纳税调整明细表》(A105080)进行列报和调整。即使不存在上述税会差异,纳税人仍需将账面所有资产的折旧、摊销情况在

《资产折旧、摊销及纳税调整明细表》(A105080)进行填报。

12. 财产损耗、盘亏及毁损损失

对照《期间费用明细表》(A104000)第8行"财产损耗、盘亏及毁损损失",纳税人资产损失税前扣除均需在《资产损失税前扣除及纳税调整明细表》(A105090)进行填报及税会差异调整。

13. "利息收支"扣除注意事项

对于《期间费用明细表》(A104000)第21行"利息收支",应关注账面利息收入是否存在未按合同约定进行确认的情况。若存在,应在《未按权责发生制确认收入纳税调整明细表》(A105020)第3行"利息"进行税会差异调整。还应关注利息支出是否符合税法规定的扣除标准。对支付给非金融机构、自然人、关联企业的利息及未按规定缴足出资产生的利息等,应在《纳税调整项目明细表》(A105000)第18行"利息支出"进行调整。

14. "共同支出"注意事项

对纳税人在《期间费用明细表》(A104000)列支的各项费用,应关注是否包含境外所得应分摊的"共同支出"。若存在,应在《纳税调整项目明细表》(A105000)第28行"境外所得分摊的共同支出"进行调整,特别是当境外所得为负数时,"共同支出"项目也需要在计算境内应纳税所得额时进行调增。

15. 是否存在与收入无关的期间费用支出

对纳税人在《期间费用明细表》(A104000)列支的各项费用,应关注是否存在与取得收入无关的支出。若存在,应在《纳税调整项目明细表》(A105000)第27行"与取得收入无关的支出"进行调整。

16. 各项费用取得有效扣除凭证的时限

按照《国家税务总局关于企业所得税若干问题的公告》(国家税务总局公告2011年第34号)的规定,企业当年度实际发生的相关成本、费用,由于各种原因未能及时取得该成本、费用的有效凭证,企业在预缴季度所得税时,可暂按账面发生金额进行核算;但在汇算清缴时,应补充提供该成本、费用的有效凭证。否则不得在当年应纳税所得额中扣除,需进行税会差异调整。

按照《国家税务总局关于企业所得税应纳税所得额若干税务处理问题的公告》(国家税务总局公告2012年第15号)第六条,企业以前年度发生应扣未扣支出的税务处理问题的规定,根据《中华人民共和国税收征收管理法》的有关规定,对企业发现以前年度实际发生的、按照税收规定应在企业所得税前扣除而未扣除或者少扣除的支出,企业做出专项申报及说明后,准予追补至该项目发生年度计算扣除,但追补确认期限不得超过5年。企业由于上述原因多缴的企业所得税税款,可以在追补确认年度企业所得税应纳税款中抵扣,不足抵扣的,可以向以后年度递延抵扣或申请退税。亏损企业追补确认以前年度未在企业所得税前扣除的支出,或盈利企业经过追补确认后出现亏损的,应首先调整该项支出所属年度的亏损额,然后再按照弥补亏损的原则计算以后年度多缴的企业所得税款,并按前款规定处理。

4 纳税调整政策及填报实务(A105000)

4.1 表样

A105000　　　　　　　　　　　纳税调整项目明细表

行次	项目	账载金额	税收金额	调增金额	调减金额
		1	2	3	4
1	一、收入类调整项目(2+3+…+8+10+11)	*	*		
2	(一)视同销售收入(填写 A105010)	*			*
3	(二)未按权责发生制原则确认的收入(填写 A105020)				
4	(三)投资收益(填写 A105030)				
5	(四)按权益法核算长期股权投资对初始投资成本调整确认收益	*	*	*	
6	(五)交易性金融资产初始投资调整	*	*		*
7	(六)公允价值变动净损益		*		
8	(七)不征税收入	*	*		
9	其中:专项用途财政性资金(填写 A105040)	*	*		
10	(八)销售折扣、折让和退回				
11	(九)其他				
12	二、扣除类调整项目(13+14+…+24+26+27+28+29+30)	*	*		
13	(一)视同销售成本(填写 A105010)	*		*	
14	(二)职工薪酬(填写 A105050)				
15	(三)业务招待费支出				*
16	(四)广告费和业务宣传费支出(填写 A105060)	*	*		

续表

行次	项 目	账载金额 1	税收金额 2	调增金额 3	调减金额 4
17	（五）捐赠支出（填写A105070）				
18	（六）利息支出				
19	（七）罚金、罚款和被没收财物的损失		*		*
20	（八）税收滞纳金、加收利息		*		*
21	（九）赞助支出		*		*
22	（十）与未实现融资收益相关在当期确认的财务费用				
23	（十一）佣金和手续费支出				*
24	（十二）不征税收入用于支出所形成的费用	*	*		*
25	其中：专项用途财政性资金用于支出所形成的费用（填写A105040）	*	*		*
26	（十三）跨期扣除项目				
27	（十四）与取得收入无关的支出		*		*
28	（十五）境外所得分摊的共同支出	*	*		*
29	（十六）党组织工作经费				
30	（十七）其他				
31	三、资产类调整项目（32+33+34+35）	*	*		
32	（一）资产折旧、摊销（填写A105080）				
33	（二）资产减值准备金		*		
34	（三）资产损失（填写A105090）				
35	（四）其他				
36	四、特殊事项调整项目（37+38+…+42）	*	*		
37	（一）企业重组及递延纳税事项（填写A105100）				
38	（二）政策性搬迁（填写A105110）	*	*		
39	（三）特殊行业准备金（填写A105120）				
40	（四）房地产开发企业特定业务计算的纳税调整额（填写A105010）	*			
41	（五）合伙企业法人合伙人应分得的应纳税所得额				
42	（六）其他	*	*		
43	五、特别纳税调整应税所得	*	*		
44	六、其他	*	*		
45	合计（1+12+31+36+43+44）	*	*		

本章只针对无二级附表的纳税调整项目涉及的相关政策要点进行讲解,在本章中说明的无二级附表的纳税调整项目见表4-1。

表4-1　　　　　　　　无二级附表的纳税调整项目

章节序号	纳税调整项目名称	在表A105000中对应行次
4.3	按权益法核算长期股权投资对初始投资成本调整确认收益	第5行
4.4	交易性金融资产初始投资调整	第6行
4.5	公允价值变动净损益	第7行
4.6	销售折扣、折让和退回	第10行
4.7	业务招待费支出	第15行
4.8	利息支出	第18行
4.9	罚金、罚款和被没收财物的损失	第19行
4.10	税收滞纳金、加收利息	第20行
4.11	赞助支出	第21行
4.12	与未实现融资收益相关在当期确认的财务费用	第22行
4.13	佣金和手续费支出	第23行
4.14	跨期扣除项目	第26行
4.15	与取得收入无关的支出	第27行
4.16	境外所得分摊的共同支出	第28行
4.17	党组织工作经费	第29行
4.18	资产减值准备金	第33行
4.19	合伙企业法人合伙人应分得的应纳税所得额	第41行

4.2 修订变化

《纳税调整项目明细表》(修订后的2017版)的变化见表4-2。

表4-2　　《纳税调整项目明细表》(修订后的2017版)的变化

序号	修订后的2017版报表 (国家税务总局公告2018年第57号)		2017版报表 (国家税务总局公告2017年第54号)	
	报表名称	新表	报表名称	原表
1	《纳税调整项目明细表》(A105000)	第41行"(五)合伙企业法人合伙人应分得的应纳税所得额"	《纳税调整项目明细表》(A105000)	第41行"(五)有限合伙企业法人合伙方应分得的应纳税所得额"

4.3 按权益法核算长期股权投资对初始投资成本调整确认收益（第5行）相关政策要点

按权益法核算长期股权投资对初始投资成本调整确认收益利润计算及纳税调整对照提示表见表4-3。

表4-3　按权益法核算长期股权投资对初始投资成本调整确认收益利润计算及纳税调整对照提示表

在利润总额计算中的位置	《一般企业收入明细表》（A101010）第26行"其他"
在纳税调整中的位置	《纳税调整项目明细表》（A105000）第5行"按权益法核算长期股权投资对初始投资成本调整确认收益"
风险管理提示	跨年度事项、时间性差异调整

4.3.1　一般规定

《中华人民共和国企业所得税法实施条例》第五十六条规定，企业的各项资产，包括固定资产、生物资产、无形资产、长期待摊费用、投资资产、存货等，以历史成本为计税基础。

前款所称历史成本，是指企业取得该项资产时实际发生的支出。

4.3.2　关键要点

权益法核算的长期股权投资初始投资成本以历史成本为计税基础。

4.3.3　风险环节

权益法核算的长期股权投资调整成本时的税会差异：权益法核算的长期股权投资计税基础是长期股权投资的初始投资成本。不再根据被投资单位可辨认净资产公允价值进行调整。

初始投资成本小于投资时，应享有被投资单位可辨认净资产公允价值份额的，会计处理如下：

借：长期股权投资——成本
　　贷：营业外收入（税会差异：营业外收入要做纳税调减）

但需要注意，长期股权投资处置时其计税基础确认应考虑上述差异。

初始投资成本大于投资时，应享有被投资单位可辨认净资产公允价值份额的，会计不调整已确认的初始投资成本(税会无差异)。

案例:采用权益法核算的长期股权投资初始投资成本调整收益

1. 情况说明

A 企业于 2018 年 1 月 1 日取得 E 公司 40% 的股权,支付价款 6000 万元,取得投资时被投资单位可辨认净资产账面价值为 20000 万元(假定被投资单位各项可辨认资产、负债的公允价值与其账面价值相同)。A 企业取得 E 公司股权后,能够对 E 公司施加重大影响,对该投资采取权益法核算。

2. 会计处理

借:长期股权投资——成本　　　　　　　　　　　　　80000000①
　　贷:银行存款　　　　　　　　　　　　　　　　　60000000
　　　　营业外收入　　　　　　　　　　　　　　　　20000000

该项长期股权投资的会计成本是 8000 万元,计税基础是 6000 万元,应纳税调减 2000 万元。

3. 填报方法

计入取得投资当期的营业外收入的 2000 万元作为纳税调减金额填写在《纳税调整项目明细表》(A105000)第 5 行第 4 列,具体填报见表 4-4。

表 4-4

A105000　　　　　　　　　　纳税调整项目明细表　　　　　　　　　　单位:元

行次	项　目	账载金额	税收金额	调增金额	调减金额
		1	2	3	4
1	一、收入类调整项目(2+3+…+8+10+11)	*	*		
5	(四)按权益法核算长期股权投资对初始投资成本调整确认收益	*	*	*	20000000

4. 风险提示

长期股权投资处置时其计税基础确认应考虑上述差异。

4.4　交易性金融资产初始投资调整(第 6 行)相关政策要点

4.4.1　一般规定

《中华人民共和国企业所得税法实施条例》第五十六条规定,企业的各项资产,包括固定

---

① 8000 万元 = 被投资企业可辨认净资产公允价值份额 20000 万元 × 40%

资产、生物资产、无形资产、长期待摊费用、投资资产、存货等,以历史成本为计税基础。

上述所称历史成本,是指企业取得该项资产时实际发生的支出。

4.4.2 关键要点

交易性金融资产初始投资以历史成本为计税基础。

4.4.3 风险环节

购入交易性金融资产发生的交易费用,会计处理时记入"投资收益"科目,税法要求计入投资的计税基础。但交易性金融资产处置时的计税基础确认应考虑调回税会差异。

案例:交易性金融资产初始投资调整

1. 情况说明

2018年5月6日,甲公司支付1021万元(含交易费用1万元和已宣告尚未发放的现金股利20万元),购入乙公司发行的股票200万股,每股市价5.1元,甲公司将其划分为交易性金融资产,5月20日收到乙公司分配的现金股利。

2. 会计处理

2017年5月6日:

借:交易性金融资产——成本　　　　　　　　　　　　　　10000000
　　应收股利　　　　　　　　　　　　　　　　　　　　　　200000
　　投资收益　　　　　　　　　　　　　　　　　　　　　　10000
　　贷:银行存款　　　　　　　　　　　　　　　　　　　　10210000

该项交易性金融资产的会计成本是1000万元,计税基础是1001万元,应纳税调增1万元。

3. 填报方法

购入股票的交易费用1万元不得在本期税前扣除,应作为纳税调增金额填写在《纳税调整项目明细表》(A105000)第6行第3列,具体填报见表4-5。

表4-5

A105000　　　　　　　　　　纳税调整项目明细表　　　　　　　　　　单位:元

行次	项　目	账载金额	税收金额	调增金额	调减金额
		1	2	3	4
1	一、收入类调整项目(2+3+…+8+10+11)	*	*		
6	(五)交易性金融资产初始投资调整	*	*	10000	*

4. 风险提示

交易性金融资产处置时的计税基础确认应考虑上述税会差异。

4.5 公允价值变动净损益(第7行)相关政策要点

公允价值变动净损益利润计算及纳税调整对照提示表见表4-6。

表4-6   公允价值变动净损益利润计算及纳税调整对照提示表

在利润总额计算中的位置	《中华人民共和国企业所得税年度纳税申报表(A类)》(A100000)第8行"公允价值变动收益"
在纳税调整中的位置	《纳税调整项目明细表》(A105000)第7行"公允价值变动净损益"
风险管理提示	跨年度事项、时间性差异调整

4.5.1 一般规定

《中华人民共和国企业所得税法实施条例》第五十六条规定,企业的各项资产,包括固定资产、生物资产、无形资产、长期待摊费用、投资资产、存货等,以历史成本为计税基础。

上述所称历史成本,是指企业取得该项资产时实际发生的支出。

企业持有各项资产期间资产增值或者减值,除国务院财政、税务主管部门规定可以确认损益外,不得调整该资产的计税基础。

4.5.2 关键要点

企业以公允价值计量的金融资产、金融负债以及投资性房地产等,持有期间公允价值的变动不计入应纳税所得额。

4.5.3 风险环节

公允价值变动净损益计量的税会差异:在资产负债表日,交易性金融资产(负债)、指定为以公允价值计量且其变动计入当期损益的金融资产、公允价值模式计量的投资性房地产等,其公允价值与账面价值的差额记入"公允价值变动损益"科目,但税法不确认上述所得或损失,计算所得税时应做纳税调整。

公允价值变动损益事项不再单独设置附表,申报取数变得简单。但"公允价值变动净损益"作为跨年度事项存在风险(纳税调整金额、处置时的计税基础),需要实行动态管理。资产处置环节应及时将公允价值变动损益结转至"投资收益"科目。"公允价值变动净损益"项目可能隐藏未申报的资产损失。

案例:公允价值变动净损益

1. 情况说明

2018年5月6日,甲公司支付1021万元(含交易费用1万元和已宣告尚未发放的现金股利20万元),购入乙公司发行的股票200万股,每股市价5.1元,甲公司将其划分为交易性金融资产,5月20日收到乙公司分配的现金股利。2018年6月30日,该股票市价为每股5.2元,2018年12月31日,甲公司仍持有该股票,当日,该股票市价为每股4.8元。

2. 会计处理

2018年6月30日的会计处理如下:

借:交易性金融资产——公允价值变动　　　　　　　　　400000
　　贷:公允价值变动损益　　　　　　　　　　　　　　　400000

2018年12月31日的会计处理如下:

借:公允价值变动损益　　　　　　　　　　　　　　　　800000
　　贷:交易性金融资产——公允价值变动　　　　　　　　800000

3. 填报方法

公允价值变动损益税法上不确认,公允价值变动损益期末借方余额为40万元,即会计确认损失40万元(80-40),应调增应纳税所得额40万元,填写在《纳税调整项目明细表》(A105000)第7行第3列。具体填报见表4-7。

表4-7

A105000　　　　　　　　　　　纳税调整项目明细表　　　　　　　　　　　单位:元

行次	项　目	账载金额	税收金额	调增金额	调减金额
		1	2	3	4
1	一、收入类调整项目(2+3+…+8+10+11)	*	*		
7	(六)公允价值变动净损益	-400000	*	400000	

4. 风险提示

公允价值变动损益事项不再单独设置附表,申报取数变得简单。但"公允价值变动净损益"作为跨年度事项存在风险(纳税调整金额、处置时的计税基础),需要实行动态管理。

资产处置环节应及时将公允价值变动损益结转至"投资收益"科目。

"公允价值变动净损益"项目可能隐藏未申报的资产损失。

4.6　销售折扣、折让和退回(第10行)相关政策要点

销售折扣、折让和退回利润计算及纳税调整对照提示表见表4-8。

表4-8　　　　　　销售折扣、折让和退回利润计算及纳税调整对照提示表

在利润总额计算中的位置	《一般企业收入明细表》(A101010)第3行"销售商品收入"
在纳税调整中的位置	《纳税调整项目明细表》(A105000)第10行"销售折扣、折让和退回"
风险管理提示	跨年度事项、时间性差异调整

4.6.1 关键要点

销售折扣、折让和退回的政策界定:《国家税务总局关于确认企业所得税收入若干问题的通知》(国税函〔2008〕875号)规定,企业为促进商品销售而在商品价格上给予的价格扣除属于商业折扣,商品销售涉及商业折扣的,应当按照扣除商业折扣后的金额确定销售商品收入金额。债权人为鼓励债务人在规定的期限内付款而向债务人提供的债务扣除属于现金折扣,销售商品涉及现金折扣的,应当按扣除现金折扣前的金额确定销售商品收入金额,现金折扣在实际发生时作为财务费用扣除。企业因售出商品的质量不合格等原因而在售价上给予的减让属于销售折让;企业因售出商品质量、品种不符合要求等原因而发生的退货属于销售退回。企业已经确认销售收入的售出商品发生销售折让和销售退回,应当在发生当期冲减当期销售商品收入。

4.6.2 风险环节

销售折扣、折让和退回税会差异:《纳税调整项目明细表》(A105000)填表说明规定,第10行"(八)销售折扣、折让和退回":填报不符合税法规定的销售折扣和折让应进行纳税调整的金额,和发生的销售退回因会计处理与税法规定有差异需纳税调整的金额。《小企业会计准则》对销售折扣、折让、退回的处理与税法规定一致。即企业已经确认销售商品收入,商品发生销售退回的,应在发生时冲减当期销售收入。企业发生属于报告年度资产负债表日后调整事项的销售退回,应将留存收益调整确认在报告年度;税法上,企业发生的属于资产负债表日后调整事项的销售退回,所涉及的应纳税所得额的调整,不应在报告年度确认,应在销货退回实际发生年度确认。上述所得确认时间上的差异,在某些情况下往往会造成应纳所得税额计征数的差异,如两个年度适用的所得税税率不一致,或者某个年度享受所得税的减免优惠等。

案例:销货退回

1. 情况说明

甲企业适用所得税税率为25%,2018年11月其销售给丙企业一批货物,价款250万元(不含税),销售成本200万元,货已发出但货款尚未收到,该项应收账款没有计提坏账准备,甲企业于2018年12月25日接到通知,丙企业在验收货物时发现质量问题需要协商退货。2019年2月,双方协商同意退货,甲企业于3月15日收到丙企业退回的货物及增值税专用发票的发票联和抵扣联,甲企业按净利润的10%提取盈余公积,假定甲企业2018年度财务报告于2019年3月31日对外报出。本案例中涉及的企业均为增值税一般纳税人,适用增值税税率为16%。

2. 会计处理

假定涉及事项可以调整甲企业2018年应交所得税,甲企业判断上述事项属于调整事项,并根据调整事项的处理原则进行如下账务处理。

(1) 调整以前年度损益：

借：以前年度损益调整　　　　　　　　　　　　　　2500000
　　应交税费——应交增值税(销项税额)　　　　　　400000
　　　贷：应收账款　　　　　　　　　　　　　　　　2900000
借：库存商品　　　　　　　　　　　　　　　　　　2000000
　　　贷：以前年度损益调整　　　　　　　　　　　　2000000

(2) 调整应交所得税：

借：应交税费——应交所得税　　　　　　　　　　　125000
　　　贷：以前年度损益调整　　　　　　　　　　　　125000

(3) 结转未分配利润：

借：利润分配——未分配利润　　　　　　　　　　　375000
　　　贷：以前年度损益调整　　　　　　　　　　　　375000

(4) 调整利润分配：

借：盈余公积——法定盈余公积　　　　　　　　　　37500
　　　贷：利润分配——未分配利润　　　　　　　　　37500

调整2018年度会计报表相关项目的数字。
调整2019年3月资产负债表相关项目的年初数。

(5) 确认税会差异调整：

借：递延所得税资产　　　　　　　　　　　　　　　125000
　　　贷：应交税费——应交所得税　　　　　　　　　125000

3. 填报方法

税法不认可会计对2018年该笔销售收入和成本进行冲减的处理,2018年纳税申报要进行纳税调增,应填写在《纳税调整项目明细表》(A105000)第10行第1列和第3列,金额为500000元。具体填报见表4-9。

表4-9

A105000　　　　　　　　　　　　**纳税调整项目明细表**　　　　　　　　　　　　单位:元

行次	项目	账载金额	税收金额	调增金额	调减金额
		1	2	3	4
1	一、收入类调整项目(2+3+…+8+10+11)	*	*		
10	(八)销售折扣、折让和退回	500000	0	500000	

2018年纳税申报要进行纳税调减,填写在表A105000第10行第4列,金额为5000000元。具体填报见表4-10。

表 4-10

A105000　　　　　　　　　　　纳税调整项目明细表　　　　　　　　　　　单位：元

行次	项　目	账载金额	税收金额	调增金额	调减金额
		1	2	3	4
1	一、收入类调整项目(2+3+…+8+10+11)	*	*		
10	（八）销售折扣、折让和退回	0	500000		500000

4. 风险提示

上述所得确认时间上的差异，在某些情况下往往会造成应纳所得税额计征数的差异，如两个年度适用的所得税税率不一致，或者某个年度享受所得税的减免优惠等。

4.7　业务招待费支出(第15行)相关政策要点

业务招待费支出利润计算及纳税调整对照提示表见表4-11。

表 4-11　　　　　　业务招待费支出利润计算及纳税调整对照提示表

在利润总额计算中的位置	《期间费用明细表》(A104000)第4行"业务招待费"
在纳税调整中的位置	《纳税调整项目明细表》(A105000)第15行"业务招待费支出"
风险管理提示	永久性差异调整

4.7.1　一般规定

《中华人民共和国企业所得税法实施条例》第四十三条规定，企业发生的与生产经营活动有关的业务招待费支出，按照发生额的60%扣除，但最高不得超过当年销售(营业)收入的5‰。

4.7.2　关键要点

1. 业务招待费扣除限额计算基数

(1)《国家税务总局关于贯彻落实企业所得税法若干问题的通知》(国税函〔2010〕79号)规定，对从事股权投资业务的企业(包括集团公司总部、创业投资企业等)，其从被投资企业所分配的股息、红利以及股权转让收入，可以按规定的比例计算业务招待费扣除限额。

在政策执行实务中，上述"从事股权投资业务的企业"指的是专门从事股权投资业务的企业，即企业除股权投资业务外，不从事其他营利性生产经营活动。纳税人在适用上述政策时应向主管税务机关确定相关政策执行口径，以避免造成申报涉税风险。

(2)《国家税务总局关于企业所得税执行中若干税务处理问题的通知》(国税函〔2009〕202号)规定,企业在计算业务招待费、广告费和业务宣传费等费用扣除限额时,其销售(营业)收入额应包括《中华人民共和国企业所得税法实施条例》第二十五条规定的视同销售(营业)收入额。

2. 筹建期业务招待费税前扣除

《国家税务总局关于企业所得税应纳税所得额若干税务处理问题的公告》(国家税务总局公告2012年第15号)规定,企业在筹建期间,发生的与筹办活动有关的业务招待费支出,可按实际发生额的60%计入企业筹办费,并按有关规定在税前扣除;发生的广告费和业务宣传费,可按实际发生额计入企业筹办费,并按有关规定在税前扣除。

4.7.3 风险环节

1. 业务招待费的完整归集

《企业会计准则》规定,企业发生的业务招待费,不论是哪个部门发生的,统一在"管理费用"科目核算。部分企业出于会计核算可理解性原则的要求,将专设的销售机构发生的业务招待费放在"销售费用"科目核算,将其余的业务招待费放在"管理费用"科目核算。因此,企业在进行纳税申报时必须将散落在各科目中的"业务招待费"全部找到并加总填报到表A105000第15行。必要时在各含有业务招待费的科目下增设二级科目"业务招待费"。

2. 业务招待费填表要点

1)营业收入

营业收入包括主营业务收入加其他业务收入之和。

2)视同销售收入

《国家税务总局关于企业所得税执行中若干税务处理问题的通知》(国税函〔2009〕202号)第一条规定,企业在计算业务招待费、广告费和业务宣传费等费用扣除限额时,其销售(营业)收入额应包括《中华人民共和国企业所得税法实施条例》第二十五条规定的视同销售(营业)收入额。

2014版《企业所得税年度纳税申报表》中,业务招待费的扣除基数是《一般企业收入明细表》(A101010)第1行为"营业收入"(主营业务收入+其他业务收入)与《视同销售和房地产开发企业特定业务纳税调整明细表》(A105010)第1行"视同销售(营业)收入"之和。

3)房地产开发企业预售收入

房地产开发企业预售收入在会计上不确认收入,但在税收上视同收入实现,业务招待费计算扣除基数为《视同销售和房地产开发企业特定业务纳税调整明细表》(A105010)第23行"销售未完工产品的收入"。

4)投资公司

《国家税务总局关于贯彻落实企业所得税法若干税收问题的通知》(国税函〔2010

79号)第八条规定:"对从事股权投资业务的企业(包括集团公司总部、创业投资企业等),其从被投资企业所分配的股息、红利以及股权转让收入,可以按规定的比例计算业务招待费扣除限额。"

由于从事股权投资业务的企业主要取得投资收益,销售(营业)收入较少,导致业务招待费无法扣除,因此,对于从事股权投资业务的企业从被投资企业所分配的股息、红利以及股权转让收入,也可以作为计算业务招待费扣除限额的基数。

5)填报

《纳税调整项目明细表》(A105000)第15行第1列"账载金额"填报纳税人会计核算计入当期损益的业务招待费金额;如无特殊情况,与《期间费用明细表》(A104000)业务招待费(销售费用、管理费用)一致。企业以非货币性资产用于交际应酬形成业务招待费支出,在企业所得税上做视同销售处理,业务招待费支出可以按照视同销售收入进行调整,并相应反映在表A105000第15行第1列"账载金额"。

表A105000第15行第2列"税收金额"填报按照税法规定允许税前扣除的业务招待费支出的金额,即:"本行第1列×60%"与"当年销售(营业)收入×5‰"的孰小值。

表A105000第15行第3列"调增金额"为第1列减第2列金额。

4.8 利息支出(第18行)相关政策要点

利息收支利润计算及纳税调整对照提示表见表4-12。

表4-12　利息收支利润计算及纳税调整对照提示表

在利润总额计算中的位置	《期间费用明细表》(A104000)第21行"利息收支"
在纳税调整中的位置	《纳税调整项目明细表》(A105000)第18行"利息支出"
风险管理提示	永久性差异调整

4.8.1　一般规定

《中华人民共和国企业所得税法实施条例》第二十八条规定,企业发生的支出应当区分收益性支出和资本性支出。收益性支出在发生当期直接扣除;资本性支出应当分期扣除或者计入有关资产成本,不得在发生当期直接扣除。企业的不征税收入用于支出所形成的费用或者财产,不得扣除或者计算对应的折旧、摊销扣除。

《中华人民共和国企业所得税法实施条例》第三十八条规定,企业在生产经营活动中发生的下列利息支出,准予扣除:①非金融企业向金融企业借款的利息支出、金融企业的各项存款利息支出和同业拆借利息支出、企业经批准发行债券的利息支出;②非金融企业向非金融企业借款的利息支出,不超过按照金融企业同期同类贷款利率计算的数额的部分。

《中华人民共和国企业所得税法实施条例》第四十九条规定,企业之间支付的管理费、企业内营业机构之间支付的租金和特许权使用费,以及非银行企业内营业机构之间支付的利息,不得扣除。

4.8.2 关键要点

1）资本化支出和费用化支出

《国家税务总局关于企业所得税应纳税所得额若干税务处理问题的公告》（国家税务总局公告2012年第15号）规定,企业通过发行债券、取得贷款、吸收保户储金等方式融资而发生的合理的费用支出,符合资本化条件的,应计入相关资产成本;不符合资本化条件的,应作为财务费用,准予在企业所得税前据实扣除。

2）售后回购的利息支出

《国家税务总局关于确认企业所得税收入若干问题的通知》（国税函〔2008〕875号）规定,采用售后回购方式销售商品的,销售的商品按售价确认收入,回购的商品作为购进商品处理。有证据表明不符合销售收入确认条件的,如以销售商品方式进行融资,收到的款项应确认为负债,回购价格大于原售价的,差额应在回购期间确认为利息费用。

3）融资性售后回租

《国家税务总局关于融资性售后回租业务中承租方出售资产行为有关税收问题的公告》（国家税务总局公告2010年第13号）规定,根据现行企业所得税法及有关收入确定规定,融资性售后回租业务中,承租人出售资产的行为,不确认为销售收入,对融资性租赁的资产,仍按承租人出售前原账面价值作为计税基础计提折旧。租赁期间,承租人支付的属于融资利息的部分,作为企业财务费用在税前扣除。

4）利息支出填报方法

《纳税调整项目明细表》（A105000）填表说明规定,第18行"（六）利息支出"：第1列"账载金额"填报纳税人向非金融企业借款,会计核算计入当期损益的利息支出的金额;第2列"税收金额"填报按照税法规定允许税前扣除的利息支出的金额;若第1列≥第2列,将第1列减第2列余额填入第3列"调增金额",若第1列＜第2列,将第1列减第2列余额的绝对值填入第4列"调减金额"。

5）境内机构向我国银行的境外分行支付利息问题

《国家税务总局关于境内机构向我国银行的境外分行支付利息扣缴企业所得税有关问题的公告》（国家税务总局公告2015年第47号）规定,境内机构向境外分行支付利息时,不代扣代缴企业所得税;境外分行从境内取得的利息如果属于代收性质,据以产生利息的债权属于境外非居民企业,境内机构向境外分行支付利息时,应代扣代缴企业所得税。

4.8.3 风险环节

1) 关于金融企业同期同类贷款利率确定问题

《国家税务总局关于企业所得税若干问题的公告》(国家税务总局公告2011年第34号)规定,根据《中华人民共和国企业所得税法实施条例》第三十八条规定,非金融企业向非金融企业借款的利息支出,不超过按照金融企业同期同类贷款利率计算的数额的部分,准予税前扣除。鉴于目前我国对金融企业利率要求的具体情况,企业在按照合同要求首次支付利息并进行税前扣除时,应提供"金融企业的同期同类贷款利率情况说明",以证明其利息支出的合理性。

"金融企业的同期同类贷款利率情况说明"中,应包括在签订该借款合同当时,本省任何一家金融企业提供同期同类贷款利率情况。该金融企业应为经政府有关部门批准成立的可以从事贷款业务的企业,包括银行、财务公司、信托公司等金融机构。"同期同类贷款利率"是指在贷款期限、贷款金额、贷款担保以及企业信誉等条件基本相同下,金融企业提供贷款的利率。既可以是金融企业公布的同期同类平均利率,也可以是金融企业对某些企业提供的实际贷款利率。

2) 企业向自然人借款的利息支出

《国家税务总局关于企业向自然人借款的利息支出企业所得税税前扣除问题的通知》(国税函〔2009〕777号)规定:

(1) 企业向股东或其他与企业有关联关系的自然人借款的利息支出,应根据《中华人民共和国企业所得税法》第四十六条及《财政部 国家税务总局关于企业关联方利息支出税前扣除标准有关税收政策问题的通知》(财税〔2008〕121号)规定的条件,计算企业所得税扣除额。

(2) 企业向除第一条规定以外的内部职工或其他人员借款的利息支出,其借款情况同时符合以下条件的,其利息支出在不超过按照金融企业同期同类贷款利率计算的数额的部分,根据《中华人民共和国企业所得税法》第八条和《中华人民共和国企业所得税法实施条例》第二十七条规定,准予扣除。①企业与个人之间的借贷是真实、合法、有效的,并且不具有非法集资目的或其他违反法律、法规的行为;②企业与个人之间签订了借款合同。

3) 企业投资者投资未到位而发生的利息支出

《国家税务总局关于企业投资者投资未到位而发生的利息支出企业所得税税前扣除问题的批复》(国税函〔2009〕312号)规定,凡企业投资者在规定期限内未缴足其应缴资本额的,该企业对外借款所发生的利息,相当于投资者实缴资本额与在规定期限内应缴资本额的差额应计付的利息,其不属于企业合理的支出,应由企业投资者负担,不得在计算企业应纳税所得额时扣除。

具体计算不得扣除的利息,应以企业一个年度内每一账面实收资本与借款余额保持不变的期间作为一个计算期,每一计算期内不得扣除的借款利息按该期间借款利息发生额乘以该期间企业未缴足的注册资本占借款总额的比例计算,公式为:

$$\text{企业每一计算期不得扣除的借款利息} = \text{该期间借款利息额} \times \text{该期间未缴足注册资本额} \div \text{该期间借款额}$$

企业一个年度内不得扣除的借款利息总额为该年度内每一计算期不得扣除的借款利息额之和。

案例:股东未缴足出资利息支出的纳税调整

企业在2015年12月19日注资,按章程及公司法规定两年内全部注册资本金到位,即2017年12月19日。而截至2017年12月19日仍有部分注册资本金没有到位。2017年不允许企业所得税税前扣除的利息是:从2017年12月20日至2017年12月31日的借款利息×该期间未缴足注册资本额÷该期间借款额(假设借款期间的借款余额无变化)。如果2017年6月30日注册资本金全部到位,则2016年此半年期的借款利息×该期间未缴足注册资本额÷该期间借款额不得抵扣。

4)混合性投资被投资企业利息支出

《国家税务总局关于混合性投资业务企业所得税处理问题的公告》(国家税务总局公告2013年第41号)规定:

(1)企业混合性投资业务,是指兼具权益和债权双重特性的投资业务。同时符合下列条件的混合性投资业务,按本公告进行企业所得税处理:

①被投资企业接受投资后,需要按投资合同或协议约定的利率定期支付利息(或定期支付保底利息、固定利润、固定股息,下同);

②有明确的投资期限或特定的投资条件,并在投资期满或者满足特定投资条件后,被投资企业需要赎回投资或偿还本金;

③投资企业对被投资企业净资产不拥有所有权;

④投资企业不具有选举权和被选举权;

⑤投资企业不参与被投资企业日常生产经营活动。

(2)符合本公告第一条规定的混合性投资业务,按下列规定进行企业所得税处理:对于被投资企业支付的利息,投资企业应于被投资企业应付利息的日期,确认收入的实现并计入当期应纳税所得额;被投资企业应于应付利息的日期,确认利息支出,并按《中华人民共和国企业所得税法》和《国家税务总局关于企业所得税若干问题的公告》(国家税务总局公告2011年第34号)第一条的规定,进行税前扣除。

5)关联方借款利息扣除

《中华人民共和国企业所得税法》第四十六条规定,企业从其关联方接受的债权性投资与权益性投资的比例超过规定标准而发生的利息支出,不得在计算应纳税所得额时扣除。

《财政部 国家税务总局关于企业关联方利息支出税前扣除标准有关税收政策问题的通知》(财税〔2008〕121号)规定,企业实际支付给关联方的利息支出,除符合本通知第二条规定外,其接受关联方债权性投资与其权益性投资比例为:

(1)金融企业,为5∶1;

(2)其他企业,为2∶1。

企业如果能够按照《中华人民共和国企业所得税法》及其实施条例的有关规定提供相关资料,并证明相关交易活动符合独立交易原则的;或者该企业的实际税负不高于境内关联方的,其实际支付给境内关联方的利息支出,在计算应纳税所得额时准予扣除。

注意本规定中,关联方利息支出事项的调整,本质是对资本弱化问题进行的管理,属于特别纳税调整范畴,应当将纳税调整额填写在《纳税调整项目明细表》(A105000)第43行"特别纳税调整应税所得"行次。

6)委托贷款利息支出扣除问题

委托贷款是由委托人提供合法来源的资金,委托业务银行根据委托人的贷款对象、用途、期限、利率等代为发放、监督使用并协助收回的贷款业务。借款人从银行取得的委托贷款,实质是委托人贷给借款人。因此,企业通过银行取得委托人为非金融企业的委托贷款,应按向非金融企业取得借款发生的利息支出进行税务处理,其不超过按照金融企业同期同类贷款利率计算数额部分的利息支出准予从税前扣除。

7)建造固定资产发生利息支出的扣除问题

按照《中华人民共和国企业所得税法实施条例》第三十七条的规定,企业为购置、建造固定资产、无形资产和经过12个月以上的建造才能达到预定可销售状态的存货发生借款的,在有关资产购置、建造期间发生的合理的借款费用,应当作为资本性支出计入有关资产的成本。参照《企业会计准则》的规定,购建或者生产符合资本化条件的资产达到预定可使用或者可销售状态时,借款费用应当停止资本化。因此,企业借款发生的利息支出,在建造厂房期间发生的利息支出应资本化计入厂房的计税基础,厂房已达到预定使用状态时不需再将利息支出资本化,而应费用化,计入当期损益,在所得税前扣除。

8)企业向非金融企业借款发生的利息支出或资金占用费的扣除凭据问题

企业应凭发票作为扣除凭证,没有发票可以到税务局代开。企业应以相关协议作为支付利息的相关证明材料,协议中应明确约定利息所属时间、利息金额等内容。

4.9 罚金、罚款和被没收财物的损失(第19行)相关政策要点

罚金、罚款和没收财产的损失利润计算及纳税调整对照提示表见表4-13。

表4-13　　罚金、罚款和没收财产的损失利润计算及纳税调整对照提示表

在利润总额计算中的位置	《一般企业成本支出明细表》(A102010)第23行"罚没支出"
在纳税调整中的位置	《纳税调整项目明细表》(A105000)第19行"罚金、罚款和被没收财物的损失"
风险管理提示	永久性差异调整

4.9.1　一般规定

《中华人民共和国企业所得税法》第十条规定,计算应纳税所得额时,下列支出不

得扣除：①向投资者支付的股息、红利等权益性投资收益款项；②企业所得税税款；③税收滞纳金；④罚金、罚款和被没收财物的损失；⑤本法第九条规定以外的捐赠支出；⑥赞助支出；⑦未经核定的准备金支出；⑧与取得收入无关的其他支出。

4.9.2 关键要点

罚金、罚款和被没收财物的损失的填报说明：企业税前列支的罚金、罚款和没收财产损失，应在《纳税调整项目明细表》（A105000）第19行"罚金、罚款和被没收财物的损失"中，作为永久性税会差异全额调增。

4.10 税收滞纳金、加收利息（第20行）相关政策要点

税收滞纳金、加收利息利润计算及纳税调整对照提示表见表4-14。

表4-14　　税收滞纳金、加收利息利润计算及纳税调整对照提示表

在利润总额计算中的位置	《一般企业成本支出明细表》（A102010）第26行"其他"
在纳税调整中的位置	《纳税调整项目明细表》（A105000）第20行"税收滞纳金、加收利息"
风险管理提示	永久性差异调整

4.10.1 一般规定

《中华人民共和国企业所得税法》第十条规定，计算应纳税所得额时，下列支出不得扣除：①向投资者支付的股息、红利等权益性投资收益款项；②企业所得税税款；③税收滞纳金；④罚金、罚款和被没收财物的损失；⑤本法第九条规定以外的捐赠支出；⑥赞助支出；⑦未经核定的准备金支出；⑧与取得收入无关的其他支出。

《中华人民共和国企业所得税法实施条例》第一百二十一条规定，税务机关根据税收法律、行政法规的规定，对企业作出特别纳税调整的，应当对补征的税款，自税款所属纳税年度的次年6月1日起至补缴税款之日止的期间，按日加收利息。按该规定加收的利息，不得在计算应纳税所得额时扣除。

4.10.2 关键要点

税收滞纳金、加收利息的填报说明：税收滞纳金、加收利息，应在《纳税调整项目明细表》（A105000）第20行"税收滞纳金、加收利息"，作为永久性税会差异全额调增。

此处应区分，企业加工贸易保税货物未出口而转内销的，海关依法征收税款并加征的缓税利息近似于资金占用费，不属于税收滞纳金，可以从税前扣除，不属于本项目调整的内容。

4.11 赞助支出(第21行)相关政策要点

赞助支出利润计算及纳税调整对照提示表见表4-15。

表4-15　　　　　　　赞助支出利润计算及纳税调整对照提示表

在利润总额计算中的位置	《一般企业成本支出明细表》(A102010)第22行"赞助支出"
在纳税调整中的位置	《纳税调整项目明细表》(A105000)第21行"赞助支出"
风险管理提示	永久性差异调整

4.11.1 一般规定

《中华人民共和国企业所得税法》第十条规定,计算应纳税所得额时,下列支出不得扣除:①向投资者支付的股息、红利等权益性投资收益款项;②企业所得税税款;③税收滞纳金;④罚金、罚款和被没收财物的损失;⑤本法第九条规定以外的捐赠支出;⑥赞助支出;⑦未经核定的准备金支出;⑧与取得收入无关的其他支出。

4.11.2 关键要点

赞助支出的填报说明:赞助支出应在《纳税调整项目明细表》(A105000)第21行"赞助支出"中,作为永久性税会差异全额调增。

4.12 与未实现融资收益相关在当期确认的财务费用(第22行)相关政策要点

与未实现融资收益相关在当期确认的财务费用利润计算及纳税调整对照提示表见表4-16。

表4-16　　　与未实现融资收益相关在当期确认的财务费用利润计算及纳税调整对照提示表

在利润总额计算中的位置	《期间费用明细表》(A104000)第21行"利息收支"或第25行"其他"
在纳税调整中的位置	《纳税调整项目明细表》(A105000)第22行"与未实现融资收益相关在当期确认的财务费用"
风险管理提示	时间性差异调整

4.12.1 一般规定

《中华人民共和国企业所得税法实施条例》第二十三条规定,以分期收款方式销售货物的,按照合同约定的收款日期确认收入的实现。

第四十七条规定,以融资租赁方式租入固定资产发生的租赁费支出,按照规定构成融资租入固定资产价值的部分应当提取折旧费用,分期扣除。

第五十八条规定,融资租入的固定资产,以租赁合同约定的付款总额和承租人在签订租赁合同过程中发生的相关费用为计税基础,租赁合同未约定付款总额的,以该资产的公允价值和承租人在签订租赁合同过程中发生的相关费用为计税基础。

4.12.2 关键要点

案例:分期收(付)款销售(购进)商品

1. 情况说明

2018年1月1日,A公司采用分期收款方式向B公司销售大型设备,合同价格1000万元,分5年于每年年末收取,设备成本600万元。假定该设备不采用分期收款方式的销售价格为800万元,不考虑增值税,实际利率为7.93%。

2. 会计处理

(1) A公司会计处理如下:

2018年销售时:

借:长期应收款	10000000
贷:主营业务收入	8000000
未实现融资收益	2000000

同时,结转成本:

借:主营业务成本	6000000
贷:库存商品	6000000

2018年末收款时:

借:银行存款	2000000
贷:长期应收款	2000000
借:未实现融资收益	634400
贷:财务费用	634400①

(2) B公司会计处理如下:

2018年购入时:

借:固定资产	8000000
未实现融资费用	2000000
贷:长期应付款	10000000

2018年末付款时:

借:长期应付款	2000000

---

① 按实际利率法计算结果。

　　　　贷:银行存款　　　　　　　　　　　　　　　　　　　　　　　2000000
　　借:财务费用　　　　　　　　　　　　　　　　　　　　　　　　634400①
　　　　贷:未实现融资费用　　　　　　　　　　　　　　　　　　　　　634400

3. 填报方法

(1)对A公司而言:

调整收入税会差异:会计当年确认收入800万元,税收按合同约定确认收入200万元,在《未按权责发生制确认收入纳税调整明细表》(A105020)第6行第6列调减600万元。以后每年在表A105020第6行第6列进行纳税调增200万元。

调整财务费用税会差异:会计确认的财务费用为-63.44万元,税收金额为0,应在表A105000第22行第4列"与未实现融资收益相关在当期确认的财务费用"调减63.44万元。具体填报见表4-17。

表4-17

A105020　　　　　　未按权责发生制确认收入纳税调整明细表　　　　　　单位:元

行次	项目	合同金额(交易金额)	账载金额		税收金额		纳税调整金额
			本年	累计	本年	累计	
		1	2	3	4	5	6(4-2)
6	(一)分期收款方式销售货物收入	10000000	8000000	8000000	2000000	2000000	-6000000

表4-18

A105000　　　　　　　　　　纳税调整项目明细表　　　　　　　　　　单位:元

行次	项目	账载金额	税收金额	调增金额	调减金额
		1	2	3	4
22	(十)与未实现融资收益相关在当期确认的财务费用	-634400	0		634400

(2)对B公司而言:

调整财务费用税会差异:会计确认的财务费用为63.44万元,税收金额为0,应在《纳税调整项目明细表》(A105000)第22行第3列"与未实现融资收益相关在当期确认的财务费用"调增63.44万元。具体见表4-19。

B公司购进的固定资产账面价值为800万元,计税基础为1000万元。

表4-19

A105000　　　　　　　　　　纳税调整项目明细表　　　　　　　　　　单位:元

行次	项目	账载金额	税收金额	调增金额	调减金额
		1	2	3	4
22	(十)与未实现融资收益相关在当期确认的财务费用	634400	0	634400	

---

① 按实际利率法计算。

4.13 佣金和手续费支出(第23行)相关政策要点

佣金和手续费支出利润计算及纳税调整对照提示表见表4-20。

表4-20　　　　佣金和手续费支出利润计算及纳税调整对照提示表

在利润总额计算中的位置	《期间费用明细表》(A104000)第6行"佣金和手续费"
在纳税调整中的位置	《纳税调整项目明细表》(A105000)第23行"佣金和手续费支出"
风险管理提示	有扣除限额的项目、永久性差异调整

佣金和手续费支出相关企业所得税政策要点:《财政部　国家税务总局关于企业手续费及佣金支出税前扣除政策的通知》(财税〔2009〕29号)规定,企业发生与生产经营有关的手续费及佣金支出,不超过以下规定计算限额以内的部分,准予扣除;超过部分,不得扣除。①保险企业:财产保险企业按当年全部保费收入扣除退保金等后余额的15%(含本数,下同)计算限额;人身保险企业按当年全部保费收入扣除退保金等后余额的10%计算限额。②其他企业:按与具有合法经营资格中介服务机构或个人(不含交易双方及其雇员、代理人和代表人等)所签订服务协议或合同确认的收入金额的5%计算限额。

《国家税务总局关于企业所得税应纳税所得额若干税务处理问题的公告》(国家税务总局公告2012年第15号)规定,电信企业在发展客户、拓展业务等过程中(如委托销售电话入网卡、电话充值卡等),需向经纪人、代办商支付手续费及佣金的,其实际发生的相关手续费及佣金支出,不超过企业当年收入总额5%的部分,准予在企业所得税前据实扣除。

4.14 跨期扣除的项目(第26行)相关政策要点

跨期扣除项目利润计算及纳税调整对照提示表见表4-21。

表4-21　　　　跨期扣除项目利润计算及纳税调整对照提示表

在利润总额计算中的位置	《一般企业收入明细表》(A101010),《一般企业成本支出明细表》(A102010),《期间费用明细表》(A104000)
在纳税调整中的位置	《纳税调整项目明细表》(A105000)第26行"跨期扣除项目"
风险管理提示	永久性差异调整、时间性差异调整

本项目填报维简费、安全生产费用、预提费用、预计负债等跨期扣除项目调整情况。

1. 跨期扣除的项目相关企业所得税政策要点

《国家税务总局关于煤矿企业维简费和高危行业企业安全生产费用企业所得税税前扣除问题的公告》(国家税务总局公告 2011 年第 26 号)规定,煤矿企业实际发生的维简费支出和高危行业企业实际发生的安全生产费用支出,属于收益性支出的,可直接作为当期费用在税前扣除;属于资本性支出的,应计入有关资产成本,并按企业所得税法规定计提折旧或摊销费用在税前扣除。企业按照有关规定预提的维简费和安全生产费用,不得在税前扣除。

《国家税务总局关于企业维简费支出企业所得税税前扣除问题的公告》(国家税务总局公告 2013 年第 67 号)规定,企业实际发生的维简费支出,属于收益性支出的,可作为当期费用税前扣除;属于资本性支出的,应计入有关资产成本,并按企业所得税法规定计提折旧或摊销费用在税前扣除。企业按照有关规定预提的维简费,不得在当期税前扣除。

2. 跨期扣除的项目会计处理

《企业会计准则解释第 3 号》规定,高危行业企业按照国家规定提取的安全生产费,应当计入相关产品的成本或当期损益,同时记入"专项储备"科目。

企业使用提取的安全生产费时,属于费用性支出的,直接冲减专项储备。企业使用提取的安全生产费形成固定资产的,应当通过"在建工程"科目归集所发生的支出,待安全项目完工达到预定可使用状态时确认为固定资产;同时,按照形成固定资产的成本冲减专项储备,并确认相同金额的累计折旧。该固定资产在以后期间不再计提折旧。

企业提取的维简费("维持简单再生产资金"的简称)和其他具有类似性质的费用,比照上述规定处理。

4.15 与取得收入无关的支出(第 27 行)相关政策要点

与取得收入无关的支出利润计算及纳税调整对照提示表见表 4-22。

表 4-22　　　　与取得收入无关的支出利润计算及纳税调整对照提示表

在利润总额计算中的位置	《一般企业成本支出明细表》(A102010)、《期间费用明细表》(A104000)
在纳税调整中的位置	《纳税调整项目明细表》(A105000)第 27 行"与取得收入无关的支出"
风险管理提示	永久性差异调整

《中华人民共和国企业所得税法》第十条规定,计算应纳税所得额时,下列支出不得扣除:①向投资者支付的股息、红利等权益性投资收益款项;②企业所得税税款;③税收滞纳金;④罚金、罚款和被没收财物的损失;⑤本法第九条规定以外的捐赠支出;⑥赞

助支出;⑦未经核定的准备金支出;⑧与取得收入无关的其他支出。

4.16 境外所得分摊的共同支出(第28行)相关政策要点

境外所得分摊的共同支出利润计算及纳税调整对照提示表见4-23。

表4-23　　　境外所得分摊的共同支出利润计算及纳税调整对照提示表

在利润总额计算中的位置	《期间费用明细表》(A104000)
在纳税调整中的位置	《纳税调整项目明细表》(A105000)第28行"境外所得分摊的共同支出"
风险管理提示	重大事项

本项目第3列"调增金额"为《境外所得纳税调整后所得明细表》(A108010)第10行第16+17列的金额(境外分支机构调整分摊扣除的有关成本费用+境外所得对应调整的相关成本费用)。具体调整政策及计算案例参见本书第20章。

4.17 党组织工作经费(第29行)相关政策要点

党组织工作经费利润计算及纳税调整对照提示表见表4-24。

表4-24　　　党组织工作经费利润计算及纳税调整对照提示表

在利润总额计算中的位置	《期间费用明细表》(A104000)第24行"党组织工作经费"
在纳税调整中的位置	《纳税调整项目明细表》(A105000)第29行"党组织工作经费"
风险管理提示	永久性差异调整

4.17.1 一般规定

《中央和国家机关基层党组织党建活动经费管理办法》(财行〔2017〕324号)第九条规定,党建活动经费支出项目包括:租车费、城市间交通费、伙食费、住宿费、场地费、讲课费、资料费和其他费用。其中,①租车费,是指开展党建活动需集体出行发生的租车费用。②城市间交通费,是指到常驻地以外开展党建活动发生的城市间交通支出。③伙食费,是指开展党建活动期间发生的用餐费用。④住宿费,是指开展党建活动期间发生的租住房间的费用。⑤场地费,是指用于党建活动的会议室、活动场地租金。⑥讲课费,是指请师资为党员授课所支付的费用。⑦资料费,是指为党员学习教育集中购买的培训资料费用。

《中央和国家机关基层党组织党建活动经费管理办法》(财行〔2017〕324号)第十条规定,党建活动经费按支出项目,分别执行下列标准:①城市间交通费、住宿费,参照中央和国家机关差旅费有关规定,按标准执行;个人不得领取交通补助。②伙食费,参照中央和国家机关差旅费有关规定,在差旅费伙食补助费标准内据实报销;一天仅一次就餐的,人均伙食费不超过40元;个人不得领取伙食补助。③讲课费,参照中央和国家机关培训费有关标准执行。④租车费,大巴士(25座以上)每辆每天不超过1500元,中巴士(25座及以下)每辆每天不超过1000元;租车到常驻地以外的,租车费可以适当增加。⑤场地费,每半天人均不得超过50元。⑥资料费和其他有关费用经批准后据实报销。

4.17.2 关键要点

《中共中央组织部 财政部 国家税务总局关于非公有制企业党组织工作经费问题的通知》(组通字〔2014〕42号)第二条规定,根据《中华人民共和国公司法》"公司应当为党组织的活动提供必要条件"规定和《中共中央办公厅印发〈关于加强和改进非公有制企业党的建设工作的意见(试行)〉》(中办发〔2012〕11号)"建立并落实税前列支制度"等要求,非公有制企业党组织工作经费纳入企业管理费列支,不超过职工年度工资薪金总额1%的部分,可以据实在企业所得税前扣除。

《中共中央组织部 财政部 国务院国资委党委 国家税务总局关于国有企业党组织工作经费问题的通知》(组通字〔2017〕38号)第二条规定:"纳入管理费用的党组织工作经费,实际支出不超过职工年度工作薪金总额1%的部分,可以据实在企业所得税前扣除。年末如有结余,结转下一年度使用。累计结转超过上一年度职工工资总额2%的,当年不再从管理费用中安排。"

4.18 资产减值准备金(第33行)相关政策要点

资产减值准备金利润计算及纳税调整对照提示表见表4-25。

表4-25　　　　资产减值准备金利润计算及纳税调整对照提示表

在利润总额计算中的位置	《中华人民共和国企业所得税年度纳税申报表(A类)》(A100000)第7行"资产减值损失"
在纳税调整中的位置	《纳税调整项目明细表》(A105000)第33行"资产减值准备金"
风险管理提示	跨年度事项、永久性差异调整

4.18.1 一般规定

《中华人民共和国企业所得税法实施条例》第五十六条规定,企业的各项资产,包括固定资产、生物资产、无形资产、长期待摊费用、投资资产、存货等,以历史成本为计税基础。

上述所称历史成本,是指企业取得该项资产时实际发生的支出。

企业持有各项资产期间资产增值或者减值,除国务院财政、税务主管部门规定可以确认损益外,不得调整该资产的计税基础。

4.18.2 关键要点

1. 资产减值准备金的会计确认

资产减值准备金的会计确认见表4-26。

表4-26　　　　　　　　　　　资产减值准备金的会计确认

《企业会计准则》规定允许计提资产减值准备的资产	期末计量原则	减值能否转回
固定资产、无形资产、生产性生物资产、长期股权投资、投资性房地产(成本模式)、商誉	账面价值与可收回金额(公允价值减处置费用和预计未来现金流量现值较高者)孰低	一经计提不得转回
持有至到期投资、贷款和应收款项	账面价值与预计未来现金流量现值比较	可转回
可供出售金融资产	可供出售金融资产公允价值发生较大幅度下降或为非暂时性下跌	权益工具通过资本公积转回
		债务工具通过资产减值损失转回
存货	成本与可变现净值(预计售价减去进一步加工成本和预计销售费用以及相关税费后的净值)孰低	可转回

2. 资产减值准备金填报方法

《纳税调整项目明细表》(A105000)第33行"资产减值准备金":填报坏账准备、存货跌价准备、理赔费用准备金等不允许税前扣除的各类资产减值准备金纳税调整情况。第1列"账载金额"填报纳税人会计核算计入当期损益的资产减值准备金金额(因价值恢复等原因转回的资产减值准备金应予以冲回);若第1列≥0,填入第3列"调增金额";若第1列<0,将绝对值填入第4列"调减金额"。

注意区分转回和转销的资产减值准备(转销的资产减值准备不能在"资产减值准备金"项目进行调减,而应在"资产损失"《资产损失税前扣除及纳税调整明细表》(A105090)中进行调整)。

案例:资产减值准备金

1. 情况说明

某企业于2018年12月31日核销一笔坏账(对X公司的应收账款),该项应收账款初始入账金额为10000元,企业2016年底针对该笔应收账款提取坏账准备3000元,2017年转回上述坏账准备1000元,2018年收回该笔应收账款5000元,其余做损失处理。

2. 会计处理

2016年计提坏账准备时:

借:资产减值损失　　　　　　　　　　　　　　　　　　　　3000
　　贷:坏账准备　　　　　　　　　　　　　　　　　　　　　　3000

2017年转回上述坏账准备时:

借:坏账准备　　　　　　　　　　　　　　　　　　　　　　　1000
　　贷:资产减值损失　　　　　　　　　　　　　　　　　　　　1000

2018年对坏账进行核销时:

借:坏账准备　　　　　　　　　　　　　　　　　　　　　　　2000
　　营业外支出　　　　　　　　　　　　　　　　　　　　　　3000
　　银行存款　　　　　　　　　　　　　　　　　　　　　　　5000
　　贷:应收账款　　　　　　　　　　　　　　　　　　　　　 10000

3. 填报方法

2016年企业计提的坏账准备3000元,已计入当期损益,资产减值损失借方发生额3000元,则应在2016年度调增3000元。填入《纳税调整项目明细表》(A105000)第33行"资产减值准备金"第3列"调增金额"。具体填报见表4-27。

表4-27

A105000　　　　　　　　　　　　纳税调整项目明细表　　　　　　　　　　　单位:元

行次	项目	账载金额	税收金额	调增金额	调减金额
		1	2	3	4
33	(二)资产减值准备金	3000	*	3000	

2017年企业转回坏账准备1000元,也已计入当期损益,资产减值损失贷方发生额1000元,则应在2017年度调减1000元。填入表A105000第33行"资产减值准备金"第4列"调减金额"。具体填报见表4-28。

表4-28

A105000　　　　　　　　　　　　纳税调整项目明细表　　　　　　　　　　　单位:元

行次	项目	账载金额	税收金额	调增金额	调减金额
		1	2	3	4
33	(二)资产减值准备金	-1000	*	0	1000

2018年因损失实际发生,企业核销了坏账,即进行"资产减值损失"转销,坏账损失已计入当期损益,则应填写《资产损失税前扣除及纳税调整明细表》(A105090)。如果

企业的实际情况符合税法关于资产损失税前扣除的规定,具体填报见表4-29。

表4-29

A105090　　　　　　　　　资产损失税前扣除及纳税调整明细表　　　　　　单位:元

行次	项目	资产损失的账载金额	资产处置收入	赔偿收入	资产计税基础	资产损失的税收金额	纳税调整金额
		1	2	3	4	5(4-2-3)	6(1-5)
2	二、应收及预付款项坏账损失						
3	其中:逾期三年以上的应收款项损失	3000			5000	5000	-2000

4.19　合伙企业法人合伙人应分得的应纳税所得额

4.19.1　一般规定

《财政部　国家税务总局关于合伙企业合伙人所得税问题的通知》(财税〔2008〕159号)第四条规定:"合伙企业的合伙人按照下列原则确定应纳税所得额:(一)合伙企业的合伙人以合伙企业的生产经营所得和其得,按照合伙协议约定的分配比例确定应纳税所得额。(二)合伙协议未约定或者约定不明确的,以全部生产经营所得和其他所得,按照合伙人协商决定的分配比例确定应纳税所得额。(三)协商不成的,以全部生产经营所得和其他所得,按照合伙人实缴出资比例确定应纳税所得额。(四)无法确定出资比例的,以全部生产经营所得和其他所得,按照合伙人数量平均计算每个合伙人的应纳税所得额。合伙协议不得约定将全部利润分配给部分合伙人。"

4.19.2　风险环节

合伙企业法人合伙方按照"先分后税"原则计算应分得的应纳税所得额。

5 视同销售填报实务(A105010)

5.1 表样

A105010　　　　视同销售和房地产开发企业特定业务纳税调整明细表

行次	项　目	税收金额	纳税调整金额
		1	2
1	一、视同销售(营业)收入(2+3+4+5+6+7+8+9+10)		
2	（一）非货币性资产交换视同销售收入		
3	（二）用于市场推广或销售视同销售收入		
4	（三）用于交际应酬视同销售收入		
5	（四）用于职工奖励或福利视同销售收入		
6	（五）用于股息分配视同销售收入		
7	（六）用于对外捐赠视同销售收入		
8	（七）用于对外投资项目视同销售收入		
9	（八）提供劳务视同销售收入		
10	（九）其他		
11	二、视同销售(营业)成本(12+13+14+15+16+17+18+19+20)		
12	（一）非货币性资产交换视同销售成本		
13	（二）用于市场推广或销售视同销售成本		
14	（三）用于交际应酬视同销售成本		
15	（四）用于职工奖励或福利视同销售成本		
16	（五）用于股息分配视同销售成本		
17	（六）用于对外捐赠视同销售成本		
18	（七）用于对外投资项目视同销售成本		

续表

行次	项 目	税收金额	纳税调整金额
		1	2
19	(八)提供劳务视同销售成本		
20	(九)其他		
21	三、房地产开发企业特定业务计算的纳税调整额(22-26)		
22	(一)房地产企业销售未完工开发产品特定业务计算的纳税调整额(24-25)		
23	1.销售未完工产品的收入		*
24	2.销售未完工产品预计毛利额		
25	3.实际发生的税金及附加、土地增值税		
26	(二)房地产企业销售的未完工产品转完工产品特定业务计算的纳税调整额(28-29)		
27	1.销售未完工产品转完工产品确认的销售收入		*
28	2.转回的销售未完工产品预计毛利额		
29	3.转回实际发生的税金及附加、土地增值税		

5.2 一般规定

《中华人民共和国企业所得税法实施条例》第二十五条规定,企业发生非货币性资产交换,以及将货物、财产、劳务用于捐赠、偿债、赞助、集资、广告、样品、职工福利或者利润分配等用途的,应当视同销售货物、转让财产或提供劳务。

视同销售收入利润计算及纳税调整对照提示表见表5-1。

表5-1 视同销售收入利润计算及纳税调整对照提示表

在利润总额计算中的位置	《一般企业成本支出明细表》(A102010)第21行"捐赠支出",《期间费用明细表》(A104000)第4行"业务招待费"、第5行"广告费和业务宣传费"
在纳税调整中的位置	《视同销售和房地产开发企业特定业务纳税调整明细表》(A105010)第2行"非货币性资产交换视同销售收入"、第3行"用于市场推广或销售视同销售收入"、第4行"用于交际应酬视同销售收入"、第5行"用于职工奖励或福利视同销售收入"、第6行"用于股息分配视同销售收入"、第7行"用于对外捐赠视同销售收入"、第8行"用于对外投资项目视同销售收入"、第9行"提供劳务视同销售收入"、第10行"其他"
风险管理提示	永久性差异调整

视同销售成本利润计算及纳税调整对照提示表见表5-2。

表 5-2　　　　　　　　视同销售成本利润计算及纳税调整对照提示表

在利润总额计算中的位置	《一般企业成本支出明细表》(A102010)第 21 行"捐赠支出",《期间费用明细表》(A104000)第 4 行"业务招待费"、第 5 行"广告费和业务宣传费"
在纳税调整中的位置	《视同销售和房地产开发企业特定业务纳税调整明细表》(A105010)第 12 行"非货币性资产交换视同销售成本"、第 13 行"用于市场推广或销售视同销售成本"、第 14 行"用于交际应酬视同销售成本"、第 15 行"用于职工奖励或福利视同销售成本"、第 16 行"用于股息分配视同销售成本"、第 17 行"用于对外捐赠视同销售成本"、第 18 行"用于对外投资项目视同销售成本"、第 19 行"提供劳务视同销售成本"、第 20 行"其他"
风险管理提示	永久性差异调整

房地产开发企业特定业务计算的纳税调整额利润计算及纳税调整对照提示表见表 5-3。

表 5-3　　房地产开发企业特定业务计算的纳税调整额利润计算及纳税调整对照提示表

在利润总额计算中的位置	《一般企业收入明细表》(A101010)第 3 行"销售商品收入",《期间费用明细表》(A104000)各项税费
在纳税调整中的位置	《视同销售和房地产开发企业特定业务纳税调整明细表》(A105010)
风险管理提示	重点行业

5.3　关键要点

5.3.1　企业资产所有权属已发生改变的情形

《国家税务总局关于企业处置资产所得税处理问题的通知》(国税函〔2008〕828号)规定,企业将资产移送他人的下列情形,因资产所有权属已发生改变而不属于内部处置资产,应按规定视同销售确定收入。①用于市场推广或销售;②用于交际应酬;③用于职工奖励或福利;④用于股息分配;⑤用于对外捐赠;⑥其他改变资产所有权属的用途。

5.3.2　视同销售计税价格的确定

《国家税务总局关于企业所得税有关问题的公告》(国家税务总局公告 2016 年第80 号)第二条规定:"企业发生《国家税务总局关于企业处置资产所得税处理问题的通知》(国税函〔2008〕828 号)第二条规定情形的,除另有规定外,应按照被移送资产的公允价值确定销售收入。"

5.3.3 视同销售影响部分扣除类调整项目的计算基数

《国家税务总局关于企业所得税执行中若干税务处理问题的通知》(国税函〔2009〕202号)规定,企业在计算业务招待费、广告费和业务宣传费等费用扣除限额时,其销售(营业)收入额应包括《中华人民共和国企业所得税法实施条例》第二十五条规定的视同销售(营业)收入额。

5.3.4 视同销售对其他纳税调整项目的影响

纳税人按照视同销售收入对非货币性资产交换换入资产的计税基础、资产用于交际应酬、广告等形成的费用税前扣除金额进行调整。即将企业会计确认的计税基础和税前扣除金额与视同销售收入额之间的差额,在《纳税调整项目明细表》(A105000)第29行或第34行进行调整。

对业务招待费、广告费等存在税前扣除限额的项目,按照视同销售收入进行扣除金额调整后,《纳税调整项目明细表》(A105000)第15行第1列"业务招待费支出账载金额"、《广告费和业务宣传费跨年度纳税调整明细表》(A105060)第1行"本年广告费和业务宣传费支出"相应进行调整,即账载金额按照视同销售收入额进行调整。

5.3.5 处置固定资产、无形资产视同销售处理的界定

根据《国家税务总局关于企业所得税执行中若干税务处理问题的通知》(国税函〔2009〕202号)第一条规定,视同销售收入作为广告费和业务宣传费、业务招待费的扣除限额计算基数。企业处置固定资产、无形资产取得收入与资产净值之间的差额,企业财务上一般按"营业外收支"处理,处置固定资产、无形资产收入属于营业外收入事项,不作为广告费和业务宣传费、业务招待费扣除限额的计算基数。但如果纳税人处置资产做企业所得税视同销售处理,视同销售收入可作为广告费和业务宣传费、业务招待费扣除限额计算基数。

5.4 风险环节

5.4.1 视同销售成本应根据资产的计税基础进行确认

企业所得税视同销售成本应该根据资产的计税基础进行确认,应关注资产的计税基础和账面价值之间是否存在差异。例如,关注非货币性资产交换的换出资产是否计提过资产减值准备。视同销售事项差异调整的具体情形及填报方法如表5-4所示。

表 5-4　　　　　视同销售事项差异调整的具体情形及填报方法

表 A105010 各行	需要在表 A105010 各行进行税会差异调整的具体情形	纳税调整及填报方法
非货币性资产交换视同销售收入	企业以现金、应收账款、应收票据、持有至到期投资以外的资产进行交换;支付货币性资产补价不高于25%;不具有商业实质或者具有商业实质但是换入和换出资产的公允价值都不能可靠计量;换入资产账面价值为换出资产的账面价值减去补价,会计处理未确认所得	按政策规定,换入资产的计税基础应以历史成本(指企业取得该项资产时实际发生的支出)计量。换出资产处置的所得应为换出资产的视同销售收入(自产为销售收入,外购为购入价格)减去视同销售成本(换出资产的计税基础)
用于市场推广或销售视同销售收入	资产用于广告、样品、赞助等,会计一般记入"销售费用"科目。若会计处理未视同销售确认资产的收入、成本、利得或损失(存货对外投资体现在主营业务收入、成本,固定资产、无形资产对外投资表现为营业外收支,股权体现在投资收益),则在本行调整	1.用于市场推广或销售资产处置的应税所得应为换出资产的视同销售收入(自产为销售收入,外购为购入价格)减去视同销售成本(换出资产的计税基础,考虑折旧、摊销、减值准备、公允价值变动等税会差异); 2.销售费用发生额根据视同销售收入确认金额进行调整
用于交际应酬视同销售收入	资产用于交际应酬,会计记入"管理费用——业务招待费"科目。若会计处理未视同销售确认资产的收入、成本、利得或损失(存货对外投资体现在主营业务收入、成本,固定资产、无形资产对外投资表现为营业外收支,股权体现在投资收益),则在本行调整	1.用于交际应酬资产处置的应税所得应为换出资产的视同销售收入(自产为销售收入,外购为购入价格)减去视同销售成本(换出资产的计税基础,考虑折旧、摊销、减值准备、公允价值变动等税会差异); 2.业务招待费发生额按照视同销售收入确认金额进行调整
用于职工奖励或福利视同销售收入	企业将资产用于职工奖励或福利,一般通过"应付职工薪酬"科目核算。若会计处理未视同销售确认资产的收入、成本、利得或损失(存货对外投资体现在主营业务收入、成本,固定资产、无形资产对外投资表现为营业外收支),则在本行调整	1.用于分配资产处置的应税所得应为换出资产的视同销售收入(自产为销售收入,外购为购入价格)减去视同销售成本(换出资产的计税基础,考虑折旧、摊销、减值准备、公允价值变动等税会差异); 2.职工的奖励和福利对应的成本确认、费用计提金额按照视同销售收入确认金额进行调整
用于股息分配视同销售收入	企业将资产用于分配股息,一般通过"应付股利"科目核算。若会计处理未视同销售确认资产的收入、成本、利得或损失(存货对外投资体现在主营业务收入、成本,固定资产、无形资产对外投资表现为营业外收支),则在本行调整	用于分配资产处置的应税所得应为换出资产的视同销售收入(自产为销售收入,外购为购入价格)减去视同销售成本(换出资产的计税基础,考虑折旧、摊销、减值准备、公允价值变动等税会差异)
用于对外捐赠视同销售收入	捐赠的会计处理是借记"营业外支出"科目,贷记"库存商品"(固定资产清理、无形资产等)、"应交税费——应交增值税(销项税额)"科目,上述分录中的捐赠资产账面成本结转金额一般为账面价值	对外捐赠资产的应税所得应为换出资产的视同销售收入(自产为销售收入,外购为购入价格)减去视同销售成本(换出资产的计税基础,考虑折旧、摊销、减值准备、公允价值变动等税会差异);捐赠支出按照视同销售收入进行调整

续表

表A105010各行	需要在表A105010各行进行税会差异调整的具体情形	纳税调整及填报方法
用于对外投资项目视同销售收入	对外投资会计处理的一般要求是视同销售确认投资资产的收入、成本、得或损失（存货对外投资体现在主营业务收入、成本，固定资产、无形资产对外投资表现为营业外收支，股权体现在投资收益），未进行上述会计处理（如同一控制下的企业合并等情形），且不按照财税〔2014〕116号、财税〔2009〕59号文件的相关规定延期确认所得的非货币性资产交换在本行调整	投资资产处置的应税所得应为换出资产的视同销售收入（自产为销售收入，外购为购入价格）减去视同销售成本（换出资产的计税基础，考虑折旧、减值准备、公允价值变动、权益法核算等税会差异）
提供劳务视同销售收入	将劳务用于捐赠、偿债、赞助、集资、广告、样品、职工福利或者利润分配等用途，且未进行收入确认	应按照税收政策规定确认各类劳务收入，否则不允许扣除该项劳务相关的成本费用
其他	1. 用非货币性资产进行交换且支付补价高于25%，换入资产账面价值为换出资产的账面价值减去补价，会计处理未确认所得； 2. 用资产偿还债务未确认资产资产处置的利得或损失； 3. 其他情况	1. 参见非货币性资产交换处理方法； 2. 偿债资产处置的应税所得应为换出资产的视同销售收入（自产为销售收入，外购为购入价格）减去视同销售成本（换出资产的计税基础，考虑折旧、减值准备、公允价值变动、权益法核算等税会差异）

本部分仅给出非货币性资产交换视同销售处理的填报案例。资产用于捐赠和广告支出的填报案例请参照本书第10章、第11章。

5.4.2 案例：视同销售调整事项

1. 情况说明

A公司拥有一台专有设备，该设备账面原价450万元，已计提折旧330万元。B公司拥有一项长期股权投资，账面价值90万元，两项资产均未计提减值准备。

A公司决定以其专有设备交换B公司的长期股权投资，该专有设备是生产某种产品必需的设备。由于专有设备系当时专门制造，性质特殊，其公允价值不能可靠计量；B公司拥有的长期股权投资在活跃市场中没有报价，其公允价值也不能可靠计量。经双方商定，B公司支付了20万元补价。假定交易中没有涉及相关税费。

2. 会计处理

该项资产交换涉及收付货币性资产，即补价20万元。对A公司而言，收到的补价20万元÷换出资产账面价值120万元×100%＝16.7%＜25%，因此，该项交换属于非货币性资产交换，B公司的情况也相类似。

由于两项资产的公允价值不能可靠计量，因此，对于该项资产交换，换入资产的成本应当按照换出资产的账面价值确定。

长期股权投资的初始成本100万元＝换出资产账面价值120万元－收到的补价20万元

换出资产的账面价值120万元＝换出资产账面原价450万元－已计提折旧330

万元

根据《企业会计准则》规定,尽管B公司支付了20万元补价,但由于整个非货币性资产交换是以账面价值为基础计量的,支付补价方和收到补价方均不确认损益。对A公司而言,换入资产是长期股权投资和银行存款20万元,换出资产是专有设备的账面价值减去货币性补价的差额,即100万元(120-20);对B公司而言,换出资产是长期股权投资和银行存款20万元,换入资产专有设备的成本等于换出资产的账面价值,即110万元(90+20)。由此可见,在以账面价值计量的情况下,发生的补价是用来调整换入资产的成本的,不涉及确认损益问题。

A公司会计处理如下:

借:固定资产清理　　　　　　　　　　　　　　1200000
　　累计折旧　　　　　　　　　　　　　　　　3300000
　　贷:固定资产　　　　　　　　　　　　　　　　　　4500000
借:长期股权投资　　　　　　　　　　　　　　1000000
　　银行存款　　　　　　　　　　　　　　　　　200000
　　贷:固定资产清理　　　　　　　　　　　　　　　　1200000

3.填报方法

根据《国家税务总局关于企业处置资产所得税处理问题的通知》(国税函〔2008〕828号)的相关规定,本案例中的非货币资产交换,因资产所有权属已发生改变而不属于内部处置资产,应按规定确认视同销售收入。

本案例中资产的取得方式无论是自制还是外购,都应按照被移送资产的公允价值确定销售收入。调整方法为:按换出资产公允价值(假设为140万元),确认视同销售收入,填报在《视同销售和房地产开发企业特定业务纳税调整明细表》(A105010)第2行;按换出资产的账面价值120万元(账面原价450万元-折旧330万元),确认视同销售成本,填报在表A105010第12行。具体填报见表5-5。

表5-5

A105010　　　视同销售和房地产开发企业特定业务纳税调整明细表　　　单位:元

行次	项目	税收金额	纳税调整金额
		1	2
1	一、视同销售(营业)收入(2+3+4+5+6+7+8+9+10)		
2	(一)非货币性资产交换视同销售收入	1400000	1400000
11	二、视同销售(营业)成本(12+13+14+15+16+17+18+19+20)		
12	(一)非货币性资产交换视同销售成本	1200000	-1200000

5.4.3　房地产开发企业销售未完工产品应计入当期应税所得额

《房地产开发经营业务企业所得税处理办法》(国税发〔2009〕31号)第九条规定,

企业销售未完工开发产品取得的收入,应先按预计计税毛利率分季(或月)计算出预计毛利额,计入当期应纳税所得额。

预计毛利额＝销售未完工开发产品取得的收入×当地税务机关规定的计税毛利率

5.4.4　房地产开发企业费用和税金的特殊填报方法

《房地产开发经营业务企业所得税处理办法》(国税发〔2009〕31号)第十二条规定,企业发生的期间费用、已销开发产品计税成本、营业税金及附加、土地增值税准予当期按规定扣除。

1. 房地产开发企业特定业务——销售未完工产品

(1)关于表中税金扣除问题"实际发生的营业税金及附加、土地增值税":在会计核算中未计入当期损益的金额,才填报。(一般认为在会计核算时,当年预售收入不符合收入确认条件,按照预售收入计算的营业税金及附加、土地增值税,也不确认为当年的"营业税金及附加"科目,只暂时保留在"应交税费"科目中。)

(2)若在会计上已计入当期损益,则本行不填报,否则会造成税金的重复扣除。

2. 房地产开发企业特定业务——销售未完工产品结转完工产品

(1)基本按销售未完工产品进行反向填报,消除重复计算问题。

(2)第27行"1.销售未完工产品转完工产品确认的销售收入"填报说明:第1列"税收金额"填报房地产企业销售的未完工产品,此前年度已按预计毛利额征收所得税,本年度结转为完工产品,会计上符合收入确认条件,当年会计核算确认的销售收入金额。

5.4.5　房地产开发企业的业务招待费核算

实务中,遇到的房地产企业的开发成本里常有业务招待费,一般计入"开发间接费"科目。但根据《房地产开发经营业务企业所得税处理办法》(国税发〔2009〕31号)的规定,开发间接费,是指企业为直接组织和管理开发项目所发生的,且不能将其归属于特定成本对象的成本费用性支出。主要包括管理人员工资、职工福利费、折旧费、修理费、办公费、水电费、劳动保护费、工程管理费、周转房摊销以及项目营销设施建造费等。其中并不包含业务招待费。

因此,房地产开发企业在进行会计分录时就不应将业务招待费计入"开发间接费"科目,而应计入"管理费——业务招待费"科目。如果分录已经计入"开发间接费"科目,则必须在《纳税调整项目明细表》(A105000)第15行"业务招待费支出"中进行调整。

案例:房地产开发预售

1. 情况说明

某房地产开发企业,发生2个开发项目。

开发项目A:2016年累计预售收入7000万元,2017年结转开发产品收入7000万元(全部为2016年、2017年预售收入),结转开发产品成本5000万元,以前年度实际发生营业税金及附加、预缴土地增值税累计525万元,会计上在2017年计入当期损益。

开发项目B:2017年新开发项目,当年预售收入8000万元,实际发生营业税金及附加600万元,会计上在2017年计入"应交税费"科目,但未计入当期损益。(假定A、B开发项目的预计毛利率都为15%,土地增值税预缴率为2%。)

2. 会计处理

(1)开发项目A。2017年结转开发产品收入、成本时:

借:预收账款　　　　　　　　　　　　　　　70000000
　　贷:主营业务收入　　　　　　　　　　　　　　70000000
借:主营业务成本　　　　　　　　　　　　　50000000
　　贷:开发产品　　　　　　　　　　　　　　　　50000000
借:营业税金及附加　　　　　　　　　　　　5250000
　　贷:应交税费　　　　　　　　　　　　　　　　5250000

(2)开发项目B。2017年预售收入时:

借:银行存款　　　　　　　　　　　　　　　80000000
　　贷:预收账款　　　　　　　　　　　　　　　　80000000
借:应交税费　　　　　　　　　　　　　　　6000000
　　贷:银行存款　　　　　　　　　　　　　　　　6000000

3. 填报方法

开发项目A:2017年结转完工产品收入、成本,对原已进行纳税调增的预计毛利额1050万元(7000×15%)在《视同销售和房地产开发企业特定业务纳税调整明细表》(A105010)第28行进行纳税调减,对已转入当期损益的营业税金及附加525万元在表A105010第28行进行纳税调增。

开发项目B:2017年销售未完工产品,预计毛利额1200万元(8000×15%)在A105010,第24行进行纳税调增,其缴纳的600万元营业税金及附加在会计上未计入当期损益,在表A105010第25行进行纳税调减。具体填报见表5-6。

表5-6

A105010　　　　视同销售和房地产开发企业特定业务纳税调整明细表　　　　单位:万元

行次	项　目	税收金额	纳税调整金额
		1	2
21	三、房地产开发企业特定业务计算的纳税调整额(22-26)	75	75
22	(一)房地产企业销售未完工开发产品特定业务计算的纳税调整额(24-25)	600	600
23	1.销售未完工产品的收入	8000	*
24	2.销售未完工产品预计毛利额	1200	1200
25	3.实际发生的税金及附加、土地增值税	600	600

续表

行次	项目	税收金额	纳税调整金额
		1	2
26	(二)房地产企业销售的未完工产品转完工产品特定业务计算的纳税调整额(28-29)	525	525
27	1. 销售未完工产品转完工产品确认的销售收入	7000	*
28	2. 转回的销售未完工产品预计毛利额	1050	1050
29	3. 转回实际发生的税金及附加、土地增值税	525	525

最后将《视同销售和房地产开发企业特定业务纳税调整明细表》(A105010)中的数据对应到《纳税调整项目明细表》(A105000)中。具体填报见表5-7。

表5-7

A105000　　　　　　　　　　　　纳税调整项目明细表　　　　　　　　　　　单位:万元

行次	项目	账载金额	税收金额	调增金额	调减金额
		1	2	3	4
40	(四)房地产开发企业特定业务计算的纳税调整额(填写A105010)	*	75	75	

6 未按权责发生制原则确认的收入填报实务(A105020)

6.1 表样

A105020　　　　　未按权责发生制确认收入纳税调整明细表

行次	项目	合同金额(交易金额)	账载金额 本年	账载金额 累计	税收金额 本年	税收金额 累计	纳税调整金额
		1	2	3	4	5	6(4-2)
1	一、跨期收取的租金、利息、特许权使用费收入(2+3+4)						
2	（一）租金						
3	（二）利息						
4	（三）特许权使用费						
5	二、分期确认收入(6+7+8)						
6	（一）分期收款方式销售货物收入						
7	（二）持续时间超过12个月的建造合同收入						
8	（三）其他分期确认收入						
9	三、政府补助递延收入(10+11+12)						
10	（一）与收益相关的政府补助						
11	（二）与资产相关的政府补助						
12	（三）其他						
13	四、其他未按权责发生制确认收入						
14	合计(1+5+9+13)						

6.2 一般规定

6.2.1 权责发生制原则

《中华人民共和国企业所得税法实施条例》第九条规定,企业应纳税所得额的计算,以权责发生制为原则,属于当期的收入和费用,不论款项是否收付,均作为当期的收入和费用;不属于当期的收入和费用,即使款项已经在当期收付,均不作为当期的收入和费用。实施条例和国务院财政、税务主管部门另有规定的除外。

《国家税务总局关于印发〈新企业所得税法精神宣传提纲〉的通知》(国税函〔2008〕159号)第七条规定,企业应纳税所得额的计算,以权责发生制为原则。权责发生制要求,属于当期的收入和费用,不论款项是否收付,均作为当期的收入和费用;不属于当期的收入和费用,即使款项已经在当期收付,均不作为当期的收入和费用。权责发生制从企业经济权利和经济义务是否发生作为计算应纳税所得额的依据,注重强调企业收入与费用的时间配比,要求企业收入费用的确认时间不得提前或滞后。企业在不同纳税期间享受不同的税收优惠政策时,坚持按权责发生制原则计算应纳税所得额,可以有效防止企业利用收入和支出确认时间的不同规避税收。另外,《企业会计准则》规定,企业要以权责发生制为原则确认当期收入或费用,计算企业生产经营成果。新企业所得税法与会计采用同一原则确认当期收入或费用,有利于减少两者的差异,减轻纳税人税收遵从成本。

但由于信用制度在商业活动广泛采用,有些交易虽然权责已经确认,但交易时间较长,超过一个或几个纳税期间。为了保证税收收入的均衡性和防止企业避税,新企业所得税法及其实施条例中也采取了有别于权责发生制的情况,例如,长期工程或劳务合同等交易事项。

6.2.2 租金收入

《中华人民共和国企业所得税法实施条例》第十九条规定,企业所得税法第六条第(六)项所称租金收入,是指企业提供固定资产、包装物或者其他有形资产的使用权取得的收入。租金收入,按照合同约定的承租人应付租金的日期确认收入的实现。

租金收入利润计算及纳税调整对照提示表见表6-1。

表6-1　　　　　　　租金收入利润计算及纳税调整对照提示表

在利润总额计算中的位置	《一般企业收入明细表》(A101010)第7行"让渡资产使用权收入",第12行"出租固定资产收入",第13行"出租无形资产收入",第14行"出租包装物和商品收入"
在纳税调整中的位置	《未按权责发生制确认收入纳税调整明细表》(A105020)第2行"租金"
风险管理提示	时间性差异调整

6.2.3 利息收入

《中华人民共和国企业所得税法实施条例》第十八条规定,企业所得税法第六条第(五)项所称利息收入,是指企业将资金提供他人使用但不构成权益性投资,或者因他人占用本企业资金取得的收入,包括存款利息、贷款利息、债券利息、欠款利息等收入。

利息收入利润计算及纳税调整对照提示表见表6-2。

表6-2　　　　　　　利息收入利润计算及纳税调整对照提示表

在利润总额计算中的位置	《期间费用明细表》(A104000)第21行"利息收支"
在纳税调整中的位置	《未按权责发生制确认收入纳税调整明细表》(A105020)第3行"利息"
风险管理提示	时间性差异调整

6.2.4 特许权使用费收入

《中华人民共和国企业所得税法实施条例》第二十条规定,《中华人民共和国企业所得税法》第六条第(七)项所称特许权使用费收入,是指企业提供专利权、非专利技术、商标权、著作权以及其他特许权的使用权取得的收入。

特许权使用费收入利润计算及纳税调整对照提示表见表6-3。

表6-3　　　　　特许权使用费收入利润计算及纳税调整对照提示表

在利润总额计算中的位置	《一般企业收入明细表》(A101010)第7行"让渡资产使用权收入"
在纳税调整中的位置	《未按权责发生制确认收入纳税调整明细表》(A105020)第4行"特许权使用费"
风险管理提示	时间性差异调整

6.2.5 分期确认收入

《中华人民共和国企业所得税法实施条例》第二十三条规定,企业的下列生产经营业务可以分期确认收入的实现:以分期收款方式销售货物的,按照合同约定的收款日期确认收入的实现。

分期收款方式销售货物收入利润计算及纳税调整对照提示表见表6-4。

表 6-4 分期收款方式销售货物收入利润计算及纳税调整对照提示表

在利润总额计算中的位置	《一般企业收入明细表》(A101010)第 3 行"销售商品收入"
在纳税调整中的位置	《未按权责发生制确认收入纳税调整明细表》(A105020)第 6 行"分期收款方式销售货物收入"
风险管理提示	时间性差异调整

6.2.6 持续时间超过 12 个月的建造合同收入

《中华人民共和国企业所得税法实施条例》第二十三条规定,企业受托加工制造大型机械设备、船舶、飞机,以及从事建筑、安装、装配工程业务或者提供其他劳务等,持续时间超过 12 个月的,按照纳税年度内完工进度或者完成的工作量确认收入的实现。

持续时间超过 12 个月的建造合同收入(重点行业)利润计算及纳税调整对照提示表见表 6-5。

表 6-5 持续时间超过 12 个月的建造合同收入(重点行业)利润计算及纳税调整对照提示表

在利润总额计算中的位置	《一般企业收入明细表》(A101010)第 6 行"建造合同收入"
在纳税调整中的位置	《未按权责发生制确认收入纳税调整明细表》(A105020)第 7 行"持续时间超过 12 个月的建造合同收入"
风险管理提示	时间性差异调整、永久性差异调整

6.2.7 政府补助递延收入

政府补助递近收入调整的是不符合不征税收入确认条件,或符合不征税收入确认条件但未按不征税收入处理的与政府补助收入相关的税会差异。

政府补助递延收入利润计算及纳税调整对照提示表见表 6-6。

表 6-6 政府补助递延收入利润计算及纳税调整对照提示表

在利润总额计算中的位置	《一般企业收入明细表》(A101010)第 20 行"政府补助利得"
在纳税调整中的位置	《未按权责发生制确认收入纳税调整明细表》(A105020)第 10 行"与收益相关的政府补助"、第 11 行"与资产相关的政府补助"、第 12 行"其他"
风险管理提示	时间性差异调整

6.3 关键要点

6.3.1 租金收入确认时间

《国家税务总局关于贯彻落实企业所得税法若干税收问题的通知》(国税函〔2010〕79号)规定,根据《中华人民共和国企业所得税法实施条例》第十九条的规定,企业提供固定资产、包装物或者其他有形资产的使用权取得的租金收入,应按交易合同或协议规定的承租人应付租金的日期确认收入的实现。其中,如果交易合同或协议中规定租赁期限跨年度,且租金提前一次性支付的,根据《中华人民共和国企业所得税法实施条例》第九条规定的收入与费用配比原则,出租人可对上述已确认的收入,在租赁期内分期均匀计入相关年度收入。

6.3.2 融资租赁业务中租金收入的税务处理

《中华人民共和国企业所得税法实施条例》第四十七条规定,以融资租赁方式租入固定资产发生的租赁费支出,按照规定构成融资租入固定资产价值的部分应当提取折旧费用,分期扣除。

《中华人民共和国企业所得税法实施条例》第五十八条规定,融资租入的固定资产,以租赁合同约定的付款总额和承租人在签订租赁合同过程中发生的相关费用为计税基础,租赁合同未约定付款总额的,以该资产的公允价值和承租人在签订租赁合同过程中发生的相关费用为计税基础。

经营租赁现行会计制度和税收政策规定基本不存在差异。融资租赁存在税会差异。

案例:融资租赁

1. 情况说明

2015年12月1日,甲公司与乙公司签订了一份租赁合同,向乙公司租入塑钢机一台,合同规定租赁期为2016年1月1日至2018年12月31日,共36个月,自2016年1月1日起,每隔6个月于月末支付租金15万元。该机器的保险、维护等费用均由甲公司负担,估计每年约1万元。该机器在2015年12月1日的公允价值为70万元。租赁合同约定的利率为7%,甲公司在租赁谈判和签订租赁合同过程中发生的可归属于租赁项目的手续费、佣金、差旅费为1000元。该机器估计的使用年限为8年,已使用3年,期满无残值,承租人采用年限平均法计提折旧。甲公司每年按机器生产产品年销售收入的5%向乙公司支付经营分享收入。

假设融资租赁固定资产账面价值为70万元,出租人(乙公司)为签订该项租赁合同发生的初始直接费用为1万元,已通过银行存款支付。

2. 会计处理

(1) 承租人(甲公司)：

最低租赁付款额=150000×6(各期租金之和)+100(行使优先购买选择权支付的金额)=900100(元)

经计算,最低租赁付款额现值高于租赁资产公允价值。按照孰低原则将以公允价值和初始直接费用之和确认为租入资产账面价值。

2016年1月1日：

借：固定资产——融资租入固定资产   701000
    未确认融资费用   200100①
  贷：长期应付款——应付融资租赁款   900100
    银行存款   1000

2016年6月30日,支付第一期租金：

借：长期应付款——应付融资租赁款   150000
  贷：银行存款   150000
借：财务费用   53900
  贷：未确认融资费用   53900②

2016年12月31日,支付第二期租金：

借：长期应付款——应付融资租赁款   150000
  贷：银行存款   150000
借：财务费用   46500
  贷：未确认融资费用   46500③

(2) 出租人(乙公司)：

最低租赁收款额=150000×6(各期租金之和)+100(行使优先购买选择权支付的金额)+10000(初始直接费用)=910100(元)

2016年1月1日：

借：长期应收款——应收融资租赁款   910100
  贷：银行存款   10000
    融资租赁固定资产   700000
    未确认融资费用   200100④

2016年6月30日,收到第一期租金：

借：银行存款   150000
  贷：长期应收款——应收融资租赁款   150000
借：未实现融资收益   51404⑤
  贷：租赁收入   51404

2016年12月31日,收到第二期租金：

---

①④   200100=900100-700000
②③⑤   按实际利率法计算。

```
借:银行存款                                          150000
    贷:长期应收款——应收融资租赁款                    150000
借:未实现融资收益(按实际利率法计算)                  44265
    贷:租赁收入                                       44265
```

3.填报方法

(1)承租人(甲公司):

固定资产的计税基础

=150000×6(各期租金之和)+100(行使优先购买选择权支付的金额)+1000(初始直接费用)=901100(元)

资产折旧差额在《资产折旧、摊销及纳税调整明细表》(A105080)调整。

财务费用税会差异调整为:会计确认的财务费用100400元(53900+46500),税收金额为0,应在《纳税调整项目明细表》(A105000)第22行第3列"与未实现融资收益相关在当期确认的财务费用"调增100400元(53900+46500)。具体填报见表6-7。

表6-7

A105000　　　　　　　　　　　　纳税调整项目明细表　　　　　　　　　　　单位:元

行次	项目	账载金额	税收金额	调增金额	调减金额
		1	2	3	4
22	(十)与未实现融资收益相关在当期确认的财务费用	100400	0	100400	

(2)出租人(乙公司):

租金收入税会差异调整为:会计确认的租金收入为95669元(51404+44265),填写在《未按权责发生制确认收入纳税调整明细表》(A105020)第2行"租金"第2列"账载金额",具体填报见表6-8。税务处理应确认的租金收入为63333元[150000×2-(700000+10000)/3]。填写在表A105020第2行"租金"第4列"税收金额"。

表6-8

A105020　　　　　　　　未按权责发生制确认收入纳税调整明细表　　　　　　　单位:元

行次	项目	合同金额(交易金额)	账载金额		税收金额		纳税调整金额
			本年	累计	本年	累计	
		1	2	3	4	5	6(4-2)
1	一、跨期收取的租金、利息、特许权使用费收入(2+3+4)						
2	(一)租金		95669		63333		-32336

6.3.3 利息收入的确认时间

利息收入按照合同约定的债务人应付利息的日期确认收入的实现。

6.3.4 利息收入调整的填报方法

冲减财务费用的利息收入税会差异在《未按权责发生制确认收入纳税调整明细表》(A105020)调整,计入投资收益的利息收入税会差异也可在《投资收益纳税调整明细表》(A105030),调整。

6.3.5 特许权使用费收入确认时间

特许权使用费收入按照合同约定的特许权使用人应付特许权使用费的日期确认收入的实现。

6.3.6 分期收款方式销售货物收入确认时间

《房地产开发经营业务企业所得税处理办法》(国税发〔2009〕31号)规定,房地产企业采取分期收款方式销售开发产品的,应按销售合同或协议约定的价款和付款日确认收入的实现。付款方提前付款的,在实际付款日确认收入的实现。

案例:采用分期收款方式销售货物

1. 情况说明

2018年1月1日,A公司采用分期收款方式向B公司销售大型设备,合同价格1000万元,分5年于每年年末收取,设备成本600万元。假定该设备不采用分期收款方式的销售价格为800万元,不考虑增值税,实际利率为7.93%。

2. 会计处理

(1)A公司会计处理如下:

2018年销售时:

借:长期应收款	10000000
贷:主营业务收入	8000000
未实现融资收益	2000000

同时,结转成本:

借:主营业务成本	6000000
贷:库存商品	6000000

2018年末收款时:

借:银行存款	2000000
贷:长期应收款	2000000
借:未实现融资收益	634400
贷:财务费用	634400①

---

① 按实际利率法计算结果。

(2) B 公司会计处理如下:

2018 年购入时:

借:固定资产　　　　　　　　　　　　　　　　　　　8000000
　　未实现融资费用　　　　　　　　　　　　　　　　2000000
　　贷:长期应付款　　　　　　　　　　　　　　　　　　　　10000000

2018 年末付款时:

借:长期应付款　　　　　　　　　　　　　　　　　　2000000
　　贷:银行存款　　　　　　　　　　　　　　　　　　　　　2000000

借:财务费用　　　　　　　　　　　　　　　　　　　　634400①
　　贷:未实现融资费用　　　　　　　　　　　　　　　　　　634400

3. 填报方法

(1) 对 A 公司而言:

调整收入的税会差异:会计当年确认收入 800 万元,税收按合同约定确认收入 200 万元,在《未按权责发生制确认收入纳税调整明细表》(A105020)第 6 行第 6 列调减 600 万元。以后每年在表 A105020 第 6 行第 6 列进行纳税调增 200 万元。

调整财务费用的税会差异:会计确认的财务费用为 -63.44 万元,税收金额为 0,应在《纳税调整项目明细表》(A105000)第 22 行第 4 列"与未实现融资收益相关在当期确认的财务费用"调减 63.44 万元。具体填报见表 6-9、表 6-10。

表 6-9
A105020　　　　　　未按权责发生制确认收入纳税调整明细表　　　　　　单位:元

行次	项目	合同金额(交易金额)	账载金额		税收金额		纳税调整金额
			本年	累计	本年	累计	
		1	2	3	4	5	6(4-2)
6	(一)分期收款方式销售货物收入	10000000	8000000	8000000	2000000	2000000	-6000000

表 6-10
A105000　　　　　　　　　纳税调整项目明细表　　　　　　　　　　单位:元

行次	项目	账载金额	税收金额	调增金额	调减金额
		1	2	3	4
22	(十)与未实现融资收益相关在当期确认的财务费用	-634400	0		634400

(2) 对 B 公司而言:

---

① 按实际利率法计算。

调整财务费用税会差异：会计确认的财务费用为63.44万元，税收金额为0，应在《纳税调整项目明细表》(A105000)第22行第3列"与未实现融资收益相关在当期确认的财务费用"调增63.44万元，具体填报见表6-11。

B公司购进的固定资产账面价值为800万元，计税基础为1000万元。

表6-11
A105000　　　　　　　　　　　　　纳税调整项目明细表　　　　　　　　　　　　　单位：元

行次	项目	账载金额	税收金额	调增金额	调减金额
		1	2	3	4
22	（十）与未实现融资收益相关在当期确认的财务费用	634400	0	634400	

6.3.7 持续时间超过12个月的建造合同收入确认方法

《国家税务总局关于确认企业所得税收入若干问题的通知》(国税函〔2008〕875号)规定，企业在各个纳税期末，提供劳务交易的结果能够可靠估计的，应采用完工进度（完工百分比）法确认提供劳务收入。

提供劳务交易的结果能够可靠估计，是指同时满足下列条件：①收入的金额能够可靠地计量；②交易的完工进度能够可靠地确定；③交易中已发生和将发生的成本能够可靠地核算。

企业提供劳务完工进度的确定，可选用下列方法：①已完工作的测量；②已提供劳务占劳务总量的比例；③发生成本占总成本的比例。

6.3.8 政府补助递延收入项目调整范围

《财政部　国家税务总局关于财政性资金、行政事业性收费、政府性基金有关企业所得税政策问题的通知》(财税〔2008〕151号)规定，企业取得的各类财政性资金，除属于国家投资和资金使用后要求归还本金的以外，均应计入企业当年收入总额。

本部分内容应与不征税收入部分内容结合理解。

案例：政府补助递延收入

1. 情况说明

某科技创新型企业2013年、2018年均从某县级科技主管部门取得技术改造专项资金。假设企业未将上述政府补助作为不征税收入处理。按照资金管理办法，2018年取得的资金60万元用于购置固定资产，剩余金额用于费用化支出。专项资金结余部分无须上缴相应部门，留企业自行支配使用。（假设计入本年损益的金额和本年费用化支出金额一致）

2013—2018年收入、支出情况见表6-12。

表 6-12　　　　　　　　　　　2013—2018 年收入、支出情况　　　　　　　　单位:万元

纳税年度		2013	2018
当年取得的财政性资金		350	200
取得财政性资金的具体时间		当年 2 月	当年 9 月
2013 年资金使用情况	费用化支出	15	*
	资本化支出	20	*
2014 年资金使用情况	费用化支出	20	*
	资本化支出	20	*
2015 年资金使用情况	费用化支出	18	*
	资本化支出	20	*
2016 年资金使用情况	费用化支出	30	*
	资本化支出	40	*
2017 年资金使用情况	费用化支出	60	*
	资本化支出	40	*
2018 年资金使用情况	费用化支出	45	45
	资本化支出	0	30

2. 会计处理

2013 年 2 月,收到专项资金时:

借:银行存款　　　　　　　　　　　　　　　　　　　　　　　　　3500000

　　贷:递延收益　　　　　　　　　　　　　　　　　　　　　　　　　　3500000

2018 年 9 月,收到专项资金时:

借:银行存款　　　　　　　　　　　　　　　　　　　　　　　　　2000000

　　贷:递延收益　　　　　　　　　　　　　　　　　　　　　　　　　　2000000

2018 年使用 2013 年的资金时:

借:管理费用　　　　　　　　　　　　　　　　　　　　　　　　　450000

　　贷:银行存款　　　　　　　　　　　　　　　　　　　　　　　　　　450000

借:递延收益　　　　　　　　　　　　　　　　　　　　　　　　　450000

　　贷:营业外收入(2018 年应做纳税调减)　　　　　　　　　　　　　　　450000

2018 年使用 2018 年的资金时,费用化的部分:

借:管理费用　　　　　　　　　　　　　　　　　　　　　　　　　450000

　　贷:银行存款　　　　　　　　　　　　　　　　　　　　　　　　　　450000

借:递延收益　　　　　　　　　　　　　　　　　　　　　　　　　450000

　　贷:营业外收入(2018 年应做纳税调减)　　　　　　　　　　　　　　　450000

资本化的部分:

借:固定资产(无形资产、在建工程等)　　　　　　　　　　　　　　300000

贷:银行存款 300000
借:递延收益 300000
贷:营业外收入(2018年应做纳税调减) 300000

3. 填报方法

符合税法规定的不征税收入调减且按不征税收入处理的政府补助不在本表填报,在《专项用途财政性资金纳税调整明细表》(A105040)中做纳税调整。

与收益相关的政府补助:《未按权责发生制确认收入纳税调整明细表》(A105020)第10行第2列账载金额为90万元(45+45);第10行第4列税收金额为140万元;第10行第6列纳税调整金额为50万元;与资产相关的政府补助:《未按权责发生制确认收入纳税调整明细表》(A105020)第11行第2列账载金额为30万元;第11行第4列税收金额为60万元;第11行第6列纳税调整金额为30万元。具体填报见表6-13。

表6-13

A105020　　　　　　　　　未按权责发生制确认收入纳税调整明细表　　　　　　　　单位:元

行次	项目	合同金额(交易金额)	账载金额		税收金额		纳税调整金额
			本年	累计	本年	累计	
		1	2	3	4	5	6(4-2)
1	一、跨期收取的租金、利息、特许权使用费收入(2+3+4)	—	—	—	—	—	—
2	(一)租金						
3	(二)利息						
4	(三)特许权使用费						
5	二、分期确认收入(6+7+8)	—					
6	(一)分期收款方式销售货物收入						
7	(二)持续时间超过12个月的建造合同收入						
8	(三)其他分期确认收入						
9	三、政府补助递延收入(10+11+12)	—	1200000.00	1200000.00	2000000.00	2000000.00	800000.00
10	(一)与收益相关的政府补助		900000.00	900000.00	1400000.00	1400000.00	500000.00
11	(二)与资产相关的政府补助		300000.00	300000.00	600000.00	600000.00	300000.00
12	(三)其他						—
13	四、其他未按权责发生制确认收入						—
14	合计(1+5+9+13)	—	1200000.00	1200000.00	2000000.00	2000000.00	800000.00

6.4 风险环节

6.4.1 关联企业之间提供无息或低于银行同期贷款利率的借款利息支出

关联企业之间提供无息或低于银行同期贷款利率的借款,其利息收入低于银行同期贷款利息的部分将面临纳税调整的风险。

6.4.2 建造合同收入确认税会差异

对合同结果能够可靠估计的建造合同,企业所得税法与现行会计制度的规定一致。对合同结果不能可靠估计的建造合同,税法仍要求按完工百分比法确认收入,会计由于考虑"经济利益很可能流入企业"的收入确认原则,对预计能收回成本的合同按成本确认收入,对预计不能收回成本的,不确认合同收入,这种情况下,就需要企业在《未按权责发生制确认收入纳税调整明细表》(A105020)中进行相应的纳税调整。

7 投资收益政策及填报实务（A105030）

7.1 表样

A105030

投资收益纳税调整明细表

行次	项目	持有收益			处置收益						纳税调整金额
		账载金额	税收金额	纳税调整金额	会计确认的处置收入	税收计算的处置收入	处置投资的账面价值	处置投资的计税基础	会计确认的处置所得或损失	税收计算的处置所得	纳税调整金额
		1	2	3(2-1)	4	5	6	7	8(4-6)	9(5-7)	10(9-8)	11(3+10)
1	一、交易性金融资产										
2	二、可供出售金融资产										
3	三、持有至到期投资										
4	四、衍生工具										
5	五、交易性金融负债										
6	六、长期股权投资										
7	七、短期投资										
8	八、长期债券投资										
9	九、其他										
10	合计(1+2+3+4+5+6+7+8+9)										

投资收益利润计算及纳税调整对照提示表见表 7-1。

表 7-1　投资收益利润计算及纳税调整对照提示表

在利润总额计算中的位置	《中华人民共和国企业所得税年度申报表(A类)》(A100000)第9行"投资收益"
在纳税调整中的位置	《投资收益纳税调整明细表》(A105030)
风险管理提示	跨年度事项、重大事项、时间性差异调整,税收优惠单独填报

《投资收益纳税调整明细表》(A105030)调整的是在"投资收益"科目核算的事项会计处理与税务处理之间的差异。本表仅对投资资产持有及处置环节"投资收益"核算的税会差异进行调整,不涉及资产初始确认时的差异调整。另外应当注意的是,投资资产处置环节发生损失的,资产损失不在本表进行填报,在《资产损失税前扣除及纳税调整明细表》(A105090)填报。投资资产涉及"国债利息收入免税""股息红利等权益性投资收益免税"的,免税收入优惠的计算在《免税、减计收入及加计扣除优惠明细表》(A107010)进行填报。资产处置环节涉及重组事项的,无论重组事项适用一般性税务处理还是特殊性税务处理均不在本表进行填报,在《企业重组及递延纳税事项纳税调整明细表》(A105100)进行填报。

已执行《企业会计准则第 22 号——金融工具确认和计量》(财会〔2017〕7 号)、《企业会计准则第 23 号——金融资产转移》(财会〔2017〕8 号)、《企业会计准则第 24 号——套期会计》(财会〔2017〕9 号)、《企业会计准则第 37 号——金融工具列报》(财会〔2017〕14 号)(以上四项简称"新金融准则")的纳税人,若投资收益的项目类别不为本表第 1 行至第 8 行的,则在第 9 行"九、其他"中填报相关会计处理、税收规定,以及纳税调整情况。

7.2　债权性投资收益事项相关企业所得税政策要点

除国债以外的债权性投资收益所得税政策参见利息收入部分政策要点。

7.2.1　关键要点

1. 国债投资持有收益

《国家税务总局关于企业国债投资业务企业所得税处理问题的公告》(国家税务总局公告 2011 年第 36 号)规定,企业投资国债从国务院财政部门取得的国债利息收入,应以国债发行时约定应付利息的日期,确认利息收入的实现。

企业到期前转让国债,或者从非发行者投资购买的国债,利息收入计算方法参见免税政策。

2. 国债投资处置收益

企业转让国债应在转让国债合同、协议生效的日期，或者国债移交时确认转让收入的实现。

企业投资购买国债，到期兑付的，应在国债发行时约定的应付利息的日期，确认国债转让收入的实现。

企业转让国债，应在国债转让收入确认时确认利息收入的实现。

企业转让或到期兑付国债取得的价款，减除其购买国债成本，并扣除其持有期间按照《国家税务总局关于企业国债投资业务企业所得税处理问题的公告》（国家税务总局公告 2011 年第 36 号）第一条计算的国债利息收入以及交易过程中相关税费后的余额，为企业转让国债收益（损失）。企业在不同时间购买同一品种国债的，其转让时的成本计算方法，可在先进先出法、加权平均法、个别计价法中选用一种。计价方法一经选用，不得随意改变。

3. 国债利息免税政策

《国家税务总局关于企业国债投资业务企业所得税处理问题的公告》（国家税务总局公告 2011 年第 36 号）规定，根据《中华人民共和国企业所得税法》第二十六条的规定，企业取得的国债利息收入，免征企业所得税。具体按以下规定执行：①企业从发行者直接投资购买的国债持有至到期，其从发行者取得的国债利息收入，全额免征企业所得税。②企业到期前转让国债，或者从非发行者投资购买的国债，其按下述计算的国债利息收入，免征企业所得税。

国债利息收入＝国债金额×(适用年利率÷365)×持有天数

上述公式中的"国债金额"，按国债发行面值或发行价格确定；"适用年利率"按国债票面年利率或折合年收益率确定；如企业不同时间多次购买同一品种国债的，"持有天数"可按平均持有天数计算确定。

案例：国债投资收益

1. 情况说明

A 企业多次购买同一品种的国债，2018 年 1 月 1 日购买面值 1000 万元，2018 年 2 月 1 日购买面值 300 万元，2018 年 3 月 1 日购买面值 2000 万元。2018 年 5 月转让面值 1500 万元国债，取得转让收入 2000 万元，发生手续费支出 50 万元；2018 年 6 月 1 日转让剩余 1800 万元国债，取得转让收入 2000 万元，发生手续费支出 50 万元。该国债票面年利率 4%，到期日为 2021 年 10 月 30 日。A 企业选择先进先出法确认转让成本。

2. 会计处理

取得国债的账务处理（2018 年 1 月 1 日、2 月 1 日、3 月 1 日）为：

借：交易性金融资产——成本　　　　　　　　　　　　　　33000000①

---

① 33000000＝10000000＋3000000＋20000000

贷:银行存款　　　　　　　　　　　　　　　　　　　　33000000

转让国债的账务处理(2018年5月1日、6月1日)为:

(1)A企业2018年1—3月三次购买国债,并于5月、6月两次出售。由于未到资产负债表日,即不计算利息收入,也无须计量公允价值变动损益。

(2)会计核算的国债处置收益(损失)。

$$(2000-1500-50)+(2000-1800-50)=600(万元)$$

　　借:银行存款　　　　　　　　　　　　　　　　　　　　40000000①
　　　　贷:交易性金融资产——成本　　　　　　　　　　　33000000②
　　　　　　投资收益　　　　　　　　　　　　　　　　　　7000000
　　借:投资收益　　　　　　　　　　　　　　　　　　　　1000000
　　　　贷:银行存款　　　　　　　　　　　　　　　　　　1000000③

3. 填报方法

A企业2018年度的纳税申报处理(分三步处理)如下:

第一步:国债利息收入及转让收益的计算(2018年5月1日、6月1日)。

(1)2018年5月1日转让面值1500万元的国债时:

持有天数 = (120+90+60)÷3 = 90(天)

转让成本 = 1000+300+200 = 1500(万元)

国债利息收入 = 1500×(4%÷365)×90 = 14.79(万元)

国债转让收益 = 2000-1500-14.79-50 = 435.21(万元)

(2)2018年6月1日转让面值1800万元的国债时:

持有天数 = 90天

转让成本 = 1800万元

国债利息收入 = 1800×(4%÷365)×90 = 17.75(万元)

国债转让收益 = 2000-1800-17.75-50 = 132.25(万元)

A企业国债利息收入为32.54万元(14.79+17.75)——免税收入。

A企业国债转让收益为567.46万元(435.21+132.25)——并入应纳税所得额。

第二步:将国债利息收入及转让收益计入A企业当年度的应纳税所得。

(1)国债利息收入:

填报《未按权责发生制原则确认收入纳税调整明细表》(A105020)第3行"利息"——"账载金额"为0;"税收金额"为32.54万元;"调增金额"为32.54万元。具体填报见表7-2。

---

① 40000000 = 20000000+20000000
② 33000000 = 15000000+18000000
③ 1000000 = 500000+500000

表 7-2
A105020　　　　　　　　未按权责发生制确认收入纳税调整明细表　　　　　　　单位:元

行次	项 目	合同金额（交易金额）	账载金额		税收金额		纳税调整金额
			本年	累计	本年	累计	
		1	2	3	4	5	6(4-2)
1	一、跨期收取的租金、利息、特许权使用费收入(2+3+4)						
2	（一）租金						
3	（二）利息	33000000			325400	325400	325400

（2）国债转让收益：

填报主表《中华人民共和国企业所得税年度纳税申报表（A 类）》（A100000）第 9 行"加:投资收益"为 600 万元,本年度应计入应纳税所得额的国债转让收益为 567.46 万元。填报《投资收益纳税调整明细表》（A105030）第 4 列"会计确认的处置收入"为 3900 万元,第 5 列"税收计算的处置收入"为 3867.46 万元,第 6 列"处置投资的账面价值"和第 7 列"处置投资的计税基础"为 3300 万元,第 8 列"会计确认的处置所得或损失"为 600 万元,第 9 列"税收计算的处置所得"为 567.46 万元,第 10 列和第 11 列"纳税调整金额"为-32.54 万元。具体填报见表 7-3、表 7-4。

表 7-3
A100000　　　　　　　中华人民共和国企业所得税年度纳税申报表（A 类）　　　　　　单位:元

行数	类别	项 目	金额
9		加:投资收益	6000000

表 7-4
A105030　　　　　　　　　　投资收益纳税调整明细表　　　　　　　　　　单位:元

行次	项目	持有收益			处置收益							纳税调整金额
		账载金额	税收金额	纳税调整金额	会计确认的处置收入	税收计算的处置收入	处置投资的账面价值	处置投资的计税基础	会计确认的处置所得或损失	税收计算的处置所得	纳税调整金额	
		1	2	3(2-1)	4	5	6	7	8(4-6)	9(5-7)	10(9-8)	11(3+10)
1	一、交易性金融资产				39000000	38674600	33000000	33000000	6000000	5674600	-325400	-325400

填报《纳税调整项目明细表》（A105000）第 11 行收益类调整项目的"其他"——"账载金额"为 600 万元;"税收金额"为 567.46 万元;"调减金额"为 32.54 万元。具体填报见表 7-5。

表 7-5

A105000　　　　　　　　　　　纳税调整项目明细表　　　　　　　　　　单位：元

行次	项目	账载金额	税收金额	调增金额	调减金额
		1	2	3	4
11	（九）其他	6000000	5674600		325400

第三步：国债利息收入的免税申报。

填报《免税、减计收入及加计扣除优惠明细表》（A107010）第 2 行"国债利息收入"为 32.54 万元，具体填报见表 7-6。

表 7-6

A107010　　　　　　　　免税、减计收入及加计扣除优惠明细表　　　　　　　单位：元

行次	项目	金额
1	一、免税收入（2+3+6+7+…+16）	
2	（一）国债利息收入免征企业所得税	325400

7.2.2　风险环节

从非发行者处购买国债，产生利息收入的起算时点。《国家税务总局关于企业国债投资业务企业所得税处理问题的公告》（国家税务总局公告 2011 年第 36 号）规定，企业转让国债应在转让国债合同、协议生效的日期，或者国债移交时确认转让收入的实现。国债利息计算公式中的"持有天数"的起算时间也应当按照转让国债合同、协议生效的日期，或者国债移交时确认。

7.3　权益性投资收益事项相关企业所得税政策要点

7.3.1　关键要点

1. 权益性投资持有收益的确认

《中华人民共和国企业所得税法》第十九条规定，股息、红利等权益性投资收益和利息、租金、特许权使用费所得，以收入全额为应纳税所得额。

《中华人民共和国企业所得税法实施条例》第十七条规定，股息、红利等权益性投资收益，除国务院财政、税务主管部门另有规定外，按照被投资方作出利润分配决定的日期确认收入的实现。

《国家税务总局关于贯彻落实企业所得税法若干税收问题的通知》（国税函〔2010〕79 号）规定，企业权益性投资取得股息、红利等收入，应以被投资企业股东会或股东大

会作出利润分配或转股决定的日期,确定收入的实现。

被投资企业发生的经营亏损,由被投资企业按规定结转弥补;投资企业不得调整减低其投资成本,也不得将其确认为投资损失(按权益法核算)。

2. 权益性投资处置收益的确认

1)清算分配

《中华人民共和国企业所得税法实施条例》第十一条规定,投资方企业从被清算企业分得的剩余资产,其中,相当于从被清算企业累计未分配利润和累计盈余公积中应当分得的部分,应当确认为股息所得;剩余资产减除上述股息所得后的余额,超过或者低于投资成本的部分,应当确认为投资资产转让所得或者损失。处置收益为负的权益性投资收益不填本表,而是填报《资产损失(专项申报)税前扣除及纳税调整明细表》(A105091)。

《财政部 国家税务总局关于企业清算业务企业所得税处理若干问题的通知》(财税〔2009〕60号)规定,被清算企业的股东分得的剩余资产的金额,其中相当于被清算企业累计未分配利润和累计盈余公积中按该股东所占股份比例计算的部分,应确认为股息所得;剩余资产减除股息所得后的余额,超过或低于股东投资成本的部分,应确认为股东的投资转让所得或损失。

2)股权转让

《国家税务总局关于贯彻落实企业所得税法若干税收问题的通知》(国税函〔2010〕79号)规定,企业转让股权收入,应于转让协议生效且完成股权变更手续时,确认收入的实现。转让股权收入扣除为取得该股权所发生的成本后,为股权转让所得。企业在计算股权转让所得时,不得扣除被投资企业未分配利润等股东留存收益中按该项股权所可能分配的金额。

3)撤回或减少投资

《国家税务总局关于企业所得税若干问题的公告》(国家税务总局公告2011年第34号)规定,投资企业从被投资企业撤回或减少投资,其取得的资产中,相当于初始出资的部分,应确认为投资收回;相当于被投资企业累计未分配利润和累计盈余公积按减少实收资本比例计算的部分,应确认为股息所得;其余部分确认为投资资产转让所得。

3. 权益性投资计税基础确认

《国家税务总局关于贯彻落实企业所得税法若干税收问题的通知》(国税函〔2010〕79号)规定,被投资企业将股权(票)溢价所形成的资本公积转为股本的,不作为投资方企业的股息、红利收入,投资方企业也不得增加该项长期投资的计税基础。

根据《中华人民共和国企业所得税法实施条例》第二十七条、第二十八条的规定,企业取得的各项免税收入所对应的各项成本费用,除另有规定者外,可以在计算企业应纳税所得额时扣除。

被投资企业发生的经营亏损,由被投资企业按规定结转弥补;投资企业不得调整减低其投资成本,也不得将其确认为投资损失(按权益法核算)。

7.3.2 风险环节

1. 权益性投资免税政策

《中华人民共和国企业所得税法实施条例》第八十三条规定,《中华人民共和国企业所得税法》第二十六条第(二)项所称符合条件的居民企业之间的股息、红利等权益性投资收益,是指居民企业直接投资于其他居民企业取得的投资收益。《企业所得税法》第二十六条第(二)项和第(三)项所称股息、红利等权益性投资收益,不包括连续持有居民企业公开发行并上市流通的股票不足12个月取得的投资收益。

2. 内地与香港基金互认有关税收政策

《财政部 国家税务总局 证监会关于内地与香港基金互认有关税收政策的通知》(财税〔2015〕125号)规定,内地企业投资者通过基金互认买卖香港基金份额取得的转让差价所得,以及从香港基金分配取得的收益,均计入其收入总额,依法征收企业所得税。企业应当注意此类基金分红不能享受附表《符合条件的居民企业之间的股息、红利等权益性投资收益优惠明细表》(A107011)中的优惠,转让差价所得和分红均应填写附表《投资收益纳税调整明细表》(A105030)。

3. 投资资产持有期间及处置环节税会差异调整

投资资产持有期间及处置环节税会差异调整见表7-7。

表7-7 投资资产持有期间及处置环节税会差异调整

执行的会计制度	核算科目	持有收益的税会差异及调整	处置收益的税会差异及调整(主要针对计税基础)
企业会计准则	交易性金融资产	被投资企业分配股票股利。会计不做财务处理,税法要求确认投资收益	计税基础不确认:持有期间公允价值变动对资产账面价值的影响。 计税基础确认:被投资企业分配股票股利影响计税基础
	可供出售金融资产	权益性:被投资企业分配股票股利	计税基础不确认: 1.持有期间公允价值变动对资产账面价值的影响; 2.持有期间计提减值对长期股权投资账面价值的影响。 计税基础确认:被投资企业分配股票股利影响计税基础
		债权性:会计按实际利率计算确认投资收益,税法按合同约定的应付利息的时间和金额确认应税所得	计税基础不确认: 1.持有期间应收利息和投资收益的差额对资产账面价值的影响(折价购进逐期变大,溢价购进变小); 2.持有期间计提减值对长期股权投资账面价值的影响
	持有至到期投资	会计按实际利率计算确认投资收益,税法按合同约定的应付利息的时间和金额确认应税所得	计税基础不确认: 1.持有期间应收利息和投资收益的差额对资产账面价值的影响(折价购进逐期变大,溢价购进变小); 2.持有期间计提减值对长期股权投资账面价值的影响
	交易性金融负债		计税基础不确认:持有期间公允价值变动对资产账面价值的影响

续表

执行的会计制度	核算科目	持有收益的税会差异及调整	处置收益的税会差异及调整(主要针对计税基础)
企业、小企业会计准则	长期股权投资	1. 权益法核算资产负债表日被投资企业盈利或亏损时投资企业会计确认投资收益； 2. 权益法核算被投资企业做出分配股利决定时会计不确认投资收益； 3. 被投资企业分配股票股利	计税基础不确认： 1. 权益法核算依据被投资企业营业利润和其他综合收益对长期股权投资账面价值进行调整； 2. 持有期间计提减值对长期股权投资账面价值的影响。 计税基础确认：被投资企业分配股票股利影响长期股权投资计税基础
小企业会计准则	短期投资	被投资企业分配股票股利	被投资企业分配股票股利影响投资计税基础
	长期债券投资	会计按实际利率计算确认投资收益，税法按合同约定的应付利息的时间和金额确认应税所得	计税基础不确认： 持有期间应收利息和投资收益的差额对资产账面价值的影响(折价购进逐期变大,溢价购进变小)

8 不征税收入填报实务

8.1 表样

A105040

专项用途财政性资金纳税调整明细表

行次	项目	取得年度	财政性资金	其中:符合不征税收入条件的财政性资金		以前年度支出情况					本年支出情况		本年结余情况		
				金额	其中:计入本年损益的金额	前五年度	前四年度	前三年度	前二年度	前一年度	支出金额	其中:费用化支出金额	结余金额	其中:上缴财政金额	应计入本年应税收入金额
		1	2	3	4	5	6	7	8	9	10	11	12	13	14
1	前五年度														
2	前四年度					*									
3	前三年度					*	*								
4	前二年度					*	*	*							
5	前一年度					*	*	*	*						
6	本年					*	*	*	*	*					
7	合计(1+2+…+6)	*													

8.2 一般规定

《中华人民共和国企业所得税法》第七条规定，收入总额中的下列收入为不征税收入：

1. 财政拨款

《中华人民共和国企业所得税法实施条例》第二十六条第一款规定，企业所得税法第七条第(一)项所称财政拨款，是指各级人民政府对纳入预算管理的事业单位、社会团体等组织拨付的财政资金，但国务院和国务院财政、税务主管部门另有规定的除外。

《财政部 国家税务总局关于财政性资金、行政事业性收费、政府性基金有关企业所得税政策问题的通知》(财税〔2008〕151号)第一条第(三)项规定，纳入预算管理的事业单位、社会团体等组织按照核定的预算和经费报领关系收到的由财政部门或上级单位拨入的财政补助收入，准予作为不征税收入，在计算应纳税所得额时从收入总额中减除，但国务院和国务院财政、税务主管部门另有规定的除外。

2. 依法收取并纳入财政管理的行政事业性收费和政府性基金

《中华人民共和国企业所得税法实施条例》第二十六条规定，纳入不征税范围的行政事业性收费，是指依照法律法规等有关规定，按照国务院规定程序批准，在实施社会公共管理，以及在向公民、法人或者其他组织提供特定公共服务过程中，向特定对象收取并纳入财政管理的费用。

企业所得税法第七条第(二)项所称政府性基金，是指企业依照法律、行政法规等有关规定，代政府收取的具有专项用途的财政资金。

《财政部 国家税务总局关于财政性资金、行政事业性收费、政府性基金有关企业所得税政策问题的通知》(财税〔2008〕151号)第二条规定，①企业按照规定缴纳的、由国务院或财政部批准设立的政府性基金以及由国务院和省、自治区、直辖市人民政府及其财政、价格主管部门批准设立的行政事业性收费，准予在计算应纳税所得额时扣除。企业缴纳的不符合上述审批管理权限设立的基金、收费，不得在计算应纳税所得额时扣除。②企业收取的各种基金、收费，应计入企业当年收入总额。③对企业依照法律、法规及国务院有关规定收取并上缴财政的政府性基金和行政事业性收费，准予作为不征税收入，于上缴财政的当年在计算应纳税所得额时从收入总额中减除；未上缴财政的部分，不得从收入总额中减除。

3. 国务院规定的其他不征税收入

《中华人民共和国企业所得税法实施条例》第二十六条规定，国务院规定的其他不征税收入，是指企业取得的、由国务院财政、税务主管部门规定专项用途并经国务院批准的财政性资金。

不征税收入利润计算及纳税调整对照提示表见表8-1，不征税收入用于支出形成的费用利润计算及纳税调整对照提示表见表8-2。

表8-1　　　　　　　不征税收入利润计算及纳税调整对照提示表

在利润总额计算中的位置	《一般企业收入明细表》(A101010)第20行"政府补助利得"
在纳税调整中的位置	《纳税调整项目明细表》(A105000)第8行"不征税收入" 《专项用途财政性资金纳税调整明细表》(A105040)
风险管理提示	跨年度事项、时间性差异调整、永久性差异调整

表8-2　　　不征税收入用于支出形成的费用利润计算及纳税调整对照提示表

在利润总额计算中的位置	《期间费用明细表》(A104000)
在纳税调整中的位置	《纳税调整项目明细表》(A105000)第24行"不征税收入用于支出所形成的费用" 《专项用途财政性资金纳税调整明细表》(A105040)
风险管理提示	跨年度事项、时间性差异调整

8.3　关键要点

8.3.1　专项用途财政性资金的表现形式和确认条件

1. 表现形式

《财政部　国家税务总局关于财政性资金、行政事业性收费、政府性基金有关企业所得税政策问题的通知》(财税〔2008〕151号)第一条规定,本条所称财政性资金,是指企业取得的来源于政府及其有关部门的财政补助、补贴、贷款贴息,以及其他各类财政专项资金,包括直接减免的增值税和即征即退、先征后退、先征后返的各种税收,但不包括企业按规定取得的出口退税款。

2. 确认条件

《财政部　国家税务总局关于专项用途财政性资金企业所得税处理问题的通知》(财税〔2011〕70号)第一条规定,企业从县级以上各级人民政府财政部门及其他部门取得的应计入收入总额的财政性资金,凡同时符合以下条件的,可以作为不征税收入,在计算应纳税所得额时从收入总额中减除:①企业能够提供资金拨付文件,且文件中规定该资金的专项用途;②财政部门或其他拨付资金的政府部门对该资金有专门的资金管理办法或具体管理要求;③企业对该资金以及以该资金发生的支出单独进行核算。

8.3.2　专项用途财政性资金类型

《财政部　国家税务总局关于财政性资金、行政事业性收费、政府性基金有关企业所得税政策问题的通知》(财税〔2008〕151号)第一条规定,①企业取得的各类财政性资金,除属于国家投资和资金使用后要求归还本金的以外,均应计入企业当年收入总额。②对企业取得的由国务院财政、税务主管部门规定专项用途并经国务院批准的财政性资金,准予作为不征税收入,在计算应纳税所得额时从收入总额中减除。③纳入预算管理的事业单位、社会团体等组织按照核定的预算和经费报领关系收到的由财政部门或上级单位拨入的财政补助收入,准予作为不征税收入,在计算应纳税所得额时从收入总额中减除,但国务院和国务院财政、税务主管部门另有规定的除外。

8.3.3 不征税收入的具体情况

1. 核力发电企业取得的专项用于还本付息的增值税退税款不征税

《财政部 国家税务总局关于核电行业税收政策有关问题的通知》(财税〔2008〕38号)第二条规定,自2008年1月1日起,核力发电企业取得的增值税退税款,专项用于还本付息,不征收企业所得税。

2. 软件企业即征即退增值税款可以作为不征税收入

《财政部 国家税务总局关于进一步鼓励软件产业和集成电路产业发展企业所得税政策的通知》(财税〔2012〕27号)第五条规定,符合条件的软件企业按照《财政部 国家税务总局关于软件产品增值税政策的通知》(财税〔2011〕100号)规定取得的即征即退增值税款,由企业专项用于软件产品研发和扩大再生产并单独进行核算,可以作为不征税收入,在计算应纳税所得额时从收入总额中减除。

3. 对社保养老基金取得投资收益的不征税规定

《财政部 国家税务总局关于全国社会保障基金有关企业所得税问题的通知》(财税〔2008〕136号)第一条规定,对社保基金理事会、社保基金投资管理人管理的社保基金银行存款利息收入,社保基金从证券市场中取得的收入,包括买卖证券投资基金、股票、债券的差价收入,证券投资基金红利收入,股票的股息、红利收入,债券的利息收入及产业投资基金收益、信托投资基金收益等其他投资收益,作为企业所得税不征税收入。

《财政部 税务总局关于基本养老保险基金有关投资业务税收政策的通知》(财税〔2018〕95号)第二条规定,对社保基金会及养老基金投资管理机构在国务院批准的投资范围内,运用养老基金投资取得的归属于养老基金的投资收入,作为企业所得税不征税收入;对养老基金投资管理机构、养老基金托管机构从事养老基金管理活动取得的收入,依照税法规定征收企业所得税。

《财政部 税务总局关于全国社会保障基金有关投资业务税收政策的通知》(财税〔2018〕94号)第二条规定,对社保基金取得的直接股权投资收益、股权投资基金收益,作为企业所得税不征税收入。

4. 外交人员服务局出售外交馆舍收入可视同国家财政拨款

《国家税务总局关于外交人员服务局出售外交馆舍收入企业所得税有关问题的通知》(国税函〔2009〕349号)规定,鉴于外交馆舍属于政府资产,外交人员服务局是代表政府对外交馆舍行使经营管理权,财政部曾以《关于外交人员服务局将出售馆舍款留作更改资金的复函》[(92)财外字第805号]明确规定,该局根据政府间协议出售馆舍收入可视同国家财政拨款,全部留用,专款用于改造老馆舍、公寓及附属设施。因此,在企业所得税处理上,该局取得的上述收入,也视同国家财政拨款,不计入当期应纳税所得额,专款用于改造老馆舍、公寓及附属设施。

8.3.4 不征税收入的管理

《国家税务总局关于企业所得税应纳税所得额若干税务处理问题的公告》(国家税务总局公告2012年第15号)第七条规定,企业取得的不征税收入,应按照《财政部 国家税务总局关于专项用途财政性资金企业所得税处理问题的通知》(财税〔2011〕70号,以下简称《通知》)的规定进行处理。凡未按照《通知》规定进行管理的,应作为企业应税收入计入应纳税所得额,依法缴纳企业所得税。

8.4 风险环节

8.4.1 不征税收入形成的支出不得税前扣除

《财政部 国家税务总局关于财政性资金、行政事业性收费、政府性基金有关企业所得税政策问题的通知》(财税〔2008〕151号)规定,企业的不征税收入用于支出所形成的费用,不得在计算应纳税所得额时扣除;企业的不征税收入用于支出所形成的资产,其计算的折旧、摊销不得在计算应纳税所得额时扣除。

"不征税收入用于支出所形成的费用"纳税调整项目的填报要点,请参见本章相关内容和研发费加计扣除案例。本项目需要填写《专项用途财政性资金纳税调整明细表》(A105040),并在《纳税调整项目明细表》(A105000)第24、25行中进行纳税调增。

8.4.2 专项用途财政性资金事项相关税会差异

会计对企业取得的专项用途财政性资金按照《企业会计准则第16号——政府补助》进行核算,按权责发生制确认收入和支出。但按照税法规定此类收入和支出均不参与应纳税额的计算,收入应进行纳税调减,支出应进行纳税调增。此外,企业取得专项用途财政性资金五年(60个月)未支出也未上缴财政,要确认为应纳税收入,进行纳税调增。

8.4.3 申报表表间关系提示

"不征税收入"调整项目,《专项用途财政性资金纳税调整明细表》(A105040)第7行第4列中的金额等于《纳税调整项目明细表》(A105000)第9行第4列中的"调减金额"。

"不征税收入用于支出所形成的费用"调整项目,《专项用途财政性资金纳税调整明细表》(A105040)第7行第11列中的金额等于《纳税调整项目明细表》(A105000)第

25 行第 3 列中的"调增金额"。

案例：专项用途财政性资金

1. 情况说明

某科技创新型企业 2013 年、2018 年均从某县级科技主管部门取得技术改造专项资金。假设该资金符合不征税收入条件，且企业已作为不征税收入处理。专项资金结余部分无须上缴相应部门，留企业自行支配使用（假设计入本年损益的金额和本年费用化支出金额一致）。

2013—2018 年收入、支出情况见表 8-3。

表 8-3 　　　　　　　　2013—2018 年收入、支出情况　　　　　　　　单位：万元

纳税年度		2013	2018
取得的财政性资金		350	200
取得的财政性资金的具体时间		当年 2 月	当年 9 月
2013 年资金使用情况	费用化支出	15	*
	资本化支出	20	*
2014 年资金使用情况	费用化支出	20	*
	资本化支出	20	*
2015 年资金使用情况	费用化支出	18	*
	资本化支出	20	*
2016 年资金使用情况	费用化支出	30	*
	资本化支出	40	*
2017 年资金使用情况	费用化支出	60	*
	资本化支出	40	*
2018 年资金使用情况	费用化支出	45	45
	资本化支出	0	30

2. 会计处理

2013 年 2 月，收到专项资金时：

借：银行存款　　　　　　　　　　　　　　　　　　　　　3500000
　　贷：递延收益　　　　　　　　　　　　　　　　　　　　　　3500000

2018 年 9 月，收到专项资金时：

借：银行存款　　　　　　　　　　　　　　　　　　　　　2000000
　　贷：递延收益　　　　　　　　　　　　　　　　　　　　　　2000000

2018 年使用 2013 年的资金时：

借：管理费用　　　　　　　　　　　　　　　　　　　　　450000①

---

① 2018 年应做纳税调增，填入《专项用途财政性资金纳税调整明细表》(A105040) 第 1 行第 4 列。

```
    贷:银行存款                                          450000
    借:递延收益                                          450000
      贷:营业外收入                                              450000①
```
2018年使用2014年的资金时,费用化的部分:
```
    借:管理费用                                          450000②
      贷:银行存款                                              450000
    借:递延收益                                          450000
      贷:营业外收入                                              450000③
```
资本化的部分:
```
    借:固定资产(无形资产、在建工程等)                     300000
      贷:银行存款                                              300000
    借:递延收益                                          300000
      贷:营业外收入                                              300000④
```

3. 填报方法

表A105040第1行第5—9列填写2013年2月取得的专项资金,金额分别为表8-1中2013—2018年度的"费用化支出+资本化支出"(具体填写见表8-4)。

第1行第14列填写2013年2月取得的专项资金5年(60个月)未支出也未上缴财政,要确认为应纳税收入的金额=350-35-40-38-70-100-45=22(万元)。

表A105040第4列和第11列的填写见会计处理部分。

表8-4

A105040　　　　　　　专项用途财政性资金纳税调整明细表　　　　　　单位:万元

行次	项目	取得年度	财政性资金	其中:符合不征税收入条件的财政性资金		以前年度支出情况					本年支出情况		本年结余情况		
				金额	其中:计入本年损益的金额	前五年度	前四年度	前三年度	前二年度	前一年度	支出金额	其中:费用化支出金额	结余金额	其中:上缴财政金额	应计入本年应税收入金额
			1	2	3	4	5	6	7	8	9	10	11	12	13	14
1	前五年度	2013	350	350	45	35	40	38	70	100	45	45	22	0	22

① 2018年应做纳税调减,填入表A105040第1行第11列。
② 2018年应做纳税调增,填入表A105040第6行第4列。
③ 2018年应做纳税调减,填入表A105040第6行第11列。
④ 2018年应做纳税调减,填入表A105040第6行第4列。

8 不征税收入填报实务(A105040)

续表

行次	项目	取得年度	财政性资金	其中:符合不征税收入条件的财政性资金		以前年度支出情况					本年支出情况		本年结余情况		
				金额	其中:计入本年损益的金额	前五年度	前四年度	前三年度	前二年度	前一年度	支出金额	其中:费用化支出金额	结余金额	其中:上缴财政金额	应计入本年应税收入金额
			1	2	3	4	5	6	7	8	9	10	11	12	13	14
2	前四年度	2014				*									
3	前三年度	2015				*	*								
4	前二年度	2016				*	*	*							
5	前一年度	2017				*	*	*	*						
6	本年	2018	200	200	75	*	*	*	*	*	75	45	125		
7	合计(1+2+…+6)	*	550	550	90	*	*	*	*	*	120	90	147	0	22

9 职工薪酬政策及填报实务(A105050)

9.1 表样

A105050　　　　　　　　　　职工薪酬支出及纳税调整明细表

行次	项目	账载金额	实际发生额	税收规定扣除率	以前年度累计结转扣除额	税收金额	纳税调整金额	累计结转以后年度扣除额
		1	2	3	4	5	6(1-5)	7(2+4-5)
1	一、工资薪金支出			*	*			*
2	其中:股权激励			*	*			*
3	二、职工福利费支出				*			*
4	三、职工教育经费支出			*				
5	其中:按税收规定比例扣除的职工教育经费							
6	按税收规定全额扣除的职工培训费用				*			*
7	四、工会经费支出				*			*
8	五、各类基本社会保障性缴款			*	*			*
9	六、住房公积金			*	*			*
10	七、补充养老保险				*			*
11	八、补充医疗保险				*			*
12	九、其他			*	*			*
13	合计(1+3+4+7+8+9+10+11+12)			*				

职工薪酬利润计算及纳税调整对照提示表见表9-1。

9 职工薪酬政策及填报实务（A105050）

表9-1　　　　　　　　职工薪酬利润计算及纳税调整对照提示表

在利润总额计算中的位置	《期间费用明细表》（A104000）第1行"职工薪酬"
在纳税调整中的位置	《职工薪酬纳税调整明细表》（A105050）
风险管理提示	跨年度事项、时间性差异调整、永久性差异调整

《职工薪酬支出及纳税调整明细表》整合了"工资薪金支出"及以"工资薪金支出"税收金额为扣除限额计算基数，且在"应付职工薪酬"科目核算的税前扣除项目。包括职工福利费支出、职工教育经费支出、工会经费支出、各类社会保障性缴款、住房公积金、补充养老保险及补充医疗保险。上述扣除类项目纳税申报调整概率相对较高。

9.2 修订变化

《职工薪酬支出及纳税调整明细表》（2017版）修订后的变化见表9-2。

表9-2　　　　《职工薪酬支出及纳税调整明细表》（2017版）修订后的变化

序号	修订后的2017版申报表（国家税务总局公告2018年第57号）		2017版申报表（国家税务总局公告2017年第54号）	
	报表名称	新表	报表名称	原表
1	《职工薪酬支出及纳税调整明细表》（A105050）	第7列"累计结转以后年度扣除额"修正公式为7(2+4-5)	《职工薪酬支出及纳税调整明细表》（A105050）	第7列　累计结转以后年度扣除额　原公式为7(1+4-5)
2	《职工薪酬支出及纳税调整明细表》（A105050）	修订第2行第5列"股权激励\税收金额"的填报规则，规定第2行第5列按第2行第2列金额填报	《职工薪酬支出及纳税调整明细表》（A105050）	第2行第5列"税收金额"：填报行权时按照税收规定允许税前扣除的金额。按照第1列和第2列孰小值填报
3	《职工薪酬支出及纳税调整明细表》（A105050）	修订第5行第5列"按税收规定比例扣除的职工教育经费\税收金额"与第5行第7列"按税收规定比例扣除的职工教育经费\累计结转以后年度扣除额"的表间关系，规定第5行第5列按本表第1行第5列×税收规定扣除率后的金额，与第5行第2+4列金额的孰小值填报，第5行第7列按第5行第2+4-5列金额填报	《职工薪酬支出及纳税调整明细表》（A105050）	第5行第7列"累计结转以后年度扣除额"：填报第1+4-5列的金额

续表

序号	修订后的2017版申报表 (国家税务总局公告2018年第57号)		2017版申报表 (国家税务总局公告2017年第54号)	
	报表名称	新表	报表名称	原表
4	《职工薪酬支出及纳税调整明细表》(A105050)	修订第5行第5列"按税收规定比例扣除的职工教育经费\税收金额"与第5行第7列"按税收规定比例扣除的职工教育经费\累计结转以后年度扣除额"的表间关系,规定第5行第5列按本表第1行第5列×税收规定扣除率后的金额,与第5行第2+4列金额的孰小值填报	《职工薪酬支出及纳税调整明细表》(A105050)	第5行第5列"税收金额":填报纳税人按照税收规定允许税前扣除的金额(不包括第6行可全额扣除的职工培训费用金额),按第1行第5列"工资薪金支出\税收金额"×扣除比例与本行第1+4列之和的孰小值填报

9.3 工资薪金支出扣除相关政策要点

9.3.1 一般规定

《中华人民共和国企业所得税法实施条例》第三十四条第一款规定,企业发生的合理的工资薪金支出,准予扣除。

《中华人民共和国企业所得税法实施条例》第三十四条第二款规定,工资薪金,是指企业每一纳税年度支付给在本企业任职或者受雇的员工的所有现金形式或者非现金形式的劳动报酬,包括基本工资、奖金、津贴、补贴、年终加薪、加班工资,以及与员工任职或者受雇有关的其他支出。

《国家税务总局关于印发〈新企业所得税法精神宣传提纲〉的通知》(国税函〔2008〕159号)第十三条规定,新企业所得税法第八条规定,企业实际发生的与取得收入有关的、合理的支出,包括成本、费用、税金、损失和其他支出,准予在计算应纳税所得额时扣除。据此,《中华人民共和国企业所得税法实施条例》规定,企业发生的合理的工资薪金支出,准予扣除。同时将工资薪金支出进一步界定为企业每一纳税年度支付给在本企业任职或者受雇的员工的所有现金或者非现金形式的劳动报酬,包括基本工资、奖金、津贴、补贴、年终加薪、加班工资,以及与任职或者受雇有关的其他支出。

对工资支出合理性的判断,主要包括两个方面:一是雇员实际提供了服务;二是报酬总额在数量上是合理的。实际操作中主要考虑雇员的职责、过去的报酬情况,以及雇员的业务量和复杂程度等相关因素。同时,还要考虑当地同行业职工平均工资水平。

9.3.2 关键要点

1. 合理工资薪金税前扣除的口径问题

《国家税务总局关于企业工资薪金及职工福利费扣除问题的通知》(国税函〔2009〕

3号)第一条规定,《中华人民共和国企业所得税法实施条例》第三十四条所称的"合理工资薪金",是指企业按照股东大会、董事会、薪酬委员会或相关管理机构制订的工资薪金制度规定实际发放给员工的工资薪金。税务机关在对工资薪金进行合理性确认时,可按以下原则掌握:①企业制订了较为规范的员工工资薪金制度;②企业所制订的工资薪金制度符合行业及地区水平;③企业在一定时期所发放的工资薪金是相对固定的,工资薪金的调整是有序进行的;④企业对实际发放的工资薪金,已依法履行了代扣代缴个人所得税义务;⑤有关工资薪金的安排,不以减少或逃避税款为目的。

2. 企业与工资薪金一起发放的福利性补贴问题

《国家税务总局关于企业工资薪金和职工福利费等支出税前扣除问题的公告》(国家税务总局公告2015年第34号)第一条规定,列入企业员工工资薪金制度、固定与工资薪金一起发放的福利性补贴,符合《国家税务总局关于企业工资薪金及职工福利费扣除问题的通知》(国税函〔2009〕3号)第一条规定的,可作为企业发生的工资薪金支出,按规定在税前扣除。不能同时符合上述条件的福利性补贴,应作为《国家税务总局关于企业工资薪金及职工福利费扣除问题的通知》(国税函〔2009〕3号)第三条规定的职工福利费,按规定计算限额税前扣除。

3. 劳务派遣用工费用问题

《国家税务总局关于企业工资薪金和职工福利费等支出税前扣除问题的公告》(国家税务总局公告2015年第34号)第三条规定,企业接受外部劳务派遣用工所实际发生的费用,应分两种情况按规定在税前扣除:按照协议(合同)约定直接支付给劳务派遣公司的费用,应作为劳务费支出;直接支付给员工个人的费用,应作为工资薪金支出和职工福利费支出。其中属于工资薪金支出的费用,准予计入企业工资薪金总额的基数,作为计算其他各项相关费用扣除的依据。

4. 关于季节工、临时工等费用税前扣除问题

《国家税务总局关于企业所得税应纳税所得额若干税务处理问题的公告》(国家税务总局公告2012年第15号)规定,企业因雇用季节工、临时工、实习生、返聘离退休人员以及接受外部劳务派遣用工〔"劳务派遣用工"按《国家税务总局关于企业工资薪金和职工福利费等支出税前扣除问题的公告》(国家税务总局公告2015年第34号)第三条执行〕所实际发生的费用,应区分为工资薪金支出和职工福利费支出,并按《中华人民共和国企业所得税法》规定在企业所得税前扣除。其中属于工资薪金支出的,准予计入企业工资薪金总额的基数,作为计算其他各项相关费用扣除的依据。

5. 作为工资薪金计算扣除的股份支付

《国家税务总局关于我国居民企业实行股权激励计划有关企业所得税处理问题的公告》(国家税务总局公告2012年第18号)规定,上市公司按照《上市公司股权激励管理办法(试行)》(证监公司字〔2005〕151号,以下简称《管理办法》)建立的职工股权激励计划,其企业所得税的处理,按以下规定执行:对股权激励计划实行后立即可以行权的,上市公司可以根据实际行权时该股票的公允价格与激励对象实际行权支付价格的

差额和数量,计算确定作为当年上市公司工资薪金支出,依照税法规定进行税前扣除。对股权激励计划实行后,需待一定服务年限或者达到规定业绩条件(以下简称等待期)方可行权的。上市公司等待期内会计上计算确认的相关成本费用,不得在对应年度计算缴纳企业所得税时扣除。在股权激励计划可行权后,上市公司方可根据该股票实际行权时的公允价格与当年激励对象实际行权支付价格的差额及数量,计算确定作为当年上市公司工资薪金支出,依照税法规定进行税前扣除。股票实际行权时的公允价格,以实际行权日该股票的收盘价格确定。在我国境外上市的居民企业和非上市公司,凡比照《管理办法》的规定建立职工股权激励计划,且在企业会计处理上,也按我国会计准则的有关规定处理的,其股权激励计划有关企业所得税处理问题,可以按照上述规定执行。

6. 关于次年发放上年工资问题

《国家税务总局关于企业工资薪金和职工福利费等支出税前扣除问题的公告》(国家税务总局公告2015年第34号)第二条规定,企业在年度汇算清缴结束前向员工实际支付的已预提汇缴年度工资薪金,准予在汇缴年度按规定扣除。企业汇算清缴结束前实际支付汇缴年度的工资,可以在汇缴年度扣除。即2018年1月发放2017年12月的工资,也能在2017年度扣除。

9.3.3 风险环节

1. 工资薪金总额(各项费用扣除基数)问题

《中华人民共和国企业所得税法实施条例》第四十条至第四十二条所称的"工资薪金总额",是指企业按照《国家税务总局关于企业工资薪金及职工福利费扣除问题的通知》(国税函〔2009〕3号)第一条规定实际发放的工资薪金总和,不包括企业的职工福利费、职工教育经费、工会经费以及养老保险费、医疗保险费、失业保险费、工伤保险费、生育保险费等社会保险费和住房公积金。属于国有性质的企业,其工资薪金不得超过政府有关部门给予的限定数额;超过部分,不得计入企业工资薪金总额,也不得在计算企业应纳税所得额时扣除。因此,企业在计算职工福利费、职工教育经费、工会经费等费用扣除限额时,必须严格按照工资薪金范围确定扣除基数。

2. 不合理的工资薪金不能税前扣除

企业发放的工资薪金不符合《国家税务总局关于企业工资薪金及职工福利费扣除问题的通知》(国税函〔2009〕3号)关于"合理"规定的,不能税前扣除。例如,《国家税务总局关于企业工资薪金及职工福利费扣除问题的通知》(国税函〔2009〕3号)规定,"企业对实际发放的工资薪金,已依法履行了代扣代缴个人所得税义务",若企业未履行代扣代缴个人所得税义务,则不能税前扣除。

3. 离退休人员工资和福利费不能税前扣除

根据《国家税务总局办公厅关于强化部分总局定点联系企业共性税收风险问题整改工作的通知》(税总办函〔2014〕652号)第一条规定,离退休人员的工资、福利等与取得收入不直接相关的支出的税前扣除问题按照《中华人民共和国企业所得税法》)第八条及《中华人民共和国企业所得税法实施条例》第二十七条的规定,与企业取得收入不直接相关的离退休人员工资、福利费等支出,不得在企业所得税前扣除。

4. 返聘离退休人员工资薪金和职工福利费支出可按规定税前扣除

根据《国家税务总局关于企业所得税应纳税所得额若干税务处理问题的公告》(国家税务总局公告2012年第15号)第一条规定,企业因雇用季节工、临时工、实习生、返聘离退休人员以及接受外部劳务派遣用工所实际发生的费用,应区分为工资薪金支出和职工福利费支出,并按《中华人民共和国企业所得税法》规定在企业所得税前扣除。其中属于工资薪金支出的,准予计入企业工资薪金总额的基数,作为计算其他各项相关费用扣除的依据。

离退休人员不用缴纳社会保险费,但返聘离退休人员发生的工资薪金可以在企业所得税前扣除。

9.4 职工福利费支出相关政策要点

9.4.1 一般规定

《中华人民共和国企业所得税法实施条例》第四十条规定,企业发生的职工福利费支出,不超过工资薪金总额14%的部分,准予扣除。

《国家税务总局关于印发〈新企业所得税法精神宣传提纲〉的通知》(国税函〔2008〕159号)第十四条明确规定,企业发生的职工福利费支出,不超过工资薪金总额14%的部分,准予扣除。这与原内、外资企业所得税对职工福利费的处理做法一致。目前,我国发票管理制度尚待完善、发票管理亟待加强,纳税人的税法遵从意识有待提高,对职工福利费的税前扣除实行比例限制,有利于保护税基,防止企业利用给职工搞福利为名侵蚀税基,减少税收漏洞。

9.4.2 关键要点

1. 职工福利费的范围

《国家税务总局关于企业工资薪金及职工福利费扣除问题的通知》(国税函〔2009〕3号)第三条规定,《中华人民共和国企业所得税法实施条例》第四十条规定的企业职工福利费,包括以下内容:①尚未实行分离办社会职能的企业,其内设福利部门所发生的设备、设施和人员费用,包括职工食堂、职工浴室、理发室、医务所、托儿所、疗养院等集体福利部门的设备、设施及维修保养费用和福利部门工作人员的工资薪金、社会保险费、住房公积金、劳务费等。②为职工卫生保健、生活、住房、交通等所发放的各项补贴和非货币性福利,包括企业向职工发放的因公外地就医费用、未实行医疗统筹企业职工医疗费用、职工供养直系亲属医疗补贴、供暖费补贴、职工防暑降温费、职工困难补贴、救济费、职工食堂经费补贴、职工交通补贴等。③按照其他规定发生的其他职工福利费,包括丧葬补助费、抚恤费、安家费、探亲假路费等。

2. 职工福利费的核算

《国家税务总局关于企业工资薪金及职工福利费扣除问题的通知》(国税函〔2009〕3号)第四条规定,企业发生的职工福利费,应该单独设置账册,进行准确核算。没有单独设置账册准确核算的,税务机关应责令企业在规定的期限内进行改正。逾期仍未改正的,税务机关可对企业发生的职工福利费进行合理的核定。

3. 职工交通补贴和供暖费补贴

1) 企业发放的职工交通补贴和供暖费补贴在会计核算上可在成本费用中列支

国家税务总局对十二届全国人大三次会议第1927号建议的答复规定,根据《企业会计准则第9号——职工薪酬》规定,企业会计核算时,支付给职工的交通补贴和供暖费补贴应在"应付职工薪酬——职工福利"科目下进行核算。其中,支付给生产部门人员的,借记"生产成本""制造费用""劳务成本"等科目,贷记本科目;应由在建工程、研发支出负担的,借记"在建工程""研发支出"等科目,贷记本科目;支付给管理部门人员、销售人员的,借记"管理费用"或"销售费用"科目,贷记本科目。也就是说,企业发放的职工交通补贴和供暖费补贴,在会计核算上可根据职工身份不同分别在相应的成本费用中列支。

2) 企业发放的职工交通补贴和供暖费补贴可按规定在企业所得税前扣除

国家税务总局对十二届全国人大三次会议第1927号建议的答复规定,《中华人民共和国企业所得税法实施条例》第四十条规定,企业发生的职工福利费支出,不超过工资薪金总额14%的部分,准予扣除。根据《国家税务总局关于企业工资薪金及职工福利费扣除问题的通知》(国税函〔2009〕3号)第三条规定,职工交通补贴和供暖费补贴属于职工福利费。也就是说,企业发放的职工交通补贴和供暖费补贴可以按照税法规定税前扣除。由于国家税收制度与企业财会制度规范的目的不同,两者之间将产生一定的差异,这是为了防止税基受到侵蚀,确保国家税收收入的需要。

3) 企业发放的符合条件的福利性补贴可作为工资薪金按规定税前扣除

国家税务总局对十二届全国人大三次会议第1927号建议的答复规定,2015年5月8日,国家税务总局发布《关于企业工资薪金和职工福利费等支出税前扣除问题的公告》(国家税务总局公告2015年第34号),明确列入企业员工工资薪金制度、固定与工资薪金一起发放的福利性补贴,符合《国家税务总局关于企业工资薪金及职工福利费扣除问题的通知》(国税函〔2009〕3号)第一条规定的,可作为企业发生的工资薪金支出,按规定在税前扣除。公告适用于2014年度及以后年度企业所得税汇算清缴。公告施行前尚未进行税务处理的事项,符合规定的可按公告执行。企业福利费超支问题,对于其中符合条件的福利性补贴,可作为工资薪金税前扣除,从而在很大程度上解决或缓解福利费超支问题。

9.5 职工教育经费支出相关政策要点

9.5.1 一般规定

《中华人民共和国企业所得税法实施条例》第四十二条规定,除国务院财政、税务主管部门另有规定外,企业发生的职工教育经费支出,不超过工资薪金总额2.5%的部分,准予扣除;超过部分,准予在以后纳税年度结转扣除。

《财政部 税务总局关于企业职工教育经费税前扣除政策的通知》(财税〔2018〕51号)规定,自2018年1月1日起,企业发生的职工教育经费支出,不超过工资薪金总额8%的部分,准予在计算企业所得税应纳税所得额时扣除;超过部分,准予在以后纳税年度结转扣除。

9.5.2 关键要点

1. 技术先进型服务企业发生的职工教育经费支出

《财政部 国家税务总局 商务部 科技部 国家发展改革委关于完善技术先进型服务企业有关企业所得税政策问题的通知》(财税〔2014〕59号)第一条规定,对经认定的技术先进型服务企业,其发生的职工教育经费按不超过企业工资总额8%的比例据实在企业所得税税前扣除;超过部分,准予在以后纳税年度结转扣除。

2. 高新技术企业职工教育经费税前扣除

《财政部 国家税务总局关于高新技术企业职工教育经费税前扣除政策的通知》(财税〔2015〕63号)规定,自2015年1月1日起,高新技术企业发生的职工教育经费支出,不超过工资薪金总额8%的部分,准予在计算企业所得税应纳税所得额时扣除;超过部分,准予在以后纳税年度结转扣除。其中,高新技术企业,是指注册在中国境内、实行查账征收、经认定的高新技术企业。

9.5.3 风险环节

1. 企业职员读MBA的学费不能在职工教育经费列支

根据《财政部 全国总工会 国家发改委 教育部 科技部 国防科工委 人事部 劳动保障部 国务院国资委 国家税务总局 全国工商联关于印发〈关于企业职工教育经费提取与使用管理的意见〉的通知》(财建〔2006〕317号)附件第三条第(九)项规定,企业职工参加社会上的学历教育以及个人为取得学位而参加的在职教育,所需费用应由个人承担,不能挤占企业的职工教育培训经费。因此,企业职员读MBA的学费不可以在职工教育经费列支。企业员工尤其是高管人员的深造费用,属于与生产经营无关的支出,不得税前扣除。

2. 软件生产企业职工培训费用的税前扣除

《财政部 国家税务总局关于进一步鼓励软件产业和集成电路产业发展企业所得税政策的通知》（财税〔2012〕27号）第六条规定，集成电路设计企业和符合条件软件企业的职工培训费用，应单独进行核算并按实际发生额在计算应纳税所得额时扣除。

3. 核电厂操纵员培养费的企业所得税处理

《国家税务总局关于企业所得税应纳税所得额若干问题的公告》（国家税务总局公告2014年第29号）第四条规定，核力发电企业为培养核电厂操纵员发生的培养费用，可作为企业的发电成本在税前扣除。企业应将核电厂操纵员培养费与员工的职工教育经费严格区分，单独核算，员工实际发生的职工教育经费支出不得计入核电厂操纵员培养费直接扣除。

4. 航空企业空勤训练费可作为运输成本扣除

《国家税务总局关于企业所得税若干问题的公告》（国家税务总局公告2011年第34号）第三条规定，航空企业实际发生的飞行员养成费、飞行训练费、乘务训练费、空中保卫员训练费等空勤训练费用，根据《中华人民共和国企业所得税法实施条例》第二十七条规定，可以作为航空企业运输成本在税前扣除。

9.6 工会经费支出相关政策要点

9.6.1 一般规定

《中华人民共和国企业所得税法实施条例》第四十一条规定，企业拨缴的工会经费，不超过工资薪金总额2%的部分，准予扣除。

9.6.2 关键要点

工会经费的扣除凭证：《国家税务总局关于工会经费企业所得税税前扣除凭据问题的公告》（国家税务总局公告2010年第24号）规定，自2010年7月1日起，企业拨缴的职工工会经费，不超过工资薪金总额2%的部分，凭工会组织开具的《工会经费收入专用收据》在企业所得税税前扣除。

《国家税务总局关于税务机关代收工会经费企业所得税税前扣除凭据问题的公告》（国家税务总局公告2011年第30号）规定，自2010年1月1日起，在委托税务机关代收工会经费的地区，企业拨缴的工会经费，也可凭合法、有效的工会经费代收凭据依法在税前扣除。

9.6.3 风险环节

1. 工会经费必须实际支付上级工会组织

实践中有些集团企业的基层子公司计提的工会经费虽然取得了母公司的《工会经

费收入专用收据》，但并未实际支付给母公司工会组织，而是计提之后放在应付款科目并未实际支付，或者支付给其他非母公司工会组织的部门。这两种情况都可视为没有实际支付给上级工会组织，不得税前扣除。

2. 工会经费扣除不需要扣减上级工会返还的工会经费

依法建立工会组织的企业、事业单位以及其他组织，每月按照全部职工工资总额的2%向工会拨缴工会经费，凭工会组织开具的《工会经费拨缴款专用收据》在税前扣除和凭拨缴的《工会经费收入专用收据》或工会经费代收凭据，按照拨缴的全额数在企业所得税税前扣除，不需要扣减上级工会返还的工会经费。

9.7 各类基本社会保障性缴款相关政策要点

9.7.1 一般规定

《中华人民共和国企业所得税法实施条例》第三十五条规定，企业依照国务院有关主管部门或者省级人民政府规定的范围和标准为职工缴纳的基本养老保险费、基本医疗保险费、失业保险费、工伤保险费、生育保险费等基本社会保险费和住房公积金，准予扣除。

9.7.2 关键要点

1. 各类基本社会保险的扣除范围

企业为投资者或者职工支付的补充养老保险费、补充医疗保险费，在国务院财政、税务主管部门规定的范围和标准内，准予扣除。

《中华人民共和国企业所得税法实施条例》第三十六条规定，除企业依照国家有关规定为特殊工种职工支付的人身安全保险费和国务院财政、税务主管部门规定可以扣除的其他商业保险费外，企业为投资者或者职工支付的商业保险费，不得扣除。

2. 企业差旅费中人身意外保险费支出

《国家税务总局关于企业所得税有关问题的公告》（国家税务总局公告2016年第80号）第一条规定，企业职工因公出差乘坐交通工具发生的人身意外保险费支出，准予企业在计算应纳税所得额时扣除。

9.7.3 风险环节

董事责任保险不得税前扣除：依据上述规定，企业为员工和高管支付的商业保险项目（符合规定的补充保险除外）不得税前扣除。目前随着我国资本市场运行的专业化和正规化，许多上市公司开始采用欧美的董事责任保险制度，即当企业的董事或经理由于经营不当导致股东权益受损时，董事和经理要承担一定的赔偿责任，而董事责任保险则为这种由董事或经理支付的赔偿提供了一定的经济支援,以鼓励管理层大胆经营。依照目前的税法规定,这种企业为董事或经理个人支付的董事责任保险(商业险),性质上不属于财产保险,不应进行税前扣除。

9.8 住房公积金相关政策要点

《中华人民共和国企业所得税法实施条例》第三十五条规定,企业依照国务院有关主管部门或者省级人民政府规定的范围和标准为职工缴纳的基本养老保险费、基本医疗保险费、失业保险费、工伤保险费、生育保险费等基本社会保险费和住房公积金,准予扣除。

9.9 补充养老保险相关政策要点

9.9.1 关键要点

《财政部 国家税务总局关于补充养老保险费、补充医疗保险费有关企业所得税政策问题的通知》(财税〔2009〕27号)规定,自2008年1月1日起,企业根据国家有关政策规定,为在本企业任职或者受雇的全体员工支付的补充养老保险费、补充医疗保险费,分别在不超过职工工资总额5%标准内的部分,在计算应纳税所得额时准予扣除;超过的部分,不予扣除。

1. 企业年金的税前扣除规则

企业年金属于补充养老保险的一种形式,应当依据《财政部 国家税务总局关于补充养老保险费、补充医疗保险费有关企业所得税政策问题的通知》(财税〔2009〕27号)对补充养老保险税前扣除的规定执行。"自行管理的补充养老保险不允许税前扣除"。

2. 企业向保险公司补缴以前年度企业年金如何进行税前扣除

企业对补缴的以前年度企业年金,通过以前年度损益调整已进行会计处理的可以作为以前年度应扣未扣事项,按《国家税务总局关于企业所得税应纳税所得额若干税务处理问题的公告》(国家税务总局公告2012年第15号)的有关规定追补扣除。

9.9.2 风险环节

1. 为全体员工支付的补充保险才可以税前扣除

依据《财政部 国家税务总局关于补充养老保险费、补充医疗保险费有关企业所得税政策问题的通知》(财税〔2009〕27号)规定,企业为员工支付的补充养老保险费、补充医疗保险费,必须惠及全体员工,才能依照规定进行税前扣除。实践中,企业为管理层专门支付的各类医疗、养老等商业保险均不得税前扣除。

2. 企业为职工购买补充养老保险(商业保险)性质的判定

对于依法参加基本养老保险的企业,其通过商业保险公司为员工缴纳的具有补充养老性质的保险,可按照《财政部 国家税务总局关于补充养老保险费、补充医疗保险费有关企业所得税政策问题的通知》(财税〔2009〕27号)的有关规定从税前扣除。按照《人身保险公司保险条款和保险费率管理办法》(保监会令2011年第3号)的规定,补充养老保险的性质可以从保险产品的名称予以分析判定,年金养老保险的产品名称中有"养老年金保险"字样。

同时,企业自行管理的补充养老保险,没有向第三方保险机构支付,资金的所有权仍保留在企业内部,因此不允许税前扣除。

3. 企业为退休人员缴纳的补充养老保险、补充医疗保险能否在企业所得税税前扣除

《财政部 国家税务总局关于补充养老保险费、补充医疗保险费有关企业所得税政策问题的通知》(财税〔2009〕27号)规定:"自2008年1月1日起,企业根据国家有关政策规定,为在本企业任职或者受雇的全体员工支付的补充养老保险费、补充医疗保险费,分别在不超过职工工资总额5%标准内的部分,在计算应纳税所得额时准予扣除;超过的部分,不予扣除。"因退休人员不属于文件规定的在本企业任职或者受雇的员工,所以企业支付的这部分费用不能在企业所得税税前扣除。

9.10 补充医疗保险相关政策要点

9.10.1 关键要点

《财政部 国家税务总局关于补充养老保险费、补充医疗保险费有关企业所得税政策问题的通知》(财税〔2009〕27号)规定,自2008年1月1日起,企业根据国家有关政策规定,为在本企业任职或者受雇的全体员工支付的补充养老保险费、补充医疗保险费,分别在不超过职工工资总额5%标准内的部分,在计算应纳税所得额时准予扣除;超过的部分,不予扣除。

9.10.2 风险环节

为全体员工支付的补充保险才可以税前扣除:依据《财政部 国家税务总局关于补充养老保险费、补充医疗保险费有关企业所得税政策问题的通知》(财税〔2009〕27号)规定,企业为员工支付的补充养老保险费、补充医疗保险费,必须惠及全体员工,才能依照规定进行税前扣除。实践中,企业为管理层专门支付的各类医疗、养老等商业保险均不得税前扣除。

案例：职工薪酬相关纳税调整的综合填报

1. 情况说明

某国有企业实行工效挂钩的工资税前扣除政策，2018年经批准可计提的工资基数为1100万元。企业计提管理人员工资300万元，作为管理费用列支，截至2018年12月31日实际发放280万元，计提销售人员工资220万元，截至2018年12月31日实际发放220万元。计提生产车间工人工资580万元，截至2018年12月31日实际发放510万元，其中10万元未履行代扣代缴个人所得税的义务。

2018年企业计提的管理人员工资300万元，销售人员工资220万元，生产车间工人工资580万元，在2019年1月已全部实际发放，且全部代扣代缴了个人所得税。

2018年企业按照1100万元的工资薪金集体基数计算拨缴工会经费22万元，并实际取得了工会组织开具的《工会经费收入专用收据》。

2018年企业实际发生职工福利费支出100万元，其中，80万元在2019年5月31日之前取得了合法有效的税前扣除凭证。

2018年企业计提了职工教育经费88万元，在管理费用中列支，2017年计提未使用的职工教育经费5万元全部实际支出用于员工培训，实际支出了2018年计提的职工教育经费10万元用于购置教学设备。该设备当年计提折旧2万元。实际支出了2018年计提的职工教育经费8万元用于支付员工个人继续深造的学费。

2018年企业计提了自行管理的补充养老保险50万元。

2. 会计处理

企业对管理人员工资薪金的计提、发放进行如下会计处理：

借：管理费用——工资薪金　　　　　　　　　　　3000000
　　贷：应付职工薪酬——管理人员工资　　　　　　3000000
借：应付职工薪酬——管理人员工资　　　　　　　2800000
　　贷：银行存款　　　　　　　　　　　　　　　　2800000

企业对销售人员工资薪金的计提、发放进行如下会计处理：

借：销售费用——工资薪金　　　　　　　　　　　2200000
　　贷：应付职工薪酬——销售人员工资　　　　　　2200000
借：应付职工薪酬——销售人员工资　　　　　　　2200000
　　贷：银行存款　　　　　　　　　　　　　　　　2200000

企业对生产车间工人工资薪金的计提、发放进行如下会计处理：

借：生产成本　　　　　　　　　　　　　　　　　5800000
　　贷：应付职工薪酬　　　　　　　　　　　　　　5800000
借：应付职工薪酬　　　　　　　　　　　　　　　5100000
　　贷：银行存款　　　　　　　　　　　　　　　　5100000

企业拨缴工会经费的会计处理如下：

借：管理费用——工会经费　　　　　　　　　　　220000

贷：应付职工薪酬——工会经费		220000
借：应付职工薪酬——工会经费	220000	
贷：银行存款		220000

企业发生职工福利费支出的会计处理如下：

借：管理费用（销售费用、生产成本）——职工福利	1000000	
贷：应付职工薪酬——职工福利		1000000
借：应付职工薪酬——职工福利	1000000	
贷：银行存款		1000000

企业计提、支出职工教育经费并购买固定资产的会计处理如下：

借：管理费用——职工教育经费	880000	
贷：应付职工薪酬——职工教育经费		880000
借：固定资产	100000	
贷：银行存款		100000
借：应付职工薪酬——职工教育经费	150000①	
贷：累计折旧		20000
银行存款		130000

企业计提补充养老保险的会计处理如下：

借：管理费用——补充养老保险	500000	
贷：应付职工薪酬		500000

3. 填报方法

《职工薪酬支出及纳税调整明细表》（A105050）第1行"工资薪金支出"第1列账载金额为：300+220+580=1100（万元）。第5列"税收金额"为：300+220+580=1100（万元）。第6列"纳税调整金额"为0万元，第7列"累计结转以后年度扣除额"为0万元。《国家税务总局关于企业工资薪金和职工福利费等支出税前扣除问题的公告》（国家税务总局公告2015年第34号，以下简称国家税务总局公告2015年第34号）第二条规定，在企业在年度汇算清缴结束前向员工实际支付的已预提汇缴年度工资薪金，准予在汇缴年度按规定扣除。依据国家税务总局公告2015年第34号，企业于2019年1月已经实际发放的工资薪金可以在2018年度扣除。

从而得出作为费用扣除基数的"工资薪金总额"为"工资薪金"项目税收金额1100万元。

《职工薪酬支出及纳税调整明细表》（A105050）第3行"职工福利费支出"第1列"账载金额"为100万元。扣除限额为：1100×14%=154（万元）。第5列"税收金额"为80万元。第6列"纳税调整金额"为20万元。税会差异主要是考虑"按工资薪金总额14%计算的扣除限额"和"是否取得合法有效的税前扣除凭证"两项因素。实务中还应判断会计列支的福利费是否超出了税收政策规定的"职工福利费"的范围，以及是否可以并入工资薪金总额。

---

① 150000=20000+130000

《职工薪酬支出及纳税调整明细表》(A105050)第 4 行"职工教育经费支出"第 1 列"账载金额"为 88 万元。扣除限额=1100×8%=88(万元)。第 2 列"实际发生额"为 7 万元(5+2)(经调整后实际使用的职工教育经费),第 5 列"税收金额"(可税前扣除额)为 12 万元(7+5)(扣除限额与实际发生额和以前年度累计结转扣除额之和的孰小值,与会计上计提的职工教育经费也就是账载金额并无关系)。第 6 列"纳税调整金额"为 76 万元。第 7 列"累计结转以后年度扣除额"为 0 万元。税会差异主要是考虑"按照工资薪金总额的 8%计算的扣除限额"和"实际且合理支出"两项因素。以前年度计提未支出的职工教育经费在本年实际支出的,应允许在本年通过纳税调减进行税前扣除。用于支付员工个人继续深造学费的 8 万元,根据《财政部 全国总工会 国家发改委 教育部 科技部 国防科工委 人事部 劳动保障部 国务院国资委 国家税务总局 全国工商联关于印发〈关于企业职工教育经费提取与使用管理的意见〉的通知》(财建[2006]317 号)附件第三条第(九)项规定,企业职工参加社会上的学历教育以及个人为取得学位而参加的在职教育,所需费用应由个人承担,不能挤占企业的职工教育培训经费其他管理费用中支出,同时也不符合《企业财务通则》第四十六条第(五)项关于"企业不得承担应由个人承担的其他支出"的规定,且属于与企业生产经营无关的不合理支出,不得税前扣除。

《职工薪酬支出及纳税调整明细表》(A105050)第 7 行"工会经费支出"第 1 列账载金额为 22 万元。扣除限额=1100×2%=22(万元)。第 5 列"税收金额"为 22 万元。第 6 列"纳税调整金额"为 0 万元。税会差异主要是考虑"按照工资薪金总额的 2%计算的扣除限额"和"是否取得合法有效的税前扣除凭证"两项因素。

《职工薪酬支出及纳税调整明细表》(A105050)第 10 行"补充养老保险"第 1 列账载金额为 50 万元。扣除限额=1100×5%=55(万元)。第 5 列税收金额为 0。第 6 列"纳税调整金额"为 50 万元。税会差异主要是考虑"按照工资薪金总额的 5%计算的扣除限额"。同时,企业自行管理的补充养老保险,没有向第三方保险机构支付,资金的所有权仍保留在企业内部,因此不允许税前扣除。

纳税人要按照税收法规规定的确认原则、规定范围、支付对象对职工薪酬及其各扣除项目的实际发生额予以全面归集,首先完成表外调整确定实际发生额,然后再确定税收金额,最后填报申报表,从而确保纳税调整金额的真实、全面、合规。具体填报见表 9-3。

表 9-3

A105050　　　　　　　　职工薪酬支出及纳税调整明细表　　　　　　　　单位:元

行次	项目	账载金额	实际发生额	税收规定扣除率	以前年度累计结转扣除额	税收金额	纳税调整金额	累计结转以后年度扣除额
		1	2	3	4	5	6(1-5)	7(2+4-5)
1	一、工资薪金支出	11000000.00	11000000.00	*	*	11000000.00	0.00	*

续表

行次	项目	账载金额	实际发生额	税收规定扣除率	以前年度累计结转扣除额	税收金额	纳税调整金额	累计结转以后年度扣除额
		1	2	3	4	5	6(1-5)	7(2+4-5)
2	其中:股权激励			*	*			*
3	二、职工福利费支出	1000000.00	1000000.00	14%	*	800000.00	200000.00	*
4	三、职工教育经费支出	500000.00	70000.00	*				
5	其中:按税收规定比例扣除的职工教育经费	500000.00	70000.00	8%	50000	120000.00	380000.00	0.00
6	按税收规定全额扣除的职工培训费用				*			*
7	四、工会经费支出	220000.00	220000.00		*			*
8	五、各类基本社会保障性缴款			*	*			*
9	六、住房公积金			*	*			*
10	七、补充养老保险	500000.00		5%	*		500000.00	*
11	八、补充医疗保险				*			*
12	九、其他			*	*			
13	合计(1+3+4+7+8+9+10+11+12)			*				

10 广告费和业务宣传费支出政策及填报实务(A105060)

10.1 表样

A105060　　　　　广告费和业务宣传费跨年度纳税调整明细表

行次	项　　目	金额
1	一、本年广告费和业务宣传费支出	
2	减:不允许扣除的广告费和业务宣传费支出	
3	二、本年符合条件的广告费和业务宣传费支出(1-2)	
4	三、本年计算广告费和业务宣传费扣除限额的销售(营业)收入	
5	乘:税收规定扣除率	
6	四、本企业计算的广告费和业务宣传费扣除限额(4×5)	
7	五、本年结转以后年度扣除额(3>6,本行=3-6;3≤6,本行=0)	
8	加:以前年度累计结转扣除额	
9	减:本年扣除的以前年度结转额[3>6,本行=0;3≤6,本行=8 与(6-3)孰小值]	
10	六、按照分摊协议归集至其他关联方的广告费和业务宣传费(10≤3 与 6 孰小值)	
11	按照分摊协议从其他关联方归集至本企业的广告费和业务宣传费	
12	七、本年广告费和业务宣传费支出纳税调整金额 (3>6,本行=2+3-6+10-11;3≤6,本行=2+10-11-9)	
13	八、累计结转以后年度扣除额(7+8-9)	

广告费和业务宣传费支出利润计算及纳税调整对照提示表见表 10-1。

表 10-1　广告费和业务宣传费支出利润计算及纳税调整对照提示表

在利润总额计算中的位置	《期间费用明细表》(A104000)第 5 行"广告费和业务宣传费"
在纳税调整中的位置	《纳税调整项目明细表》(A105000)第 16 行"广告费和业务宣传费支出"
	《广告费和业务宣传费跨年度纳税调整明细表》(A105060)
风险管理提示	时间性差异

10.2　一般规定

《中华人民共和国企业所得税法实施条例》第四十四条规定,企业发生的符合条件的广告费和业务宣传费支出,除国务院财政、税务主管部门另有规定外,不超过当年销售(营业)收入15%的部分,准予扣除;超过部分,准予在以后纳税年度结转扣除。需要注意的是,此处的结转以后年度扣除无年数限制。

《国家税务总局关于印发〈新企业所得税法精神宣传提纲〉的通知》(国税函〔2008〕159 号)第十六条指出,过去,内资企业对广告费和业务宣传费支出分别实行比例扣除的政策,外资企业则允许据实扣除。《中华人民共和国企业所得税法实施条例》第四十四条规定,企业每一纳税年度发生的符合条件的广告费和业务宣传费支出合并计算,除国务院财政、税务主管部门另有规定外,不超过当年销售(营业)收入15%的部分,准予扣除;超过部分,准予在以后纳税年度结转扣除。这主要考虑:一是许多行业反映,业务宣传费与广告费性质相似,应统一处理;二是广告费和业务宣传费是企业正常经营必须的营销费用,应允许在税前扣除;三是广告费具有一次投入大、受益期长的特点;四是目前我国的广告市场不规范,有的甚至以虚假广告欺骗消费者。实行每年比例限制扣除,有利于收入与支出配比,符合广告费支出一次投入大、受益期长的特点,也有利于规范广告费和业务宣传费支出。

10.3　关键要点

10.3.1　广告费和业务宣传费支出扣除限额

《财政部　税务总局关于广告费和业务宣传费支出税前扣除政策的通知》(财税〔2017〕41 号)规定,对化妆品制造或销售、医药制造和饮料制造(不含酒类制造)企业发生的广告费和业务宣传费支出,不超过当年销售(营业)收入30%的部分,准予扣除;超过部分,准予在以后纳税年度结转扣除。文件执行有效期为自 2016 年 1 月 1 日起至 2020 年 12 月 31 日止执行。烟草企业的烟草广告费和业务宣传费支出,一律不得在计算应纳税所得额时扣除。文件执行有效期为自 2016 年 1 月 1 日起至 2020 年 12 月 31 日止执行。

10.3.2 广告费和业务宣传费支出扣除限额计算基数

《国家税务总局关于贯彻落实企业所得税法若干税收问题的通知》(国税函〔2010〕79 号)规定,对从事股权投资业务的企业(包括集团公司总部、创业投资企业等),其从被投资企业所分配的股息、红利以及股权转让收入,可以按规定的比例计算业务招待费扣除限额。

在政策执行实务中,上述"从事股权投资业务的企业"指的是专门从事股权投资业务的企业,即企业除股权投资业务外,不从事其他营利性生产经营活动。纳税人在适用上述政策时应向主管税务机关确定相关政策执行口径,以避免造成申报涉税风险。

《国家税务总局关于企业所得税执行中若干税务处理问题的通知》(国税函〔2009〕202 号)规定,企业在计算业务招待费、广告费和业务宣传费等费用扣除限额时,其销售(营业)收入额应包括《中华人民共和国企业所得税法实施条例》第二十五条规定的视同销售(营业)收入额。

房地产开发企业通过正式签订《房地产销售合同》或《房地产预售合同》所取得的收入,可作为广告和业务宣传费、业务招待费的计算基数。

10.3.3 筹建期广告费和业务宣传费支出税前扣除

《国家税务总局关于企业所得税应纳税所得额若干税务处理问题的公告》(国家税务总局公告 2012 年第 15 号)规定,企业在筹建期间,发生的与筹办活动有关的业务招待费支出,可按实际发生额的 60% 计入企业筹办费,并按有关规定在税前扣除;发生的广告费和业务宣传费,可按实际发生额计入企业筹办费,并按有关规定在税前扣除。另根据《国家税务总局关于企业所得税若干税务事项衔接问题的通知》(国税函〔2009〕98 号)规定,筹办费(开办费)可以在开始经营之日的当年一次性扣除,也可以按照新税法有关长期待摊费用的处理规定处理,但一经选定不得改变。

10.3.4 签订分摊协议的广告费和业务宣传费扣除

《财政部 国家税务总局关于广告费和业务宣传费支出税前扣除政策的通知》(财税〔2012〕48 号)规定,对签订广告费和业务宣传费分摊协议的关联企业,其中一方发生的不超过当年销售(营业)收入税前扣除限额比例内的广告费和业务宣传费支出可以在本企业扣除,也可以将其中的部分或全部按照分摊协议归集至另一方扣除。另一方在计算本企业广告费和业务宣传费支出企业所得税税前扣除限额时,可将按照上述办法归集至本企业的广告费和业务宣传费不计算在内。文件执行有效期为自 2011 年 1 月 1 日起至 2015 年 12 月 31 日止。

《财政部 税务总局关于广告费和业务宣传费支出税前扣除政策的通知》(财税

〔2017〕41号)规定,对签订广告费和业务宣传费分摊协议的关联企业,其中一方发生的不超过当年销售(营业)收入税前扣除限额比例内的广告费和业务宣传费支出可以在本企业扣除,也可以将其中的部分或全部按照分摊协议归集至另一方扣除。另一方在计算本企业广告费和业务宣传费支出企业所得税税前扣除限额时,可将按照上述办法归集至本企业的广告费和业务宣传费不计算在内。文件执行有效期为自2016年1月1日起至2020年12月31日止执行。

10.4 风险环节

10.4.1 判断广告费和业务宣传费的实质性原则

实践中,广告和业务宣传活动的形式多样且日新月异。凡是实质上以宣传企业品牌、商品、文化价值或培养消费者消费习惯等为目的的行为,都应界定为广告和业务宣传活动,其产生的相关费用都应按照税法规定的比例进行税前扣除。例如,委托生产印有企业品牌标志的纪念品,体育赛事和娱乐节目的冠名赞助,在报纸、杂志和网络平台上发布软文等行为都应属于广告和业务宣传活动。

10.4.2 资产用于市场推广、销售的视同销售处理

《中华人民共和国企业所得税法实施条例》第二十五条规定,企业发生非货币性资产交换,以及将货物、财产、劳务用于捐赠、偿债、赞助、集资、广告、样品、职工福利或者利润分配等用途的,应当视同销售货物、转让财产或提供劳务。

《国家税务总局关于企业处置资产所得税处理问题的通知》(国税函〔2008〕828号)第二条规定,企业将资产移送他人的下列情形,因资产所有权属已发生改变而不属于内部处置资产,应按规定视同销售确定收入。①用于市场推广或销售;②用于交际应酬;③用于职工奖励或福利;④用于股息分配;⑤用于对外捐赠;⑥其他改变资产所有权属的用途。企业发生本通知第二条规定情形时,属于企业自制的资产,应按企业同类资产同期对外销售价格确定销售收入;属于外购的资产,可按购入时的价格确定销售收入。

广告费和业务宣传费跨年度纳调整明细表见表10-2。

表10-2

A105060　　　　　　　　广告费和业务宣传费跨年度纳税调整明细表

行次	项目
1	一、本年广告费和业务宣传费支出
2	减:不允许扣除的广告费和业务宣传费支出

续表

行次	项 目
3	二、本年符合条件的广告费和业务宣传费支出(1-2)
4	三、本年计算广告费和业务宣传费扣除限额的销售(营业)收入
5	乘:税收规定扣除率
6	四、本企业计算的广告费和业务宣传费扣除限额(4×5)
7	五、本年结转以后年度扣除额(3>6,本行=3-6;3≤6,本行=0)
8	加:以前年度累计结转扣除额
9	减:本年扣除的以前年度结转额[3>6,本行=0;3≤6,本行=8或(6-3)孰小值]
10	六、按照分摊协议归集至其他关联方的广告费和业务宣传费(10≤3或6孰小值)
11	按照分摊协议从其他关联方归集至本企业的广告费和业务宣传费
12	七、本年广告费和业务宣传费支出纳税调整金额(3>6,本行=2+3-6+10-11;3≤6,本行=2+10-11-9)
13	八、累计结转以后年度扣除额(7+8-9)

11 捐赠支出政策及填报实务(A105070)

11.1 表样

A105070   捐赠支出及纳税调整明细表

行次	项目	账载金额	以前年度结转可扣除的捐赠额	按税收规定计算的扣除限额	税收金额	纳税调增金额	纳税调减金额	可结转以后年度扣除的捐赠额
		1	2	3	4	5	6	7
1	一、非公益性捐赠		*	*	*		*	*
2	二、全额扣除的公益性捐赠		*	*		*	*	*
3	三、限额扣除的公益性捐赠(4+5+6+7)							
4	前三年度（　　年）	*		*	*	*		*
5	前二年度（　　年）	*		*	*	*		
6	前一年度（　　年）	*		*	*	*		
7	本　年（　　年）		*				*	
8	合计(1+2+3)							

捐赠支出利润计算及纳税调整对照提示表见表11-1。

表11-1   捐赠支出利润计算及纳税调整对照提示表

在利润总额计算中的位置	《一般企业成本支出明细表》(A102010)第21行"捐赠支出"
在纳税调整中的位置	《捐赠支出及纳税调整明细表》(A105070)
风险管理提示	永久性差异调整

11.2 一般规定

《中华人民共和国企业所得税法》(2017年修正案)第九条规定,企业发生的公益性捐赠支出,在年度利润总额12%以内的部分,准予在计算应纳税所得额时扣除;超过年度利润总额12%的部分,准予结转以后三年内在计算应纳税所得额时扣除。

《中华人民共和国企业所得税法实施条例》第五十一条规定,企业所得税法第九条所称公益性捐赠,是指企业通过公益性社会团体或者县级以上人民政府及其部门,用于《中华人民共和国公益事业捐赠法》规定的公益事业的捐赠。

《中华人民共和国企业所得税法实施条例》第五十二条规定,本条例第五十一条所称公益性社会团体,是指同时符合下列条件的基金会、慈善组织等社会团体:①依法登记,具有法人资格;②以发展公益事业为宗旨,且不以营利为目的;③全部资产及其增值为该法人所有;④收益和营运结余主要用于符合该法人设立目的的事业;⑤终止后的剩余财产不归属任何个人或者营利组织;⑥不经营与其设立目的无关的业务;⑦有健全的财务会计制度;⑧捐赠者不以任何形式参与社会团体财产的分配;⑨国务院财政、税务主管部门会同国务院民政部门等登记管理部门规定的其他条件。

《中华人民共和国企业所得税法实施条例》第五十三条规定,企业发生的公益性捐赠支出,不超过年度利润总额12%的部分,准予扣除。年度利润总额,是指企业依照国家统一会计制度的规定计算的年度会计利润。

《国家税务总局关于印发〈新企业所得税法精神宣传提纲〉的通知》(国税函〔2008〕159号)第十七条规定,允许公益性捐赠支出按一定比例在税前扣除,主要是为了鼓励企业支持社会公益事业,促进我国社会公益事业的发展。新企业所得税法规定,企业发生的公益性捐赠支出,在年度利润总额12%以内的部分,准予在计算应纳税所得额时扣除。

《中华人民共和国企业所得税法实施条例》将公益性捐赠界定为,企业通过公益性社会团体或者县级以上人民政府及其部门,用于《中华人民共和国公益事业捐赠法》规定的公益事业的捐赠。同时规定,将计算公益性捐赠扣除比例的基数由应纳税所得额改为企业会计利润总额,并将年度利润总额界定为企业依照国家统一会计制度的规定计算的年度会计利润。这样更方便公益性捐赠税前扣除的计算,有利于纳税人正确申报,体现了国家对发展社会公益性事业的支持。

11.3 关键要点

11.3.1 捐赠支出申报表填列基本规则

为满足公益性捐赠支出的相关规定,同时兼顾原有的非公益性及全额扣除的公益性捐赠支出的填报,对本表进行调整,将原有行次中按捐赠明细项目填报方式调整为按捐赠类别统一填报。企业发生非公益性捐赠支出在表 A105070 第 1 行进行填报调整。全额扣除的公益性捐赠支出在表 A105070 第 2 行进行填报调整。限额扣除的公益性捐赠支出税会差异调整在表 A105070 第 3 行至第 7 行进行填报,在行次"限额扣除的公益性捐赠"项目下加入前三年度相关填报项目;在列次增加"以前年度结转可扣除的捐赠额"及"可结转以后年度扣除的捐赠额"项目。本部分内容主要对有扣除限额的公益性捐赠支出相关税前扣除政策进行梳理。

11.3.2 公益性捐赠支出范围的界定

《财政部 国家税务总局 民政部关于公益性捐赠税前扣除有关问题的补充通知》(财税〔2010〕45 号)、《财政部 国家税务总局关于通过公益性群众团体的公益性捐赠税前扣除有关问题的通知》(财税〔2009〕124 号)、《财政部 国家税务总局 民政部关于公益性捐赠税前扣除有关问题的通知》(财税〔2008〕160 号)关于"公益性捐赠支出"的定义如下:用于公益事业的捐赠支出,是指《中华人民共和国公益事业捐赠法》规定的向公益事业的捐赠支出,具体范围包括:救助灾害、救济贫困、扶助残疾人等困难的社会群体和个人的活动;教育、科学、文化、卫生、体育事业;环境保护、社会公共设施建设;促进社会发展和进步的其他社会公共和福利事业。

11.3.3 公益性捐赠支出扣除限额

《财政部 国家税务总局 民政部关于公益性捐赠税前扣除有关问题的通知》(财税〔2008〕160 号)规定,企业通过公益性社会团体或者县级以上人民政府及其部门,用于公益事业的捐赠支出,在年度利润总额 12% 以内的部分,准予在计算应纳所得额时扣除。年度利润总额,是指企业依照国家统一会计制度的规定计算的大于零的数额。

《财政部 国家税务总局关于通过公益性群众团体的公益性捐赠税前扣除有关问题的通知》(财税〔2009〕124 号)规定,企业通过公益性群众团体用于公益事业的捐赠支出,在年度利润总额 12% 以内的部分,准予在计算应纳所得额时扣除。年度利润总额,是指企业依照国家统一会计制度的规定计算的大于零的数额。

11.3.4 可以全额扣除的公益性捐赠支出

特定时期发布的对某类型公益性捐赠设置的税收优惠,例如,企业对四川汶川地震、甘肃玉树地震灾后重建以及上海世博会等特定事项的捐赠,可以全额在税前扣除,需要注意税收优惠的条件和时效限制。填写申报表时,允许全额扣除的公益性捐赠支出,直接在《一般企业成本支出明细表》(A102010),第 21 行"捐赠支出"中填列,不需要在《捐赠支出及纳税调整明细表》(A105070)中进行税会差异调整。

特殊优惠政策,如《财政部 海关总署 国家税务总局关于支持汶川地震灾后恢复重建有关税收政策问题的通知》(财税〔2008〕104 号)。其中第四条规定了关于鼓励社会各界支持抗震救灾和灾后恢复重建的税收政策措施：自2008年5月12日起，对单位和个体经营者将自产、委托加工或购买的货物通过公益性社会团体、县级以上人民政府及其部门捐赠给受灾地区的，免征增值税、城市维护建设税及教育费附加；对企业、个人通过公益性社会团体、县级以上人民政府及其部门向受灾地区的捐赠，允许在当年企业所得税前和当年个人所得税前全额扣除。同时，文件规定捐赠行为须符合《中华人民共和国公益事业捐赠法》和《国务院办公厅关于加强汶川地震抗震救灾捐赠款物管理使用的通知》（国办发〔2008〕39号）的相关规定。

11.3.5 公益性社会团体捐赠支出税务处理实务

按照《中华人民共和国公益捐赠法》第十七条和第十八条的规定，作为受赠人的公益性社会团体应当将受赠财产用于资助符合其宗旨的活动和事业。其与捐赠人订立了捐赠协议的，应当按照协议约定的用途使用捐赠财产，不得擅自改变捐赠财产的用途。因此，对于公益性社会团体按照《中华人民共和国公益捐赠法》等相关规定发生的资助支出，属于公益性社会团体正常的支出，不受捐赠支出不得超过当年利润总额12%的限制。

11.3.6 公益股权捐赠的税务处理

按照《财政部 国家税务总局关于公益股权捐赠企业所得税政策问题的通知》（财税〔2016〕45号）规定，自2016年1月1日起，企业向公益性社会团体实施的股权捐赠，应按规定视同转让股权，股权转让收入额以企业所捐赠股权取得时的历史成本确定。企业实施股权捐赠后，以其股权历史成本为依据确定捐赠额，并依此按照企业所得税法有关规定在所得税前予以扣除。公益性社会团体接受股权捐赠后，应按照捐赠企业提供的股权历史成本开具捐赠票据。

11.3.7 明确公益性捐赠支出企业所得税税前结转扣除政策

为落实公益性捐赠企业所得税前结转扣除政策，进一步鼓励支持公益性捐赠行为，财政部、国家税务总局联合发布《关于公益性捐赠支出企业所得税税前结转扣除有关政策的通知》（财税〔2018〕15号），明确公益性捐赠支出企业所得税税前结转扣除政策规定。一是明确企业发生的公益性捐赠支出未在当年税前扣除的部分，准予结转以后三年内在计算应纳税所得额时扣除，进一步加大对公益性捐赠的税收支持力度；二是明确结转扣除的具体计算方法、当年扣除限额规定、结转扣除顺序等事项，便于纳税人更好地理解和遵从；三是明确政策执行时间自2017年1月1日起，确保纳税人在2018年5月31日前进行的2017年度企业所得税汇算清缴时即可享受结转扣除政策。同时，为最大限度保障纳税人权益并做好与《中华人民共和国慈善法》的衔接，2016年9月1日至2016年12月31日发生的公益性捐赠支出未在2016年税前扣除的部分，也可按本文件规定执行。

11.4 风险环节

11.4.1 公益性捐赠支出税前扣除条件

按照《财政部 国家税务总局 民政部关于公益性捐赠税前扣除有关问题的补充通知》(财税〔2010〕45号)、《财政部 国家税务总局 民政部关于公益性捐赠税前扣除有关问题的通知》(财税〔2008〕160号)的相关规定,公益性捐赠税前扣除需满足下列条件。

(1)通过公益性社会团体、县级以上人民政府及其组成部门和直属机构、公益性群众团体进行捐赠。企业或个人通过获得公益性捐赠税前扣除资格的公益性社会团体或县级以上人民政府及其组成部门和直属机构,用于公益事业的捐赠支出,可以按规定进行所得税税前扣除。

(2)公益性社会团体、公益性群众团体通过相关资格认定。对获得公益性捐赠税前扣除资格的公益性社会团体,由财政部、国家税务总局和民政部以及省、自治区、直辖市、计划单列市财政、税务和民政部门每年分别联合公布名单。名单应当包括当年继续获得公益性捐赠税前扣除资格和新获得公益性捐赠税前扣除资格的公益性社会团体。企业或个人在名单所属年度内向名单内的公益性社会团体进行的公益性捐赠支出,可按规定进行税前扣除。县级以上人民政府及其组成部门和直属机构的公益性捐赠税前扣除资格不需要认定。

对符合条件的公益性群众团体,按照上述管理权限,由财政部、国家税务总局和省、自治区、直辖市、计划单列市财政、税务部门分别每年联合公布名单。名单应当包括继续获得公益性捐赠税前扣除资格和新获得公益性捐赠税前扣除资格的群众团体,企业和个人在名单所属年度内向名单内的群众团体进行的公益性捐赠支出,可以按规定进行税前扣除。

(3)公益性社会团体、公益性群众团体的公益性捐赠税前扣除资格未超时限。对于通过公益性社会团体发生的公益性捐赠支出,主管税务机关应对照财政、税务、民政部门联合公布的名单予以办理,即接受捐赠的公益性社会团体位于名单内的,企业或个人在名单所属年度向名单内的公益性社会团体进行的公益性捐赠支出可按规定进行税前扣除;接受捐赠的公益性社会团体不在名单内,或虽在名单内但企业或个人发生的公益性捐赠支出不属于名单所属年度的,不得扣除。对符合条件的公益性群众团体,按照上述管理权限,由财政部、国家税务总局和省、自治区、直辖市、计划单列市财政、税务部门分别每年联合公布名单。名单应当包括继续获得公益性捐赠税前扣除资格和新获得公益性捐赠税前扣除资格的群众团体,企业和个人在名单所属年度内向名单内的群众团体进行的公益性捐赠支出,可以按规定进行税前扣除。

(4)取得合法有效的税前扣除凭证。对于通过公益性社会团体发生的公益性捐赠支出,企业或个人应提供省级以上(含省级)财政部门印制并加盖接受捐赠单位印章的公益性捐赠票据,或加盖接受捐赠单位印章的《非税收入一般缴款书》收据联,方可按规定进行税前扣除。公益性群众团体在接受捐赠时,应按照行政管理级次分别使用由财政部或省、自治区、直辖市财政部门印制的公益性捐赠票据或者《非税收入一般缴款书》收据联,并加盖本单位的印章。

11.4.2 北京市纳税人"公益性捐赠支出"税前扣除操作要求

《北京市财政局 北京市国家税务局 北京市地方税务局 北京市民政局转发财政部 国家税务总局 民政部关于公益性捐赠税前扣除有关问题的通知》(京财税〔2009〕542号)规定,纳税人在北京市开展公益性捐赠活动税前扣除时,需留存下列资料备查:北京市财政局、北京市国家税务局、北京市地方税务局和北京市民政局对公益性社会团体的捐赠税前扣除资格联合确认文件复印件;《北京市接收捐赠统一收据》;北京市民政局出具的相应年度的公益性社会团体年度检查证明资料复印件。

纳税人在北京市以外地区开展公益性捐赠活动税前扣除时,需留存下列资料备查:财政部或省、自治区、直辖市财政部门印制的公益性捐赠票据;省、自治区、直辖市和计划单列市以上财政、税务、民政部门联合确认、公布的公益性捐赠税前扣除资格的文件复印件;省、自治区、直辖市和计划单列市以上民政部门出具的相应年度的公益性社会团体年度检查证明资料复印件。

11.4.3 资产用作对外捐赠视同销售相关政策

《中华人民共和国企业所得税法实施条例》第二十五条规定,企业发生非货币性资产交换,以及将货物、财产、劳务用于捐赠、偿债、赞助、集资、广告、样品、职工福利或者利润分配等用途的,应当视同销售货物、转让财产或提供劳务。

《国家税务总局关于企业处置资产所得税处理问题的通知》(国税函〔2008〕828号)第二条规定,企业将资产移送他人的下列情形,因资产所有权属已发生改变而不属于内部处置资产,应按规定视同销售确定收入:①用于市场推广或销售;②用于交际应酬;③用于职工奖励或福利;④用于股息分配;⑤用于对外捐赠;⑥其他改变资产所有权属的用途。

企业发生国税函〔2008〕828号文第二条规定情形时,属于企业自制的资产,应按企业同类资产同期对外销售价格确定销售收入;属于外购的资产,可按购入时的价格确定销售收入。

12 资产折旧、摊销填报实务（A105080）

12.1 表样

A105080

资产折旧、摊销及纳税调整明细表

行次	项目	账载金额		资产计税基础	税收金额				纳税调整金额
		资产原值	本年折旧、摊销额		税收折旧、摊销额	享受加速折旧政策的资产按税收一般规定计算的折旧、摊销额	加速折旧、摊销统计额	累计折旧、摊销额	
		1	2	累计折旧、摊销额 3	4	5	6	7=5-6	8	9(2-5)
1	一、固定资产(2+3+4+5+6+7)						7=5-6	8	9(2-5)
2	（一）房屋、建筑物					*	*		
3	（二）飞机、火车、轮船、机器、机械和其他生产设备					*	*		
4	（三）与生产经营活动有关的器具、工具、家具等					*	*		
5	（四）飞机、火车、轮船以外的运输工具					*	*		
6	（五）电子设备					*	*		
7	（六）其他					*	*		

续表

行次	项 目	账载金额			税收金额			加速折旧、摊销统计额	累计折旧、摊销额	纳税调整金额
		资产原值	本年折旧、摊销额	累计折旧、摊销额	资产计税基础	税收折旧、摊销额	享受加速折旧政策的资产按税收一般规定计算的折旧、摊销额			
		1	2	3	4	5	6	7=5-6	8	9(2-5)
8	其中:享受固定资产加速折旧(不含一次性扣除)优惠政策的资产									*
9	(一)重要行业固定资产加速折旧									*
10	(二)其他行业研发设备加速折旧及一次性扣除政策的资产									*
11	(三)固定资产一次性扣除									*
12	(四)技术进步、更新换代固定资产加速折旧									*
13	(五)常年强震动、高腐蚀固定资产加速折旧									*
14	加速折旧额大于一般折旧额的部分							*		
15	(六)外购软件折旧						*	*		
16	(七)集成电路企业生产设备						*	*		
17	二、生产性生物资产(16+17)						*	*		
18	(一)林木类						*	*		
19	(二)畜类						*	*		
20	三、无形资产(19+20+21+22+23+24+25+27)						*	*		
21	(一)专利权						*	*		

12 资产折旧、摊销填报实务（A105080）

续表

行次	项　目	账载金额			税收金额				纳税调整金额
		资产原值	本年折旧、摊销额	累计折旧、摊销额	资产计税基础	税收折旧、摊销额	享受加速折旧政策的资产按税收一般规定计算的折旧、摊销额	加速折旧、摊销统计额	累计折旧、摊销额
		1	2	3	4	5	6	7=5-6	8	9(2-5)
22	（四）土地使用权						*	*		
23	（五）非专利技术						*	*		
24	（六）特许权使用费						*	*		
25	（七）软件						*	*		
26	其中：享受企业外购软件加速摊销政策									*
27	（八）其他						*	*		
28	四、长期待摊费用(29+30+31+32+33)						*	*		
29	（一）已足额提取折旧的固定资产的改建支出						*	*		
30	（二）租入固定资产的改建支出						*	*		
31	（三）固定资产的大修理支出						*	*		
32	（四）开办费						*	*		
33	（五）其他						*	*		
34	五、油气勘探投资						*	*		
35	六、油气开发投资						*	*		
36	合计(1+15+28+34+35)						*	*		
附列资料	全民所有制企业公司制改制资产评估增值政策资产						*			

12.2 修订变化

《资产折旧、摊销及纳税调整明细表》（2017 版）修订后的变化见表 12-1。

表 12-1　《资产折旧、摊销及纳税调整明细表》（2017 版）修订后的变化

序号	修订后的 2017 版申报表（国家税务总局公告 2018 年第 57 号）		2017 版申报表（国家税务总局公告 2017 年第 54 号）	
	报表名称	新表	报表名称	原表
1	《资产折旧、摊销及纳税调整明细表》（A105080）	删除	《资产折旧、摊销及纳税调整明细表》（A105080）	第 11 行"1. 单价不超过 100 万元专用研发设备" 第 12 行"2. 重要行业小型微利企业单价不超过 100 万元研发生产共用设备" 第 13 行"3. 5000 元以下固定资产"
2	《资产折旧、摊销及纳税调整明细表》（A105080）	附列资料"全民所有制企业公司制改制资产评估增值政策资产"	《资产折旧、摊销及纳税调整明细表》（A105080）	附列资料"全民所有制改制资产评估增值政策资产"

12.3 一般规定

12.3.1 资产税务处理的原则

《中华人民共和国企业所得税法实施条例》第五十六条规定，企业的各项资产，包括固定资产、生物资产、无形资产、长期待摊费用、投资资产、存货等，以历史成本为计税基础。历史成本，是指企业取得该项资产时实际发生的支出。企业持有各项资产期间资产增值或者减值，除国务院财政、税务主管部门规定可以确认损益外，不得调整该资产的计税基础。

《国家税务总局关于印发〈新企业所得税法精神宣传提纲〉的通知》（国税函〔2008〕159 号）的"十八　资产税务处理的原则"规定，"考虑到过去在资产取得、持有、使用、处置等税务处理上税法与财务会计制度存在一定的差异，并且主要是时间性差异，纳税调整烦琐，税务机关税收执行成本和纳税人遵从成本都较高，《中华人民共和国企业所得税法实施条例》在资产税务处理的规定上，对资产分类、取得计税成本等问题，尽量与财务会计制度保持一致，比如固定资产取得计税成本与会计账面价值基本保

持一致、残值处理一致,只是在折旧年限上有所差异,这样可以降低纳税人纳税调整的负担。在企业重组的所得税处理方面,考虑到目前企业重组形式多样,发展变化较快,所得税处理较为复杂,很难用几个简单条款把企业重组的所有形式都规范清楚,有些规定还需要根据实际经验作适当调整,为保持实施条例的稳定性,《中华人民共和国企业所得税法实施条例》第七十五条只对企业重组所得税处理内容进行了原则性概括,具体规定将在部门规章中明确。

12.3.2　固定资产的范围

《中华人民共和国企业所得税法实施条例》第五十七条规定,企业所得税法第十一条所称固定资产,是指企业为生产产品、提供劳务、出租或者经营管理而持有的、使用时间超过12个月的非货币性资产,包括房屋、建筑物、机器、机械、运输工具以及其他与生产经营活动有关的设备、器具、工具等。

12.3.3　固定资产的折旧方法和折旧年限

《中华人民共和国企业所得税法实施条例》第五十九条规定,固定资产按照直线法计算的折旧,准予扣除。企业应当自固定资产投入使用月份的次月起计算折旧;停止使用的固定资产,应当自停止使用月份的次月起停止计算折旧。企业应当根据固定资产的性质和使用情况,合理确定固定资产的预计净残值。固定资产的预计净残值一经确定,不得变更。

《中华人民共和国企业所得税法实施条例》第六十条规定,除国务院财政、税务主管部门另有规定外,固定资产计算折旧的最低年限如下:①房屋、建筑物,为20年;②飞机、火车、轮船、机器、机械和其他生产设备,为10年;③与生产经营活动有关的器具、工具、家具等,为5年;④飞机、火车、轮船以外的运输工具,为4年;⑤电子设备,为3年。

12.3.4　无形资产的范围

《中华人民共和国企业所得税法实施条例》第六十五条规定,企业所得税法第十二条所称无形资产,是指企业为生产产品、提供劳务、出租或者经营管理而持有的、没有实物形态的非货币性长期资产,包括专利权、商标权、著作权、土地使用权、非专利技术、商誉等。

12.3.5　无形资产的摊销方法和摊销年限

《中华人民共和国企业所得税法实施条例》第六十七条规定,无形资产按照直线法计算的摊销费用,准予扣除。无形资产的摊销年限不得低于10年。作为投资或者受让的无形资产,有关法律规定或者合同约定了使用年限的,可以按照规定或者约定的使用年限分期摊销。

12.3.6　长期待摊费用准予扣除的范围

《中华人民共和国企业所得税法》第十三条规定,在计算应纳税所得额时,企业发生的下列支出作为长期待摊费用,按照规定摊销的,准予扣除:①已足额提取折旧的固定资产的改建支出;②租入固定资产的改建支出;③固定资产的大修理支出;④其他应当作为长期待摊费用的支出。

12.3.7 长期待摊费用摊销年限

《中华人民共和国企业所得税法实施条例》第六十八条规定,已足额提取折旧的固定资产的改建支出,按照固定资产预计尚可使用年限分期摊销;租入固定资产的改建支出,按照合同约定的剩余租赁期限分期摊销。改建的固定资产延长使用年限的,除已足额提取折旧的固定资产的改建支出和租入固定资产的改建支出之外,应当适当延长折旧年限。

《中华人民共和国企业所得税法实施条例》第六十九条规定,固定资产的大修理支出,按照固定资产尚可使用年限分期摊销。

《中华人民共和国企业所得税法实施条例》第七十条规定,其他应当作为长期待摊费用的支出,自支出发生月份的次月起,分期摊销,摊销年限不得低于3年。

12.4 填报关键要点

12.4.1 固定资产折旧

1. 计提折旧的范围不同

企业所得税允许计提折旧的固定资产的范围,比财务会计的规定要窄。

根据《中华人民共和国企业所得税法》第十一条规定,与经营活动无关的固定资产,不得计提折旧,财务会计没有这方面的限制。另外,财务会计规定,达到预定可使用状态的固定资产,即可计提折旧。而企业所得税要求实际投入使用的固定资产才允许计提折旧,未投入使用的固定资产不得计提折旧(房屋、建筑物除外)。

2. 计提折旧的时间不同

计提折旧的起始时间确认条件不同,财务会计强调"预定可使用状态"——可能,税法强调"实际投入使用"——现实。财务会计对已经达到预定可使用状态的固定资产,无论是否实际投入使用,均可计提折旧;企业所得税要求固定资产实际投入使用时,才允许计提折旧。

财务会计对已达到预定可使用状态但尚未办理竣工决算的固定资产,按照暂估价值确定其成本并计提折旧。由于暂估价具有不确定性,企业所得税应待办理竣工决算后,再按照实际成本确定其计税基础,计提折旧并在税前扣除。

3. 资产原值的计量差异

根据固定资产的取得方式,购入、自制、委托加工、投资者投入、接受捐赠、债务重组六种方式取得的固定资产,企业会计准则与企业所得税法的计量方法一致;对以下三种方式取得的固定资产成本的计量,会计准则与税收制度存在差异。

1) 企业合并取得的固定资产

会计准则按照合并方的历史成本或合并协议定价确定固定资产的初始成本。

根据《中华人民共和国企业所得税法》及其实施条例的规定,企业合并取得的固定资产,应按固定资产的公允价值和支付相关税费等两项金额的合计确认初始成本。

如果会计上按历史成本确认固定资产的初始成本,在一般情况下小于按公允价值确认的金额,根据从小原则,可以不进行纳税调整;如果会计上按合并协议定价确认固定资产的初始成本,在协议价大于公允价值时应当进行纳税调整,在协议价小于公允价值时可以不进行纳税调整。

2) 非货币交易取得的固定资产

公允价值计量模式的差异。通过以下分析可以看出,在采用公允价值计价模式时,会计与税法的差异主要体现在:公允价值的类型选择,是换出资产还是换入资产的。从字面上看,会计有两种选择,税法只有一种选择。

会计准则在满足公允价值计量条件时,以换出资产或换入资产公允价值和应支付的相关税费作为换入资产的成本。根据《中华人民共和国企业所得税法实施条例》的规定,非货币交易取得的固定资产,以"该固定资产的公允价值"作为计算基础。税法所称"该固定资产的公允价值",从字面上理解应该是指换入资产的公允价值。

账面价值计价模式的差异。会计准则规定未能同时满足公允价值计量模式条件的非货币性资产交换,应当以换出资产的账面价值作为计算基础。

在采用账面价值计价模式时,所产生的差异,与会计制度的差异是相同的,这里不再重复。

3) 盘盈固定资产的成本

会计按重置成本确认,税法按公允价值确认。重置成本可靠性较强,合理性较差。公允价值可靠性最差,合理性最强。按重置成本或公允价值确认盘盈的固定资产成本,如果会计与税法的两种方法确认结果相差较大,在纳税申报时应按企业所得税法的规定进行纳税调整。

重置成本虽然无可靠的外来凭证,但有透明度较高的市价参考。

公允价值计量现实的货币与非货币的交易,甚至期末计价的虚拟交易,都能比较合理地反映计量对象的内在价值,尤其在成熟的市场经济环境下。但是,在商业信用不成熟的市场经济环境下,可能会削弱财务报告的可靠性。

12.4.2 生产性生物资产折旧

1. 计提折旧的时间不同

财务会计对已经达到预定生产经营目的生产性生物资产,无论是否实际投入使用,均可计提折旧,企业所得税要求生产性生物资产实际投入使用时,才允许计提折旧。

2. 折旧方法的差异

根据《企业会计准则——生物资产》的规定，企业对生产性生物资产计提折旧，可选用的折旧方法包括年限平均法、工作量法、产量法等。

生产性生物资产按照直线法(年限平均法)计算的折旧，在计算企业所得税应纳税所得额时，准予税前扣除。采用其他方法计提折旧，与直线法计提的折旧额存在差异的，应进行纳税调整。

3. 资产原值的差异

以支付现金方式取得的生产性生物资产的初始计量问题，不存在税会差异，均按照实际支付的购买价款作为初始成本。

以非货币性交易、企业重组等现金以外方式取得的生产性生物资产的初始计量存在差异，前面固定资产折旧的差异中已经讲述。

4. 折旧年限的差异

《中华人民共和国企业所得税法实施条例》第六十四条规定了生产性生物资产计算折旧的最低年限，林木类生产性生物资产为10年，畜类生产性生物资产为3年。

财务会计对生产性生物资产计算折旧没有最低年限的限制，会计核算对折旧年限的选择，完全是依据企业会计人员的职业判断，根据生产性生物资产的性质、使用情况和所包含经济利益的预期消耗方式，对生产性生物资产的使用寿命进行合理地估计。

会计核算确定的折旧年限，低于《中华人民共和国企业所得税法实施条例》第六十四条规定的最低折旧年限，在计算企业所得税应纳税所得额时，应进行纳税调整。

12.4.3 长期待摊费用摊销

1. 长期待摊费用的范围不同

《企业会计准则》对固定资产修理费用，作为费用化支出直接计入当期费用不论是中小修理还是大修理，均不确认为长期待摊费用。

《中华人民共和国企业所得税法》及其实施条例明确规定了长期待摊费用的范围和确认条件：①已足额提取折旧的固定资产的改建支出；改建支出是指改变房屋或者建筑物结构、延长使用年限等发生的支出。②租入固定资产的改建支出。③固定资产的大修理支出，是指同时符合下列条件的支出：修理支出达到取得固定资产时的计税基础50%以上；修理后固定资产的使用年限延长2年以上。④其他应当作为长期待摊费用的支出。

企业所得税法对改建支出、大修理支出作出了明确的解释。根据《国家税务总局关于企业所得税若干税务事项衔接问题的通知》(国税函〔2009〕98号)的规定，开办费可以作为费用性支出在开始经营的当年一次性扣除，也可以比照长期待摊费用进行税务处理。但税务处理方法一经选定，不得改变。

2. 分摊期限的差异

企业所得税法规定，已足额提取折旧的固定资产的改建支出和固定资产大修理支出,按照固定资产预计尚可使用年限分期摊销。租入固定资产的改建支出,按照合同约定的剩余租赁期限分期摊销。企业所得税法未明确的其他应当作为长期待摊费用的支出,自支出发生月份的次月起,分期摊销,摊销年限不得低于3年。

财务会计准则规定,长期待摊费用应当在费用项目的受益期限内分期平均摊销。大修理费用采用待摊方式的,应当将发生的大修理费用在下一次大修理前平均摊销;租入固定资产改良支出应当在租赁期限与租赁资产尚可使用年限两者孰短的期限内平均摊销;其他长期待摊费用应当在受益期内平均摊销。

12.4.4 无形资产摊销

1. 无形资产摊销范围的差异

《中华人民共和国企业所得税法》第十二条规定了四项的摊销费用不得税前扣除,具体包括:①自行开发的支出已在计算应纳税所得额时扣除的无形资产;②自创商誉;③与经营活动无关的无形资产;④其他不得计算摊销费用扣除的无形资产。

根据《企业会计准则——无形资产》规定,使用寿命不确定的无形资产不应摊销,如果期末重新复核时仍无法确定,应进行减值测试,需要时应计提减值准备。

税会差异体现在,会计准则对于使用寿命不确定的无形资产不摊销的处理原则,并没有明确不摊销的具体范围;税法明确规定了不予摊销的无形资产的类型。

2. 摊销方法的差异

企业所得税法规定,无形资产采用直线法摊销的费用,允许在税前扣除。

企业会计准则规定,企业选择的无形资产摊销方法,应当反映企业预期消耗该项无形资产所产生的未来经济利益的方式。无法可靠确定消耗方式的,应当采用直线法摊销。

3. 资产原值的差异

《中华人民共和国企业所得税法实施条例》第六十六条规定了外购、自行开发、捐赠、投资、非货币性资产交换、债务重组等方式取得的无形资产计税基础的确定方法。外购、自行开发、捐赠、投资等方式取得的无形资产,会计与税收的初始计量方法基本相同,非货币性资产交换、债务重组的初始计量存在差异,在前面的固定资产折旧差异中已经讲述。

此外,根据《中华人民共和国企业所得税法实施条例》第九十四条的规定,企业为开发新技术、新产品、新工艺发生的研究开发费用,形成无形资产的,按照无形资产成本的150%摊销。

4. 摊销期限的差异

根据《中华人民共和国企业所得税法实施条例》第六十七条的规定,无形资产的摊销年限不得低于10年。作为投资或者受让的无形资产,有关法律规定或者合同约定了使用年限的,可以按照规定或者约定的使用年限分期摊销。

根据《企业会计准则——无形资产》的规定,使用寿命有限的无形资产,其应摊销金额应当在使用寿命内系统合理摊销。企业摊销无形资产,应当自无形资产可供使用时起,至不再作为无形资产确认时止。

差异体现在,财务会计上由企业合理估计摊销年限,没有做出具体规定;税收上明确规定了摊销年限,没有给企业在税务处理上留下自由选择的空间。

12.4.5 加速折旧

1. "六大行业+四个领域重点行业"加速折旧税收优惠

《财政部 国家税务总局关于进一步完善固定资产加速折旧企业所得税政策的通知》(财税〔2015〕106号)将固定资产加速折旧范围由6大行业扩大到轻工、纺织、机械、汽车等四个领域重点行业企业2015年1月1日后新购进的固定资产,加速折旧政策与《财政部 国家税务总局关于完善固定资产加速折旧企业所得税政策的通知》(财税〔2014〕75号)和《国家税务总局关于固定资产加速折旧税收政策有关问题的公告》(国家税务总局公告2014年第64号)一致。

对生物药品制造业,专用设备制造业,铁路、船舶、航空航天和其他运输设备制造业,计算机、通信和其他电子设备制造业,仪器仪表制造业,信息传输、软件和信息技术服务业等行业企业,2014年1月1日后购进的固定资产(包括自行建造),允许按不低于企业所得税法规定折旧年限的60%缩短折旧年限,或选择采取双倍余额递减法或年数总和法进行加速折旧。

对轻工、纺织、机械、汽车等四个领域重点行业企业2015年1月1日后新购进的固定资产(包括自行建造),允许缩短折旧年限或采取加速折旧方法。

2. 技术进步等因素造成的固定资产加速折旧

《中华人民共和国企业所得税法实施条例》第三十二条规定,企业的固定资产由于技术进步等原因,确需加速折旧的,可以缩短折旧年限或者采取加速折旧的方法。

《国家税务总局关于企业固定资产加速折旧所得税处理有关问题的通知》(国税发〔2009〕81号)规定,根据《中华人民共和国企业所得税法》第三十二条及《中华人民共和国企业所得税法实施条例》第九十八条的相关规定,企业拥有并用于生产经营的主要或关键的固定资产,由于以下原因确需加速折旧的,可以缩短折旧年限或者采取加速折旧的方法:①由于技术进步,产品更新换代较快的;②常年处于强震动、高腐蚀状态的。

企业过去没有使用过与该项固定资产功能相同或类似的固定资产,但有充分的证据证明该固定资产的预计使用年限短于《中华人民共和国企业所得税法实施条例》规定的计算折旧最低年限的,企业可根据该固定资产的预计使用年限和本通知的规定,对该固定资产采取缩短折旧年限或者加速折旧的方法。企业在原有的固定资产未达到《中华人民共和国企业所得税法实施条例》规定的最低折旧年限前,使用功能相同或类似的新固定资产替代旧固定资产的,企业可根据旧固定资产的实际使用年限和本通知的规定,对新替代的固定资产采取缩短折旧年限或者加速折旧的方法。

对于采取缩短折旧年限的固定资产,足额计提折旧后继续使用而未进行处置(包括报废等情形)超过12个月的,今后对其更新替代、改造改建后形成的功能相同或者类似的固定资产,不得再采取缩短折旧年限的方法。

3. 六大行业和四个领域的确认标准

六大行业按照国家统计局《国民经济行业分类与代码(GB/4754—2011)》确定。今后国家有关部门更新国民经济行业分类与代码,从其规定。

六大行业企业和四个领域重点行业企业是指以上述行业业务为主营业务,其固定资产投入使用当年主营业务收入占企业收入总额50%(不含)以上的企业。所称收入总额,是指《中华人民共和国企业所得税法》第六条规定的收入总额。主管税务机关应对适用《国家税务总局关于固定资产加速折旧税收政策有关问题的公告》(国家税务总局公告2014年第64号)规定优惠政策的企业加强后续管理,对预缴申报时享受了优惠政策的企业,年终汇算清缴时应对企业全年主营业务收入占企业收入总额的比例进行重点审核。

四个领域重点行业按照《财政部 国家税务总局关于进一步完善固定资产加速折旧企业所得税政策的通知》(财税〔2015〕106号)附件"轻工、纺织、机械、汽车四个领域重点行业范围"确定。今后国家有关部门更新国民经济行业分类与代码,从其规定。

4. 六大行业和四个领域重点行业小型微利企业研发和生产经营共用的仪器、设备一次性扣除和缩短折旧年限或采取加速折旧优惠

六大行业中的小型微利企业研发和生产经营共用的仪器、设备,企业在2014年1月1日后购进并专门用于研发活动的仪器、设备,单位价值不超过100万元的,可以一次性在计算应纳税所得额时扣除;单位价值超过100万元的,允许按不低于企业所得税法规定折旧年限的60%缩短折旧年限,或选择采取双倍余额递减法或年数总和法进行加速折旧。

对四个领域重点行业小型微利企业2015年1月1日后新购进的研发和生产经营共用的仪器、设备,单位价值不超过100万元(含)的,允许在计算应纳税所得额时一次性全额扣除;单位价值超过100万元的,允许缩短折旧年限或采取加速折旧方法。

5. 研发专用仪器、设备一次性扣除和缩短折旧年限或采取加速折旧税收优惠

企业在2014年1月1日后购进并专门用于研发活动的仪器、设备,单位价值不超过100万元的,可以一次性在计算应纳税所得额时扣除;单位价值超过100万元的,允许按不低于企业所得税法规定折旧年限的60%缩短折旧年限,或选择采取双倍余额递减法或年数总和法进行加速折旧。

用于研发活动的仪器、设备范围口径,按照《国家税务总局关于印发〈企业研究开发费用税前扣除管理办法(试行)〉的通知》(国税发〔2008〕116号)或《科学技术部 财政部 国家税务总局关于印发〈高新技术企业认定管理工作指引〉的通知》(国科发火〔2016〕195号)规定执行。

6. 研发专用仪器设备可以同时享受固定资产加速折旧和研发费加计扣除优惠

企业专门用于研发活动的仪器、设备已享受上述优惠政策的,在享受研发费加计扣

除时,按照《国家税务总局关于印发〈企业研究开发费用税前扣除管理办法(试行)〉的通知》(国税发〔2008〕116号)、《财政部 国家税务总局关于研究开发费用税前加计扣除有关政策问题的通知》(财税〔2013〕70号)的规定,就已经进行会计处理的折旧、费用等金额进行加计扣除。

需要注意的是,加速折旧政策并不要求税会一致,但如果加速折旧的部分要享受研发费加计扣除政策,就必须保证税会一致,即会计上也要按照《国家税务总局关于固定资产加速折旧税收政策有关问题的公告》(国家税务总局公告2014年第64号)和《国家税务总局关于进一步完善固定资产加速折旧企业所得税政策有关问题的公告》(国家税务总局公告2015年第68号)进行处理,才能享受研发费加计扣除的税收优惠。

7. 固定资产单位价值不超过5000元的可以一次性扣除

企业持有的固定资产,单位价值不超过5000元的,可以一次性在计算应纳税所得额时扣除。企业在2013年12月31日前持有的单位价值不超过5000元的固定资产,其折余价值部分,2014年1月1日以后可以一次性在计算应纳税所得额时扣除。

8. 企业享受加速折旧的最低折旧年限

企业采取缩短折旧年限方法的,对其购置的新固定资产,最低折旧年限不得低于《中华人民共和国企业所得税法实施条例》第六十条规定的折旧年限的60%;企业购置已使用过的固定资产,其最低折旧年限不得低于《中华人民共和国企业所得税法实施条例》规定的最低折旧年限减去已使用年限后剩余年限的60%。最低折旧年限一经确定,一般不得变更。

9. 企业享受优惠时加速折旧方法的适用

企业的固定资产采取加速折旧方法的,可以采用双倍余额递减法或者年数总和法。加速折旧方法一经确定,一般不得变更。

所称双倍余额递减法或者年数总和法,按照《国家税务总局关于企业固定资产加速折旧所得税处理有关问题的通知》(国税发〔2009〕81号)第四条的规定执行。

10. 同时符合多项优惠政策的选择适用

企业的固定资产既符合《国家税务总局关于进一步完善固定资产加速折旧企业所得税政策有关问题的公告》(国家税务总局公告2015年第68号)优惠政策条件,同时又符合《国家税务总局关于企业固定资产加速折旧所得税处理有关问题的通知》(国税发〔2009〕81号)、《财政部 国家税务总局关于进一步鼓励软件产业和集成电路产业发展企业所得税政策的通知》(财税〔2012〕27号)中相关加速折旧政策条件的,可由企业选择其中最优惠的政策执行,且一经选择,不得改变。

11. 设备、器具一次性扣除

《财政部 税务总局关于设备、器具扣除有关企业所得税政策的通知》(财税〔2018〕54号)和《国家税务总局关于设备、器具扣除有关企业所得税政策执行问题的公告》(国家税务总局公告2018年第46号)规定,企业在2018年1月1日至2020年12

月31日期间新购进的设备、器具,单位价值不超过500万元的,允许一次性计入当期成本费用在计算应纳税所得额时扣除,不再分年度计算折旧;单位价值超过500万元的,仍按《财政部 国家税务总局关于完善固定资产加速折旧企业所得税政策的通知》(财税〔2014〕75号)、《财政部 国家税务总局关于进一步完善固定资产加速折旧企业所得税政策的通知》(财税〔2015〕106号)等相关规定执行。

所称设备、器具,是指除房屋、建筑物以外的固定资产。

12. 无形资产的加速折旧

《财政部 国家税务总局关于进一步鼓励软件产业和集成电路产业发展企业所得税政策的通知》(财税〔2012〕27号)第七条规定:"企业外购的软件,凡符合固定资产或无形资产确认条件的,可以按照固定资产或无形资产进行核算,其折旧或摊销年限可以适当缩短,最短可为2年(含)。"

12.4.6 全民所有制改制资产评估增值政策资产

《国家税务总局关于全民所有制企业公司制改制企业所得税处理问题的公告》(国家税务总局公告2017年第34号)规定,①全民所有制企业改制为国有独资公司或者国有全资子公司,属于《财政部 国家税务总局关于企业重组业务企业所得税处理若干问题的通知》(财税〔2009〕59号)第四条规定的"企业发生其他法律形式简单改变"的,可依照以下规定进行企业所得税处理:改制中资产评估增值不计入应纳税所得额;资产的计税基础按其原有计税基础确定;资产增值部分的折旧或者摊销不得在税前扣除。②全民所有制企业资产评估增值相关材料应由改制后的企业留存备查。③本公告适用于2017年度及以后年度企业所得税汇算清缴。此前发生的全民所有制企业公司制改制,尚未进行企业所得税处理的,可依照本公告执行。

12.5 政策关键要点

12.5.1 固定资产计税基础的确定方法

《中华人民共和国企业所得税法实施条例》第五十八条规定,固定资产按照以下方法确定计税基础:①外购的固定资产,以购买价款和支付的相关税费以及直接归属于使该资产达到预定用途发生的其他支出为计税基础;②自行建造的固定资产,以竣工结算前发生的支出为计税基础;③盘盈的固定资产,以同类固定资产的重置完全价值为计税基础;④通过捐赠、投资、非货币性资产交换、债务重组等方式取得的固定资产,以该资产的公允价值和支付的相关税费为计税基础;⑤改建的固定资产,除《中华人民共和国企业所得税法》第十三条第(一)项和第(二)项规定的支出外,以改建过程中发生的改建支出增加计税基础。

12.5.2　未及时取得发票的固定资产计税基础的确认

公司 2010 年 5 月已投入使用的固定资产,当时未取得发票也未入账,2013 年 6 月取得了发票并入账,那么,公司可以补提 2010 年 5 月至 2013 年 6 月的固定资产折旧吗?

《中华人民共和国企业所得税法实施条例》第五十九条规定,固定资产按照直线法计算的折旧,准予扣除。企业应当自固定资产投入使用月份的次月起计算折旧;停止使用的固定资产,应当自停止使用月份的次月起停止计算折旧。

《国家税务总局关于企业所得税应纳税所得额若干税务处理问题的公告》(国家税务总局公告 2012 年第 15 号)第六条规定,根据《中华人民共和国税收征收管理法》的有关规定,对企业发现以前年度实际发生的、按照税收规定应在企业所得税前扣除而未扣除或者少扣除的支出,企业做出专项申报及说明后,准予追补至该项目发生年度计算扣除,但追补确认期限不得超过 5 年。

如果符合以上规定,公司可以补提 2010 年 5 月至 2013 年 6 月的固定资产折旧。

《国家税务总局关于贯彻落实企业所得税法若干税收问题的通知》(国税函〔2010〕79 号)第五条规定,企业固定资产投入使用后,由于工程款项尚未结清未取得全额发票的,可暂按合同规定的金额计入固定资产计税基础计提折旧,待发票取得后进行调整。但该项调整应在固定资产投入使用后 12 个月内进行。对于上述在固定资产投入使用 12 个月后取得发票的情况,应参照《企业会计准则》的规定,为避免税会差异,可调整固定资产的计税基础,但对已计提的折旧不再调整。固定资产的净值(计税基础-已计提折旧)按剩余期限计算折旧从税前扣除。

12.5.3　新税法实施后固定资产预计净残值的调整确认

《国家税务总局关于企业所得税若干税务事项衔接问题的通知》(国税函〔2009〕98 号)规定,新税法实施前已投入使用的固定资产,企业已按原税法规定预计净残值并计提的折旧,不做调整。新税法实施后,对此类继续使用的固定资产,可以重新确定其残值,并就其尚未计提折旧的余额,按照新税法规定的折旧年限减去已经计提折旧的年限后的剩余年限,按照新税法规定的折旧方法计算折旧。新税法实施后,固定资产原确定的折旧年限不违背新税法规定原则的,也可以继续执行。

12.5.4　无形资产计税基础的确定方法

《中华人民共和国企业所得税法实施条例》第六十五条规定,企业所得税法第十二条所称无形资产,是指企业为生产产品、提供劳务、出租或者经营管理而持有的、没有实物形态的非货币性长期资产,包括专利权、商标权、著作权、土地使用权、非专利技术、商誉等。

《中华人民共和国企业所得税法实施条例》第六十六条规定,无形资产按照以下方法确定计税基础:①外购的无形资产,以购买价款和支付的相关税费以及直接归属于使该资产达到预定用途发生的其他支出为计税基础;②自行开发的无形资产,以开发过程中该资产符合资本化条件后至达到预定用途前发生的支出为计税基础;③通过捐赠、投资、非货币性资产交换、债务重组等方式取得的无形资产,以该资产的公允价值和支付的相关税费为计税基础。

12.5.5 外购商誉的扣除规定

外购商誉的支出,在企业整体转让或者清算时,准予扣除。

12.5.6 装修支出的税务处理

企业租入房屋,发生装修,未改变房屋的结构也不会延长房屋的使用年限,其发生的装修支出如何进行税务处理?是否必须按合同约定的剩余租赁期限分期摊销?还是按受益期进行摊销?

根据《中华人民共和国企业所得税法实施条例》第六十八条的规定,租入固定资产的改建支出按合同约定的剩余租赁期限分期摊销,固定资产的改建支出应改变房屋或者建筑物结构、延长使用年限。对于企业租入房屋未改变房屋结构且未延长房屋使用年限的,不属于固定资产改建支出,应按照装修的受益期确认摊销时限。

12.5.7 "政策性搬迁"搬迁资产相关税务处理

《企业政策性搬迁所得税管理办法》(国家税务总局公告2012年第40号)第十一条规定,企业搬迁的资产,简单安装或不需要安装即可继续使用的,在该项资产重新投入使用后,就其净值按《中华人民共和国企业所得税法》及其实施条例规定的该资产尚未折旧或摊销的年限,继续计提折旧或摊销。

第十二条规定,企业搬迁的资产,需要进行大修理后才能重新使用的,应就该资产的净值,加上大修理过程所发生的支出,为该资产的计税成本。在该项资产重新投入使用后,按该资产尚可使用的年限,计提折旧或摊销。

第十三条规定,企业搬迁中被征用的土地,采取土地置换的,换入土地的计税成本按被征用土地的净值,以及该换入土地投入使用前所发生的各项费用支出,为该换入土地的计税成本,在该换入土地投入使用后,按《中华人民共和国企业所得税法》及其实施条例规定年限摊销。

第十四条规定,企业搬迁期间新购置的各类资产,应按《中华人民共和国企业所得税法》及其实施条例等有关规定,计算确定资产的计税成本及折旧或摊销年限。企业发生的购置资产支出,不得从搬迁收入中扣除。

《国家税务总局关于企业政策性搬迁所得税有关问题的公告》(国家税务总局公告2013年第11号)规定,企业政策性搬迁被征用的资产,采取资产置换的,其换入资产的计税成本按被征用资产的净值,加上换入资产所支付的税费(涉及补价,还应加上补价款)计算确定。

12.6 风险环节

12.6.1 不得计算折旧扣除的固定资产

《中华人民共和国企业所得税法》第十一条规定,在计算应纳税所得额时,企业按照规定计算的固定资产折旧,准予扣除。下列固定资产不得计算折旧扣除:①房屋、建筑物以外未投入使用的固定资产;②以经营租赁方式租入的固定资产;③以融资租赁方式租出的固定资产;④已足额提取折旧仍继续使用的固定资产;⑤与经营活动无关的固定资产;⑥单独估价作为固定资产入账的土地;⑦其他不得计算折旧扣除的固定资产。

12.6.2 不得计算摊销扣除的无形资产

《中华人民共和国企业所得税法》第十二条规定,在计算应纳税所得额时,企业按照规定计算的无形资产摊销费用,准予扣除。下列无形资产不得计算摊销费用扣除:①自行开发的支出已在计算应纳税所得额时扣除的无形资产;②自创商誉;③与经营活动无关的无形资产;④其他不得计算摊销费用扣除的无形资产。

12.6.3 不征税收入对应的资本化支出不允许税前扣除

《中华人民共和国企业所得税法实施条例》第二十八条规定,企业的不征税收入用于支出所形成的费用或者财产,不得扣除或者计算对应的折旧、摊销扣除。

12.6.4 融资租赁租入固定资产的折旧扣除

《中华人民共和国企业所得税法实施条例》第四十七条规定,以融资租赁方式租入固定资产发生的租赁费支出,按照规定构成融资租入固定资产价值的部分应当提取折旧费用,分期扣除。

《中华人民共和国企业所得税法实施条例》第五十八条规定,融资租入的固定资产,以租赁合同约定的付款总额和承租人在签订租赁合同过程中发生的相关费用为计税基础,租赁合同未约定付款总额的,以该资产的公允价值和承租人在签订租赁合同过程中发生的相关费用为计税基础。具体可参见与未实现融资收益相关的财务费用部分融资租赁案例。

12.6.5 融资性售后租回资产的折旧扣除

《国家税务总局关于融资性售后回租业务中承租方出售资产行为有关税收问题的公告》(国家税务总局公告2010年第13号)规定,根据现行企业所得税法及有关收入确定规定,融资性售后回租业务中,承租人出售资产的行为,不确认为销售收入,对融资性租赁的资产,仍按承租人出售前原账面价值作为计税基础计提折旧。租赁期间,承租人支付的属于融资利息的部分,作为企业财务费用在税前扣除。

12.6.6 资产价值变动对其计税基础的影响

企业持有各项资产期间资产增值或者减值,除国务院财政、税务主管部门规定可以确认损益外,不得调整该资产的计税基础。

12.6.7 固定资产改扩建形成长期待摊费用

《中华人民共和国企业所得税法实施条例》第六十八条规定,企业所得税法第十三条第(一)项和第(二)项所称固定资产的改建支出,是指改变房屋或者建筑物结构、延长使用年限等发生的支出。

企业所得税法第十三条第(一)项规定的支出,按照固定资产预计尚可使用年限分期摊销;第(二)项规定的支出,按照合同约定的剩余租赁期限分期摊销。

12.6.8 非"租入、已提足折旧"两类情形的房屋、建筑物固定资产改扩建的税务处理

改建的固定资产延长使用年限的,除《中华人民共和国企业所得税法》第十三条第(一)项和第(二)项规定外,应当适当延长折旧年限。

《国家税务总局关于企业所得税若干问题的公告》(国家税务总局公告2011年第34号)规定,企业对房屋、建筑物固定资产在未足额提取折旧前进行改扩建的,如属于推倒重置的,该资产原值减除提取折旧后的净值,应并入重置后的固定资产计税成本,并在该固定资产投入使用后的次月起,按照税法规定的折旧年限,一并计提折旧;如属于提升功能、增加面积的,该固定资产的改扩建支出,并入该固定资产计税基础,并从改扩建完工投入使用后的次月起,重新按税法规定的该固定资产折旧年限计提折旧,如该改扩建后的固定资产尚可使用的年限低于税法规定的最低年限的,可以按尚可使用的年限计提折旧。

12.6.9 固定资产大修理支出形成长期待摊费用

《中华人民共和国企业所得税法实施条例》第六十九条规定,企业所得税法第十三条第(三)项所称固定资产的大修理支出,是指同时符合下列条件的支出:①修理支出达到取得固定资产时的计税基础50%以上;②修理后固定资产的使用年限延长2年以上。

企业所得税法第十三条第(三)项规定的支出,按照固定资产尚可使用年限分期摊销。

12.6.10　其他长期待摊费用的摊销

《中华人民共和国企业所得税法实施条例》第七十条规定,企业所得税法第十三条第(四)项所称其他应当作为长期待摊费用的支出,自支出发生月份的次月起,分期摊销,摊销年限不得低于3年。

12.6.11　二手固定资产预计折旧年限的认定

税法规定,固定资产可以计算折旧从税前扣除是为了补偿固定资产因使用而造成自身价值的损耗,《中华人民共和国企业所得税法实施条例》规定的最短折旧年限是对未使用过的固定资产明确的损耗补偿最低年限,对于使用过的固定资产(二手固定资产),应当按尚可使用年限合理确认损耗的补偿年限,即折旧年限。实务中为了防范企业利用此政策避税,一般情况下,该固定资产的已使用期限和尚可使用期限之和不得低于《中华人民共和国企业所得税法实施条例》规定的最短折旧年限。

12.6.12　建筑企业"临时设施"税前扣除实务处理

考虑到目前财务会计制度和税法均未明确活动板房的处理,有的计入当期支出,有的计入长期待摊费用,有的计入固定资产,因此对于施工企业的临时设施,《中华人民共和国企业所得税法实施条例》第二十八条规定,企业发生的支出应当区分收益性支出和资本性支出。收益性支出在发生当期直接扣除;资本性支出应当分期扣除或者计入有关资产成本,不得在发生当期直接扣除。

《中华人民共和国企业所得税法实施条例》还规定,受益期在12个月以内的可视为收益性支出,在发生当期一次性扣除;受益期超过12个月的属于资本性支出,发生当期不得一次性扣除,应按受益期扣除。

13 资产损失政策及填报实务(A105090)

13.1 表样

A105090   资产损失税前扣除及纳税调整明细表

行次	项 目	资产损失的账载金额	资产处置收入	赔偿收入	资产计税基础	资产损失的税收金额	纳税调整金额
		1	2	3	4	5(4-2-3)	6(1-5)
1	一、现金及银行存款损失						
2	二、应收及预付款项坏账损失						
3	其中:逾期三年以上的应收款项损失						
4	逾期一年以上的小额应收款项损失						
5	三、存货损失						
6	其中:存货盘亏、报废、损毁、变质或被盗损失						
7	四、固定资产损失						
8	其中:固定资产盘亏、丢失、报废、损毁或被盗损失						
9	五、无形资产损失						
10	其中:无形资产转让损失						
11	无形资产被替代或超过法律保护期限形成的损失						
12	六、在建工程损失						
13	其中:在建工程停建、报废损失						
14	七、生产性生物资产损失						
15	其中:生产性生物资产盘亏、非正常死亡、被盗、丢失等产生的损失						
16	八、债权性投资损失(17+22)						
17	(一)金融企业债权性投资损失(18+21)						

续表

行次	项目	资产损失的账载金额	资产处置收入	赔偿收入	资产计税基础	资产损失的税收金额	纳税调整金额
		1	2	3	4	5(4-2-3)	6(1-5)
18	1.符合条件的涉农和中小企业贷款损失						
19	其中:单户贷款余额300万元(含)以下的贷款损失						
20	单户贷款余额300万元至1000万元(含)的贷款损失						
21	2.其他债权性投资损失						
22	(二)非金融企业债权性投资损失						
23	九、股权(权益)性投资损失						
24	其中:股权转让损失						
25	十、通过各种交易场所、市场买卖债券、股票、期货、基金以及金融衍生产品等发生的损失						
26	十一、打包出售资产损失						
27	十二、其他资产损失						
28	合计(1+2+5+7+9+12+14+16+23+25+26+27)						
29	其中:分支机构留存备查的资产损失						

资产损失利润计算及纳税调整对照提示表见表13-1。

表13-1　　　　　资产损失利润计算及纳税调整对照提示表

在利润总额计算中的位置	《一般企业成本支出明细表》(A102010)第17行"非流动资产处置损失"、第18行"非货币性资产交换损失"、第19行"债务重组损失"、第20行"非常损失"、第24行"坏账损失"、第25行"无法收回的债券股权投资损失",《期间费用明细表》(A104000)第8行"财产损耗、盘亏及毁损损失"
在纳税调整中的位置	《资产损失税前扣除及纳税调整明细表》(A105090)
风险管理层级	重大事项、永久性差异调整、时间性差异调整

13.2　修订变化

《资产损失税前扣除及纳税调整明细表》(2017版)修订后的变化见表13-2。

表 13-2　《资产损失税前扣除及纳税调整明细表》(2017 版)修订后的变化

序号	修订后的 2017 版申报表 (国家税务总局公告 2018 年第 57 号)		2017 版申报表 (国家税务总局公告 2017 年第 54 号)	
	报表名称	新表	报表名称	原表
1	《资产损失税前扣除及纳税调整明细表》(A105090)	不再区分"清单申报"和"专项申报"	《资产损失税前扣除及纳税调整明细表》(A105090)	分为"清单申报"和"专项申报"

13.3　一般规定

1. 资产损失(附表 A105090)填报基本要求

《资产损失税前扣除及纳税调整明细表》(A105090)作为 2017 版《企业所得税年度纳税申报表》纳税调整系列的例外,不论是否存在纳税调整,发生资产损失税前扣除事项(包括清单申报、专项申报)都要在本表进行填写申报。

同时应关注的是,《国家税务总局关于企业所得税资产损失资料留存备查有关事项的公告》(国家税务总局公告 2018 年第 15 号)规定,企业申报扣除资产损失,仅需填报年度纳税申报表,不再报送资产损失相关资料,相关资料由企业留存备查。

2. 资产损失税前扣除企业所得税专项政策梳理

资产损失税前申报扣除的企业所得税专项政策包括:《财政部　国家税务总局关于企业资产损失税前扣除政策的通知》(财税〔2009〕57 号)、《国家税务总局关于发布〈企业资产损失所得税税前扣除管理办法〉的公告》(国家税务总局公告 2011 年第 25 号)、《国家税务总局关于商业零售企业存货损失税前扣除问题的公告》(国家税务总局公告 2014 年第 3 号)、《国家税务总局关于企业因国务院决定事项形成的资产损失税前扣除问题的公告》(国家税务总局公告 2014 年第 18 号)。以下是对几个资产损失税前扣除政策执行中的问题的梳理和总结。

3. 金融企业涉农贷款和中小企业贷款损失税前扣除问题

《国家税务总局关于金融企业涉农贷款和中小企业贷款损失税前扣除问题的公告》(国家税务总局公告 2015 年第 25 号)规定,金融企业涉农贷款、中小企业贷款逾期 1 年以上,经追索无法收回,应依据涉农贷款、中小企业贷款分类证明,按下列规定计算确认贷款损失进行税前扣除:①单户贷款余额不超过 300 万元(含 300 万元)的,应依据向借款人和担保人的有关原始追索记录(包括司法追索、电话追索、信件追索和上门追索等原始记录之一,并由经办人和负责人共同签章确认),计算确认损失进行税前扣除。②单户贷款余额超过 300 万元至 1000 万元(含 1000 万元)的,应依据有关原始追索记录(应当包括司法追索记录,并由经办人和负责人共同签章确认),计算确认损失进行税前扣除。③单户贷款余额超过 1000 万元的,仍按《国家税务总局关于发布〈企业资产损失所得税税前扣除管理办法〉的公告》(国家税务总局公告2011年第25号)有关规定计算确认损失进行税前扣除。

4. 汇总纳税企业发生资产损失的申报扣除

总机构及二级分支机构发生的资产损失,除应按专项申报和清单申报的有关规定各自向所在地主管税务机关申报外,二级分支机构还应同时上报总机构;三级及以下分支机构发生的资产损失不需向所在地主管税务机关申报,应并入二级分支机构,由二级分支机构统一申报。

总机构对各分支机构上报的资产损失,除税务机关另有规定外,应以清单申报的形式向所在地主管税务机关申报。

总机构将分支机构所属资产捆绑打包转让所发生的资产损失,由总机构向所在地主管税务机关专项申报。

5. 应进行"清单申报"的资产损失在当年度未申报扣除的处理办法

根据《国家税务总局关于发布〈企业资产损失所得税税前扣除管理办法〉的公告》(国家税务总局公告2011年第25号)第六条的规定,企业以前年度发生的资产损失未能在当年税前扣除的,可以按照本办法的规定,向税务机关说明并进行专项申报扣除。

企业以前年度发生的应进行清单申报的资产损失在当年度未申报扣除的,在以后年度进行申报扣除时应进行专项申报。考虑到以前年度属于清单申报的资产损失均情况简单、损失金额易确定,因此纳税人可与主管税务机关沟通,在以后年度采取专项申报时能否仅报送《申请报告》和《专项申报表》,有关会计核算等证据资料留存企业备查,不需报送。在填报《资产损失税前扣除及纳税调整明细表》(A105090)时,纳税人可将以前年度未申报扣除的上述资产损失归类在第13行"其他"项目中。

案例:坏账损失

1. 情况说明

某企业于2018年12月31日核销一笔坏账(对X公司的应收账款),该项应收账款初始入账金额为10000元,企业2015年底针对该笔应收账款提取坏账准备3000元,2017年转回上述坏账准备1000元,2018年收回该笔应收账款5000元,其余做损失处理。

2. 会计处理

2016年计提坏账准备时:

借:资产减值损失　　　　　　　　　　　　　　　　　3000
　　贷:坏账准备　　　　　　　　　　　　　　　　　　　3000

2017年转回上述坏账准备时:

借:坏账准备　　　　　　　　　　　　　　　　　　　1000
　　贷:资产减值损失　　　　　　　　　　　　　　　　　1000

2018年对坏账进行核销时:

借：坏账准备　　　　　　　　　　　　　　　　　　　　　　　　　2000
　　营业外支出　　　　　　　　　　　　　　　　　　　　　　　　　3000
　　银行存款　　　　　　　　　　　　　　　　　　　　　　　　　　5000
　　贷：应收账款　　　　　　　　　　　　　　　　　　　　　　　　10000

3．填报方法

2016年企业计提坏账准备3000元，已计入当期损益，资产减值损失借方发生额3000元，则应在2016年度调增3000元。填入《纳税调整项目明细表》(A105000)第33行"资产减值准备金"第3列"调增金额"。具体填报见表13-3。

表13-3

A105000　　　　　　　　　　纳税调整项目明细表　　　　　　　　　　单位：元

行次	项目	账载金额	税收金额	调增金额	调减金额
		1	2	3	4
33	(二)资产减值准备金	3000	*	3000	

2017年企业转回坏账准备1000元，也已计入当期损益，资产减值损失贷方发生额1000元，则应在2017年度调减1000元。填入《纳税调整项目明细表》(A105000)第33行"资产减值准备金"第4列"调减金额"。具体填报见表13-4。

表13-4

A105000　　　　　　　　　　纳税调整项目明细表　　　　　　　　　　单位：元

行次	项目	账载金额	税收金额	调增金额	调减金额
		1	2	3	4
33	(二)资产减值准备金	−1000	*	0	1000

2018年因损失实际发生，企业核销了坏账，即进行"资产减值损失"转销，坏账损失已计入当期损益，则应填写《资产损失税前扣除及纳税调整明细表》(A105090)。如果企业的实际情况符合税法关于资产损失税前扣除的规定，申报表应填列见表13-5。

表13-5

A105090　　　　　　　　资产损失税前扣除及纳税调整明细表　　　　　　　　单位：元

行次	项目	资产损失的账载金额	资产处置收入	赔偿收入	资产计税基础	资产损失的税收金额	纳税调整金额
		1	2	3	4	5(4-2-3)	6(1-5)
2	二、应收及预付款项坏账损失	3000			5000	5000	−2000

13.4 风险环节

1. 政策理解不到位造成误填报资产损失问题

纳税人应加强文件学习,准确理解资产损失概念,在实务处理中经常可见混淆资产损失和资产减值准备概念、资产损失类型分类不清错填申报表等情况造成企业错误填报资产损失、无法正常税前扣除,需补缴企业所得税税款及滞纳金,增加企业负担的问题。

2. 清单申报企业留存资料备查意识不强,资料无法提供

《国家税务总局关于发布〈企业资产损失所得税税前扣除管理办法〉的公告》(国家税务总局公告2011年第25号)第八条规定,企业资产损失按其申报内容和要求的不同,分为清单申报和专项申报两种申报形式。其中,属于清单申报的资产损失,企业可按会计核算科目进行归类、汇总,然后再将汇总清单报送税务机关,有关会计核算资料和纳税资料留存备查;属于专项申报的资产损失,企业应逐项(或逐笔)报送申请报告,同时附送会计核算资料及其他相关的纳税资料。企业在申报资产损失税前扣除过程中不符合上述要求的,税务机关应当要求其改正,企业拒绝改正的,税务机关有权不予受理。

企业应重视清单申报留存资料备查工作,健全资产损失内部核销管理制度,及时收集、整理、编制、审核、申报、保存资产损失税前扣除证据材料,方便税务机关检查。

3. 资产损失发生时间与确认时点问题

纳税人应严格按照资产损失相关文件要求,准确确认损失申报扣除时点。在实务案例中,可见企业因确认时点原因导致资产损失申报年度错误,影响企业正常申报扣除。如投资企业注销等原因导致的资产损失,应于被投资企业工商注销年度,工商注销若跨年,则该笔损失应确认在第二年。股权转让损失,应于股权变更手续等全部完成后确认损失。

4. 不得作为资产损失在企业所得税税前扣除的股权和债权

纳税人应特别注意,以下债权和股权损失不允许税前扣除:债务人或者担保人有经济偿还能力,未按期偿还的企业债权;违反法律、法规的规定,以各种形式、借口逃废或悬空的企业债权;行政干预逃废或悬空的企业债权;企业未向债务人和担保人追偿的债权;企业发生非经营活动的债权;其他不应当核销的企业债权和股权。

5. 不按出资比例和持股比例分配清算剩余财产造成资产损失问题

《中华人民共和国公司法》第一百八十七条规定,清算组在清理公司财产、编制资产负债表和财产清单后,应当制定清算方案,并报股东会、股东大会或者人民法院确认。

公司财产在分别支付清算费用、职工的工资、社会保险费用和法定补偿金,缴纳所欠税款,清偿公司债务后的剩余财产,有限责任公司按照股东的出资比例分配,股份有限公司按照股东持有的股份比例分配。

不按出资比例和持股比例分配清算剩余财产,造成纳税人分得的被投资人清算剩余资产少于按照公司法规定的应分得的金额,从而形成资产损失,不应当在企业所得税税前进行扣除。

6. 投资人撤回、减少投资造成的股权投资损失

《中华人民共和国公司法》第一百七十七条规定,公司需要减少注册资本时,必须编制资产负债表及财产清单。公司应当自作出减少注册资本决议之日起10日内通知债权人,并于30日内在报纸上公告。债权人自接到通知书之日起30日内,未接到通知书的自公告之日起45日内,有权要求公司清偿债务或者提供相应的担保。公司减资后的注册资本不得低于法定的最低限额。

《国家税务总局关于1元以下应纳税额和滞纳金处理问题的公告》(国家税务总局公告2012年第25号)未对纳税人撤回、减少投资造成股权投资损失作出具体规定,纳税人在申报相关资产损失时,应事先与主管税务机关沟通。

7. 企业境外所得中包含的资产损失税前扣除问题

《财政部 国家税务总局关于企业资产损失税前扣除政策的通知》(财税〔2009〕57号)规定,企业境内、境外营业机构发生的资产损失应分开核算,对境外营业机构由于发生资产损失而产生的亏损,不得在计算境内应纳税所得额时扣除。

纳税人境外经营产生的资产损失,包括参与境外分支机构营业利润计算资产损失,被投资企业所在地为境外的股权投资损失,债务人在境外的债权投资损失,应收及预付款损失,应收票据、各类垫款、往来款损失,固定资产所在地为境外的固定资产损失等。

按照现行申报表的逻辑结构,纳税人境外所得为负数时,应在主表第14行"境外所得"填写负数,与境内应纳税所得额计算相分离。其中形成分支机构亏损的损失以"分国不分项"的原则进行弥补,境外机构的上述股权投资、债权投资、应收预付款、财产转让损失不能用境内所得弥补,目前也没有明确的申报受理标准。实务操作中,纳税人对该部分损失进行申报前,应与主管税务机关进行沟通,确认是否予以受理。

8. "存货正常损失"不包含不得抵扣的增值税进项税额

《国家税务总局关于商业零售企业存货损失税前扣除问题的公告》(国家税务总局公告2014年第3号)中规定的"存货正常损失"是否包含不得抵扣的增值税进项税额?

根据《财政部 国家税务总局关于企业资产损失税前扣除政策的通知》(财税〔2009〕57号)第十条的规定,企业因存货盘亏、毁损、报废、被盗等原因不得从增值税销项税额中抵扣的进项税额,可以与存货损失一起在计算应纳税所得额时扣除。因此,企业因存货盘亏、毁损、报废、被盗等原因不得从增值税销项税额中抵扣的进项税额不属于资产损失,《国家税务总局关于商业零售企业存货损失税前扣除问题的公告》(国家税务总局公告2014年第3号)中规定的存货正常损失不包括不得抵扣的增值税进项税额。

13.5 实际案例

案例1

北京××投资有限公司主营投资管理、投资咨询等业务,自2014年4月1日起先后借款5000万元给其关联企业北京××房地产开发有限公司用于其业务开展,北京××房地产开发有限公司于2015年2月1日还款500万元,仍欠款4500万元。北京××房地产开发有限公司无法持续开展经营,经全体股东一致同意决定注销,并于2016年9月1日工商注销完毕,因此北京××投资有限公司于2016年申报"货币资产损失——应收及预付款项损失"4500万元。根据《国家税务总局关于发布〈企业资产损失所得税税前扣除管理办法〉的公告》(国家税务总局公告2011年第25号)第二十二条第四款之规定:"企业应收及预付款项坏账损失应依据以下相关证据材料确认:(一)相关事项合同、协议或说明;(二)属于债务人破产清算的,应有人民法院的破产、清算公告;(三)属于诉讼案件的,应出具人民法院的判决书或裁决书或仲裁机构的仲裁书,或者被法院裁定终(中)止执行的法律文书;(四)属于债务人停止营业的,应有工商部门注销、吊销营业执照证明;(五)属于债务人死亡、失踪的,应有公安机关等有关部门对债务人个人的死亡、失踪证明;(六)属于债务重组的,应有债务重组协议及其债务人重组收益纳税情况说明;(七)属于自然灾害、战争等不可抗力而无法收回的,应有债务人受灾情况说明以及放弃债权申明。"企业提供了借款记账凭证、借款合同、款项支付凭证及相关记账凭证、被投资公司注销工商证明及清算报告等资料。从资料上来看企业准备比较完备,但税务部门认为借款给关联企业之后关联企业注销而进行资产损失申报扣除存在风险点,因此将核查重点放在债务人方。若借款确实真实发生,债务人在依法注销前应按照企业所得税法规定如实进行清算,确认债权清理、债务清偿的所得或损失。然而北京××房地产开发有限公司在注销清算时对该笔款项"其他应付款"4500万元未申报为清算所得,从其清算申报中无法体现此笔借款,就现有证据资料检查组认为该笔借款不真实,不应在2016年做资产损失扣除。北京××投资有限公司认同税务部门意见,就此笔资产损失进行调增并补缴相应企业所得税税款。

案例2

北京××文化传媒有限公司主营为批发、零售教辅类图书,于2016年度企业所得税申报中扣除了"专项损失-非货币资产损失-存货(工程物资)报废、毁损或变质损失"4000万元。税务部门与企业约谈后了解到,其申报扣除的该笔损失主要为过期报废、销毁的图书。税务人员要求企业提供报废、销毁图书清单。经研究分析发现,有一部分报废图书为2016年秋教辅图书,而考虑到中小学课程安排特点,此类教辅图书使用期一般应持续到2017年春季。因此税务人员针对这部分图书在淘宝、当当、京东等网站上进行搜索,发现资产损失中申报的2016年秋教辅图书在2016年下半年仍然继续出售,累计金额1000万元。由于其不符合存货报废、毁损或变质损失的条件,不应在2016年做资产损失扣除。北京××文化传媒有限公司认同税务部门意见,就此笔资产损失进行调增并补缴相应企业所得税税款。此外,企业少列收入涉嫌偷税,检查组也对其开展相应的检查工作。

案例3

中国××房地产开发有限公司,2010年承包某区A土地新建职工住宅。该项目于2012年开工,合同工期720天。按照国管局规定售价批复,确定以4200元/平方米向职工销售。2016年房屋办理完入住手续,配套工程也基本完工。该企业根据收到的职工集资款和实际发生的建造成本,在2016年度企业所得税申报中扣除了"专项申报－非货币资产损失－存货(工程物资)报废、毁损或变质损失"7600万元。税务部门复核相关记账凭证等资料后,发现企业在收到职工集资款时借记银行存款,贷记预收账款。发生建造支出时,借记预收账款,贷记开发成本。在会计上未体现出损失实质是企业经营发生的亏损,不符合《国家税务总局关于发布〈企业资产损失所得税税前扣除管理办法〉的公告》(国家税务局公告2011年第25号)中资产损失认定要求,企业不应在2016年做资产损失扣除,又因房地产项目未达到《房地产开发经营业务企业所得税处理办法》(国税发〔2009〕31号)计算实际毛利额的条件,故要求企业调增并补缴相应企业所得税税款。

案例4

××银行股份有限公司于2016年企业所得税申报扣除"货币损失－应收及预付款项坏账损失"8800万元。税务部门与企业约谈后了解到,"应收及预付款项坏账损失"8800万元为对××物流有限公司债务重组债务豁免形成的损失,企业在重整计划申请书中提到"对债权人所持普通债权40%部分留债并进行现金分期清偿,全部留债金额自重整计划草案经人民法院批准之日起8年内还清,自本重整计划在经人民法院批准之日起前3年,××物流有限公司不偿付留债本金,第4年至第8年应于当年最后一个月25日向债权人按比例清偿留债本金,留债部分本息由××矿业有限责任公司提供连带责任保证担保。留债金额全部偿付完成后,对于债权人所持普通债权60%豁免,××物流有限公司不再承担清偿责任。该重整书自2016年1月1日起执行"。根据该重整计划数,企业应于约定偿付完成时间8年后确认损失,因此企业不应在2016年做资产损失扣除。××银行股份有限公司认同税务部门意见,就此笔资产损失进行调增并补缴相应企业所得税税款。

案例5

北京××工程有限公司于2016年申报扣除"非货币资产损失－在建工程停建、报废损失"8000万元。税务部门与企业约谈后了解到,8000万元为其投资在利比亚分的住房项目在建工程损失,由于利比亚局势混乱,其建造的住房项目处于无管控状态,项目状况不明,无法按期完成,8000万元为企业的建造支出。根据《国家税务总局关于发布〈企业资产损失所得税税前扣除管理办法〉的公告》(国家税务总局公告2011年第25

号)第三十二条的规定:"在建工程停建、报废损失,为其工程项目投资账面价值扣除残值后的余额,应依据以下证据材料确认:(一)工程项目投资账面价值确定依据;(二)工程项目停建原因说明及相关材料;(三)因质量原因停建、报废的工程项目和因自然灾害和意外事故停建、报废的工程项目,应出具专业技术鉴定意见和责任认定、赔偿情况的说明等。"①经过核对企业提供的相关证据资料,检查组了解到企业将利比亚项目的全部支出都作为资产损失进行了申报扣除,经研究分析检查组认为该笔专项扣除存在以下疑点:第一,项目状态为暂时停建,但企业内部并未通过终止项目的相关文件;第二,项目停建后其分公司未派出人员对停建工程项目现状进行考察记录,企业提供的影像资料为停建前拍摄,目前并不确定是否有损毁、报废部分;第三,企业并没有按照文件规定出具专业技术鉴定意见和责任认定、赔偿情况的说明,由于没有进行专项评估该项目实际损失不可考。综上所述,检查组认为企业该笔损失不符合在建工程停建、报废损失扣除标准,不应在2016年做资产损失扣除。北京××工程有限公司认同检查组意见,就此笔资产损失进行调增并补缴相应企业所得税税款。

案例6

北京××百货有限公司于2016年申报扣除"非货币资产损失-存货报废、毁损或变质损失"7000万元。在税务部门与企业约谈过程中,企业说明该部分损失为分支机构存货变质发生的损失,并提供大量存货图片、记账凭证、内部核销文件等资料,税务部门逐项逐笔进行核对并发现其中5000万元为其欧洲国际分公司存货变质损失。根据《中华人民共和国企业所得税法》第十七条的规定:"企业在汇总计算缴纳企业所得税时,其境外营业机构的亏损不得抵减境内营业机构的盈利。"因此该部分5000万元不应在境内申报资产损失扣除。北京××百货有限公司认同税务部门意见,就此笔资产损失进行调增并补缴相应企业所得税税款。

---

① 根据《国家税务总局关于取消20项税务证明事项的公告》(国家税务总局公告2018年第65号)规定,将"企业向税务机关申报扣除特定损失时,需留存备查专业技术鉴定意见(报告)或法定资质中介机构出具的专项报告。"改为"不再留存",以及"纳税人留存备查自行出具的有法定代表人、主要负责人和财务负责人签章证实有关损失的书面申明"。

14 企业重组政策及填报实务(A105100)

14.1 表样

A105100 企业重组及递延纳税事项纳税调整明细表

行次	项 目	一般性税务处理			特殊性税务处理（递延纳税）			纳税调整金额
		账载金额	税收金额	纳税调整金额	账载金额	税收金额	纳税调整金额	
		1	2	3(2-1)	4	5	6(5-4)	7(3+6)
1	一、债务重组							
2	其中:以非货币性资产清偿债务							
3	债转股							
4	二、股权收购							
5	其中:涉及跨境重组的股权收购							
6	三、资产收购							
7	其中:涉及跨境重组的资产收购							
8	四、企业合并(9+10)							
9	(一)同一控制下企业合并							
10	(二)非同一控制下企业合并							
11	五、企业分立							
12	六、非货币性资产对外投资							
13	七、技术入股							
14	八、股权划转、资产划转							
15	九、其他							
16	合计(1+4+6+8+11+12+13+14+15)							

14.2 一般规定

企业重组利润计算及纳税调整对照提示表见表14-1。

表14-1　　　　　　　企业重组利润计算及纳税调整对照提示表

在利润总额计算中的位置	《一般企业收入明细表》(A101010)第19行"债务重组利得",第26行"其他",《中华人民共和国企业所得税年度纳税申报表(A类)》(A100000)第9行"投资收益"
在纳税调整中的位置	《企业重组及递延纳税事项纳税调整明细表》(A105100)
风险管理层级	跨年度事项、重大事项、高风险事项

14.3 关键要点

14.3.1 企业重组涉及政策文件

企业重组涉及政策文件包括:《国家税务总局关于债务重组所得企业所得税处理问题的批复》(国税函〔2009〕1号)、《财政部　国家税务总局关于企业重组业务企业所得税处理若干问题的通知》(财税〔2009〕59号)、《北京市财政局　北京市国家税务局　北京市地方税务局转发财政部　国家税务总局关于企业重组业务企业所得税处理若干问题的通知》(京财税〔2009〕1000号)、《国家税务总局关于发布〈企业重组业务企业所得税管理办法〉的公告》(国家税务总局公告2010年第4号)、《财政部　国家税务总局关于中国(上海)自由贸易试验区内企业以非货币性资产对外投资等资产重组行为有关企业所得税政策问题的通知》(财税〔2013〕91号)、《国家税务总局关于企业所得税应纳税所得额若干问题的公告》(国家税务总局公告2014年第29号)、《财政部　国家税务总局关于促进企业重组有关企业所得税处理问题的通知》(财税〔2014〕109号)、《财政部　国家税务总局关于非货币性资产投资企业所得税政策问题的通知》(财税〔2014〕116号)、《国家税务总局关于非货币性资产投资企业所得税有关征管问题的公告》(国家税务总局公告2015年第33号)、《国家税务总局关于资产(股权)划转企业所得税征管问题的公告》(国家税务总局公告2015年第40号)、《国家税务总局关于企业重组业务企业所得税征收管理若干问题的公告》(国家税务总局公告2015年第48号)。

14.3.2 各重组政策文件之间的脉络关系

目前的重组政策文件可分为三类:以《财政部　国家税务总局关于企业重组业务企

业所得税处理若干问题的通知》(财税〔2009〕59号)为首规范的重组政策、股权或资产划转政策以及非货币性资产投资政策。这三类政策所调整的企业经济行为既有区别又有重叠。因此,企业在适用重组政策时要谨慎分析自身经济行为的性质,选择合适的税收政策。需要注意的是,依据《国家税务总局关于非货币性资产投资企业所得税有关征管问题的公告》(国家税务总局公告2015年第33号)第三条的规定,企业只能在三者之中任选其一进行特殊性税务处理,不能同时适用这三类政策,且一经选择,不得改变。

以《财政部 国家税务总局关于企业重组业务企业所得税处理若干问题的通知》(财税〔2009〕59号)为首规范的重组政策还包括:《国家税务总局关于发布〈企业重组业务企业所得税管理办法〉的公告》(国家税务总局公告2010年第4号)、《财政部 国家税务总局关于促进企业重组有关企业所得税处理问题的通知》(财税〔2014〕109号)和《国家税务总局关于企业重组业务企业所得税征收管理若干问题的公告》(国家税务总局公告2015年第48号)。

股权或资产划转主要政策包括:《国家税务总局关于企业所得税应纳税所得额若干问题的公告》(国家税务总局公告2014年第29号)第一条和第二条、《财政部 国家税务总局关于促进企业重组有关企业所得税处理问题的通知》(财税〔2014〕109号)第三条和《国家税务总局关于资产(股权)划转企业所得税征管问题的公告》(国家税务总局公告2015年第40号)。

非货币性资产投资主要政策包括:《财政部 国家税务总局关于非货币性资产投资企业所得税政策问题的通知》(财税〔2014〕116号)和《国家税务总局关于非货币性资产投资企业所得税有关征管问题的公告》(国家税务总局公告2015年第33号)。

14.3.3 企业重组的各项基本概念

1. 重组过程中的基本概念

企业重组,是指企业在日常经营活动以外发生的法律结构或经济结构重大改变的交易,包括企业法律形式改变、债务重组、股权收购、资产收购、合并、分立等。企业法律形式改变,是指企业注册名称、住所以及企业组织形式等的简单改变。

债务重组,是指在债务人发生财务困难的情况下,债权人按照其与债务人达成的书面协议或者法院裁定书,就其债务人的债务做出让步的事项。

股权收购,是指一家企业(以下称为收购企业)购买另一家企业(以下称为被收购企业)的股权,以实现对被收购企业控制的交易。

资产收购,是指一家企业(以下称为受让企业)购买另一家企业(以下称为转让企业)实质经营性资产的交易。

合并,是指一家或多家企业(以下称为被合并企业)将其全部资产和负债转让给另一家现存或新设企业(以下称为合并企业),实现两个或两个以上企业的依法合并。

分立,是指一家企业(以下称为被分立企业)将部分或全部资产分离转让给现存或新设的企业(以下称为分立企业),实现企业的依法分立。

2. 企业重组的当事各方

按照重组类型，企业重组的当事各方是指：①债务重组中当事各方，指债务人、债权人。②股权收购中当事各方，指收购方、转让方及被收购企业。③资产收购中当事各方，指收购方、转让方。④合并中当事各方，指合并企业、被合并企业及被合并企业股东。⑤分立中当事各方，指分立企业、被分立企业及被分立企业股东。上述重组交易中，股权收购中转让方、合并中被合并企业股东和分立中被分立企业股东，可以是自然人。

当事各方中的自然人应按个人所得税的相关规定进行税务处理。

3. 重组主导方

重组当事各方企业适用特殊性税务处理的（指重组业务符合《财政部　国家税务总局关于企业重组业务企业所得税处理若干问题的通知》（财税〔2009〕59号）和《财政部　国家税务总局关于促进企业重组有关企业所得税处理问题的通知》（财税〔2014〕109号）第一条、第二条规定条件并选择特殊性税务处理的，下同），应按如下规定确定重组主导方：①债务重组，主导方为债务人。②股权收购，主导方为股权转让方，涉及两个或两个以上股权转让方，由转让被收购企业股权比例最大的一方作为主导方（转让股权比例相同的可协商确定主导方）。③资产收购，主导方为资产转让方。④合并，主导方为被合并企业，涉及同一控制下多家被合并企业的，以净资产最大的一方为主导方。⑤分立，主导方为被分立企业。

4. 企业重组日

《财政部　国家税务总局关于企业重组业务企业所得税处理若干问题的通知》（财税〔2009〕59号）第十一条所称重组业务完成当年，是指重组日所属的企业所得税纳税年度。企业重组日的确定，按以下规定处理：①债务重组，以债务重组合同（协议）或法院裁定书生效日为重组日。②股权收购，以转让合同（协议）生效且完成股权变更手续日为重组日。关联企业之间发生股权收购，转让合同（协议）生效后12个月内尚未完成股权变更手续的，应以转让合同（协议）生效日为重组日。③资产收购，以转让合同（协议）生效且当事各方已进行会计处理的日期为重组日。④合并，以合并合同（协议）生效、当事各方已进行会计处理且完成工商新设登记或变更登记日为重组日。按规定不需要办理工商新设或变更登记的合并，以合并合同（协议）生效且当事各方已进行会计处理的日期为重组日。⑤分立，以分立合同（协议）生效、当事各方已进行会计处理且完成工商新设登记或变更登记日为重组日。

14.3.4　企业重组税务处理涉及的主要问题

第一类问题是资产负债事项的原所有者在重组环节需确认的应税损益。资产负债既包括重组事项的标的，也包括为标的支付的对价。

第二类问题是重组事项发生后，资产负债事项的新所有者对资产负债计税基础的确认。资产负债，既包括重组事项的标的，也包括为标的支付的对价。

第三类问题是合并、分立事项,且被合并、分立企业的亏损能否在重组后新成立或存续企业继续弥补。

第四类问题是合并、分立事项,且合并、分立后存续企业的税收优惠事项能否在重组完成后继续享受。

14.3.5 财税〔2009〕59号文件规范的企业重组的一般性税务处理

一般性税务处理相对特殊性税务处理而言,不涉及纳税义务的递延。对不符合特殊性税务处理条件,或未按要求履行特殊性税务处理备案手续的重组事项,都应按照一般性税务处理进行申报纳税。

(1)应进行一般性税务处理股权收购,视同被收购企业股东将被收购企业股权转让给收购企业,被收购企业股东将股权公允价值与计税基础之间的差额确认转让所得或损失。收购企业按被收购企业股权公允价值确认该项股权的计税基础。

(2)应进行一般性税务处理债务重组,对债权债务计税基础与重组确认金额之间的差额,债务人确认为应税所得,债权人确认为资产损失。该资产损失申报及税会差异调整不在《企业重组及递延纳税事项纳税调整明细表》(A105100)中进行填写,而是在《资产损失税前扣除及纳税调整明细表》(A105090)中进行申报调整。

(3)应进行一般性税务处理资产收购,视同被收购企业将资产转让给收购企业,被收购企业将资产公允价值与计税基础之间的差额确认转让所得或损失。收购企业按被收购企业资产公允价值确认资产的计税基础。

(4)应进行一般性税务处理的企业合并,视同被合并企业及其股东都应按清算进行所得税处理,将资产负债转让给合并企业,重组环节中的被合并企业应将资产负债公允价值与原计税基础之间的差额确认转让所得或损失。合并企业应按公允价值确定接受被合并企业各项资产和负债的计税基础。一般性税务处理中被合并企业的亏损不得在合并企业结转弥补。在企业吸收合并中,合并后的存续企业性质及适用税收优惠的条件未发生改变的,可以继续享受合并前该企业剩余期限的税收优惠,其优惠金额按存续企业合并前一年的应纳税所得额(亏损计为零)计算。

(5)应进行一般性税务处理的企业分立,视同被分立企业将资产负债转让给分立企业,重组环节应将资产负债公允价值与原计税基础之间的差额确认转让所得或损失。如果被分立企业不再存续,那么被分立企业及其股东都应按清算进行所得税处理,并履行纳税义务。分立企业按标的资产负债公允价值确认资产负债的计税基础。一般性税务处理企业分立相关企业的亏损不得相互结转弥补。在企业存续分立中,分立后的存续企业性质及适用税收优惠的条件未发生改变的,可以继续享受分立前该企业剩余期限的税收优惠,其优惠金额按该企业分立前一年的应纳税所得额(亏损计为零)乘分立后存续企业资产占分立前该企业全部资产的比例计算。

(6)企业法律形式改变,是指未同时符合上述债务重组、股权收购、资产收购、企业合并、企业分立的情形的,企业注册名称、住所以及企业组织形式等的简单改变。企业法律形式改变的一般性税务处理主要应注意法律形式的改变是否造成了企业所得税应税主体的消失。我国企业所得税纳税主体包括境内成立或境外成立但实际管理机构在境内的企业(即居民企业),个人独资企业和合伙企业所得不属于企业所得税的征税范围。因此当企业由法人转变为个人独资企业、合伙企业等非法人组织,或将登记注册地转移至中华人民共和国境外(包括港澳台地区),应视同企业进行清算、分配,股东重新投资成立新企业。企业的全部资产以及股东投资的计税基础均应以公允价值为基础确定。企业发生其他法律形式简单改变的,可直接变更税务登记,除另有规定外,有关企业所得税纳税事项(包括亏损结转、税收优惠等权利和义务)由变更后企业承继。企业法律形式改变不涉及特殊性税务处理。

根据上述规定,实务中经常遇到的是国有企业股份制改革的问题。企业组织形式发生变化时,比如,由全民所有制企业改制为股份有限公司,就需要进行资产评估。当资产评估增值导致企业注册资本变化时,此处纳税人在进行"应税所得确认"和"计税基础调整"时,税务处理应保持一致。一般情况下,股份制改革导致资产评估增值,纳税人会按评估价值调整资产负债的账面价值。但进行税务处理时如果未将评估增值额确认为应税所得,又未能保持评估前后资产负债计税基础确认的延续性,会造成较大的涉税风险。

14.3.6　企业股权或资产划转的税务处理

按照《国家税务总局关于企业所得税应纳税所得额若干问题的公告》(国家税务总局公告2014年第29号)第一条和第二条的规定,政府部门对企业划转资产,属于权益性投入的,划入企业按政府规定的接收价值确认资产计税基础。政府无偿划入企业的资产(不属于权益性或债权性投入的),划入企业应按政府规定的接收价格(没有规定接收价格按公允价值)确认收入。其中符合不征税收入税务处理条件的,可按照不征税收入进行税务处理。股东划入企业的资产,属于权益性投入的,划入企业按公允价值确认资产计税基础。股东划入企业的资产做收入处理的,划入企业按公允价值确认收入和资产的计税基础。

"100%直接控制的居民企业之间,以及受同一或相同多家居民企业100%直接控制的居民企业之间按账面净值划转股权或资产"的情况,需要遵循《财政部　国家税务总局关于促进企业重组有关企业所得税处理问题的通知》(财税〔2014〕109号)第三条和《国家税务总局关于资产(股权)划转企业所得税征管问题的公告》(国家税务总局公告2015年第40号)中的具体规定。

14.3.7　非货币性资产投资的税务处理

按照《财政部　国家税务总局关于非货币性资产投资企业所得税政策问题的通知》(财税〔2014〕116号)的规定,企业以非货币性资产对外投资,应对非货币性资产进行评估并按评估后的公允价值扣除计税基础后的余额,计算确认非货币性资产转让所得。按照《国家税务总局关于非货币性资产投资企业所得税有关征管问题的公告》(国家税务总局公告2015年第33号)规定,实行查账征收的居民企业(以下简称企业)以非货币性资产对外投资确认的非货币性资产转让所得,可自确认非货币性资产转让收入年度起不超过连续5个纳税年度的期间内,分期均匀计入相应年度的应纳税所得额,按规定计算缴纳企业所得税。

企业选择适用《国家税务总局关于非货币性资产投资企业所得税有关征管问题的公告》(国家税务总局公告2015年第33号)第一条规定进行税务处理的,应在非货币性资产转让所得递延确认期间每年企业所得税汇算清缴时,填报《中华人民共和国企业所得税年度纳税申报表》(A类,2017年版)中《企业重组及递延纳税事项纳税调整明细表》(A105100)第12行"六、非货币性资产对外投资"的相关栏目(根据新报表进行调整),并向主管税务机关报送《非货币性资产投资递延纳税调整明细表》。

14.3.8 财税〔2009〕59号文件和财税〔2014〕109号文件规范的企业重组的特殊性税务处理

特殊性税务处理相对一般性税务处理而言,主要涉及纳税义务在不同纳税年度、不同交易环节、不同法人主体之间递延。对符合特殊性税务处理条件,纳税人选择进行特殊性税务处理,并向主管税务机关履行了特殊性税务处理备案手续的重组事项,可以按特殊性税务处理申报纳税。

《财政部 国家税务总局关于企业重组业务企业所得税处理若干问题的通知》(财税〔2009〕59号)规定,股权支付,是指企业重组中购买、换取资产的一方支付的对价中,以本企业或其控股企业的股权、股份作为支付的形式。

股权收购中收购企业以其自身股权对被收购企业股东进行支付,对被收购股权而言,股权支付部分仍受被收购企业股东控制,最终控制权未发生改变。资产收购中收购企业以其自身股权对被收购企业进行支付,对被收购资产而言,股权支付部分仍受被收购企业控制,最终控制权未发生改变。但如果收购企业以其控股企业股权、股份进行支付,股权收购中被收购企业股东对标的股权不再具有控制能力,资产收购中被收购企业对标的资产也不再具有控制能力。重组事项导致标的资产不再具有"权益连续性"。实务中,该规定较易造成政策执行者的疑义,不应排除后续税收政策会对上述问题进行进一步的规范和明确。因此纳税人在进行相关重组事项的筹划安排时,应注意做好风险防范。

(1)可进行特殊性税务处理债务重组,债权债务计税基础与重组确认金额之间的差额对债务人而言,债务重组确认的应纳税所得额占该企业当年应纳税所得额50%以上,可以在5个纳税年度内,均匀计入各年度的应纳税所得额。税会差异主要是债务重组利得确认的时间性差异,一般在债务重组当年,进行纳税调减,以后年度逐年调增。债权人确认为资产损失。该资产损失申报及税会差异调整不在《企业重组及递延纳税事项纳税调整明细表》(A105100)进行填写,在《资产损失税前扣除及纳税调整明细表》(A105090)中进行申报调整。

(2)可进行特殊性税务处理股权收购,收购股权不低于被收购企业全部股权的50%,且股权支付金额不低于其交易支付总额的85%,被收购企业的股东取得收购企业股权的计税基础,以被收购股权的原有计税基础确定。收购企业取得被收购企业股权的计税基础,以被收购股权的原有计税基础确定。

(3)可进行特殊性税务处理资产收购,受让企业收购的资产不低于转让企业全部资产的50%,且受让企业在该资产收购发生时的股权支付金额不低于其交易支付总额的85%,转让企业取得受让企业股权的计税基础,以被转让资产的原有计税基础确定。受让企业取得转让企业资产的计税基础,以被转让资产的原有计税基础确定。

应当注意的是,对可进行特殊性税务处理资产收购,政策规定"受让企业收购的资产不低于转让企业全部资产的50%,且股权支付金额不低于其交易支付总额的85%",在实务操作中,"净资产收购"的情况较为常见,纳税人往往按照被收购企业"净资产"(即资产减去负债),而非"资产总额"的50%作为上述比例的计算标准。上述"交易支付总额"同样面临按"净资产价值"计算还是应按"资产总额价值"计算的问题。《财政部 国家税务总局关于企业重组业务企业所得税处理若干问题的通知》(财税〔2009〕59号)规定,"承担债务"是非股份支付的一种形式。收购方在资产收购的同时承继被收购方债务,是否应作为"非股份支付"的一部分?政策规定的"全部资产"按"净资产"进行计算确认,能够满足"收购企业获得被收购企业控制权"的政策意图。而"全部资产"按照"资产总额"进行计算确认,则会使特殊性税务处理的确认条件变得更加苛刻,对部分纳税人来说很难达成。但在政策进一步做出明确规定之前,纳税人还是应与主管税务机关就上述问题进行充分沟通,以规避涉税风险。

(4)可进行特殊性税务处理企业合并,是指企业股东在该企业合并发生时取得的股权支付金额不低于其交易支付总额的85%,以及同一控制下且不需要支付对价的企业合并。被合并企业股东取得合并企业股权的计税基础,以其原持有的被合并企业股权的计税基础确定。合并企业接受被合并企业资产和负债的计税基础,以被合并企业的原有计税基础确定。

在企业吸收合并中,合并后的存续企业性质及适用税收优惠的条件未发生改变的,可以继续享受合并前该企业剩余期限的税收优惠,其优惠金额按存续企业合并前一年的应纳税所得额(亏损计为零)计算。

(5)可进行特殊性税务处理企业分立,被分立企业所有股东按原持股比例取得分立企业的股权,分立企业和被分立企业均不改变原来的实质经营活动,且被分立企业股东在该企业分立发生时取得的股权支付金额不低于其交易支付总额的85%。

分立企业接受被分立企业资产和负债的计税基础,以被分立企业的原有计税基础确定。

被分立企业的股东取得分立企业的股权(以下简称"新股"),如需部分或全部放弃原持有的被分立企业的股权(以下简称"旧股"),"新股"的计税基础应以放弃"旧股"的计税基础确定。如不需放弃"旧股",则其取得"新股"的计税基础可从以下两种方法中选择确定：①直接将"新股"的计税基础确定为零；②以被分立企业分立出去的净资产占被分立企业全部净资产的比例先调减原持有的"旧股"的计税基础，再将调减的计税基础平均分配到"新股"上。

上述政策是基于企业分立的实际情形规定的。企业分立有两种基本类型，即存续分立和新设分立。

存续分立主要采取让产分股式分立和让产赎股式分立两种技术方式。

让产分股式分立，是指将公司没有法人资格部分营业机构分立出去，成立给新公司或转让给现存公司，将接受资产的公司的股权分给全部股东；让产赎股式分立是指将公司没有法人资格的部分营业机构分立出去成立新的子公司或转让给现存公司，将接受资产的公司的股权分配给部分股东，换回股东持有的原公司股权。

在企业存续分立中，分立后的存续企业性质及适用税收优惠的条件未发生改变的，可以继续享受分立前该企业剩余期限的税收优惠，其优惠金额按该企业分立前一年的应纳税所得额（亏损计为零）乘分立后存续企业资产占分立前该企业全部资产的比例计算。

新设分立采用的技术方式主要是股本分割式分立。

股本分割式分立，是指将公司分割组成两家以上的新公司，公司解散。股本分割的两种典型做法，一是被分立企业全部股东按原持股比例均衡的同时取得全部分立企业的股权，原被分立企业的股票依法注销，被分立企业依公司法规定只解散不清算；二是被分立企业的几个股东集团分别取得几个分立企业的股票，被分立企业依公司法规定只解散不清算，被分立企业股票依法注销。

被分立企业未超过法定弥补期限的亏损额可按分立资产占全部资产的比例进行分配，由分立企业继续弥补。

14.3.9 国家税务总局公告2015年第40号对资产划转税务处理的具体规定

"100%直接控制的居民企业之间，以及受同一或相同多家居民企业100%直接控制的居民企业之间按账面净值划转股权或资产"的具体处理需要遵循《国家税务总局关于资产（股权）划转企业所得税征管问题的公告》（国家税务总局公告2015年第40号）的规定。

1. 将100%直接控制居民企业间的资产划转分为四种情况

（1）100%直接控制的母子公司之间，母公司向子公司按账面净值划转其持有的股权或资产，母公司获得子公司100%的股权支付。母公司按增加长期股权投资处理，子公司按接受投资（包括资本公积）处理。母公司获得子公司股权的计税基础以划转股权或资产的原计税基础确定。

（2）100%直接控制的母子公司之间，母公司向子公司按账面净值划转其持有的股权或资产，母公司没有获得任何股权或非股权支付。母公司按冲减实收资本（包括资本公积）处理，子公司按接受投资处理。

(3)100%直接控制的母子公司之间,子公司向母公司按账面净值划转其持有的股权或资产,子公司没有获得任何股权或非股权支付。母公司按收回投资处理,或按接受投资处理,子公司按冲减实收资本处理。母公司应按被划转股权或资产的原计税基础,相应调减持有子公司股权的计税基础。

(4)受同一或相同多家母公司100%直接控制的子公司之间,在母公司主导下,一家子公司向另一家子公司按账面净值划转其持有的股权或资产,划出方没有获得任何股权或非股权支付。划出方按冲减所有者权益处理,划入方按接受投资处理。

2. 明确了股权或资产划转完成日

《财政部 国家税务总局关于促进企业重组有关企业所得税处理问题的通知》(财税〔2014〕109号)第三条所称"股权或资产划转后连续12个月内不改变被划转股权或资产原来实质性经营活动",是指自股权或资产划转完成日起连续12个月内不改变被划转股权或资产原来实质性经营活动。

股权或资产划转完成日,是指股权或资产划转合同(协议)或批复生效,且交易双方已进行会计处理的日期。

3. 明确了股权或资产划转的计税基础

《财政部 国家税务总局关于促进企业重组有关企业所得税处理问题的通知》(财税〔2014〕109号)第三条所称"划入方企业取得被划转股权或资产的计税基础,以被划转股权或资产的原账面净值确定",是指划入方企业取得被划转股权或资产的计税基础,以被划转股权或资产的原计税基础确定。

《财政部 国家税务总局关于促进企业重组有关企业所得税处理问题的通知》(财税〔2014〕109号)第三条所称"划入方企业取得的被划转资产,应按其原账面净值计算折旧扣除",是指划入方企业取得的被划转资产,应按被划转资产的原计税基础计算折旧扣除或摊销。

4. 明确了股权或资产划转进行特殊性税务处理时的程序

交易双方应在企业所得税年度汇算清缴时,分别向各自主管税务机关报送《居民企业资产(股权)划转特殊性税务处理申报表》和相关资料。

相关资料包括:①股权或资产划转总体情况说明,包括基本情况、划转方案等,并详细说明划转的商业目的;②交易双方或多方签订的股权或资产划转合同(协议),需有权部门(包括内部和外部)批准的,应提供批准文件;③被划转股权或资产账面净值和计税基础说明;④交易双方按账面净值划转股权或资产的说明(需附会计处理资料);⑤交易双方均未在会计上确认损益的说明(需附会计处理资料);⑥12个月内不改变被划转股权或资产原来实质性经营活动的承诺书。

交易双方应在股权或资产划转完成后的下一年度的企业所得税年度申报时,各自向主管税务机关提交书面情况说明,以证明被划转股权或资产自划转完成日后连续12个月内,没有改变原来的实质性经营活动。

交易一方在股权或资产划转完成日后连续12个月内发生生产经营业务、公司性质、资产或股权结构等情况变化,致使股权或资产划转不再符合特殊性税务处理条件的,发生变化的交易一方应在情况发生变化的30日内报告其主管税务机关,同时书面通知另一方。另一方应在接到通知后30日内将有关变化报告其主管税务机关。

14.3.10 财税〔2014〕116号文件和国家税务总局公告2015年第33号对非货币性资产投资税务处理的具体规定

1. 明确了非货币性资产投资"资产转让所得"的确认方法

企业以非货币性资产对外投资,应对非货币性资产进行评估并按评估后的公允价值扣除计税基础后的余额,计算确认非货币性资产转让所得。

企业以非货币性资产对外投资,应于投资协议生效并办理股权登记手续时,确认非货币性资产转让收入的实现。

2. 明确了非货币性资产投资的计税基础

企业以非货币性资产对外投资而取得被投资企业的股权,应以非货币性资产的原计税成本为计税基础,加上每年确认的非货币性资产转让所得,逐年进行调整。

被投资企业取得非货币性资产的计税基础,应按非货币性资产的公允价值确定。

3. 明确了非货币性资产投资递延纳税政策的终止条件

企业在对外投资5年内转让上述股权或投资收回的,应停止执行递延纳税政策,并就递延期内尚未确认的非货币性资产转让所得,在转让股权或投资收回当年的企业所得税年度汇算清缴时,一次性计算缴纳企业所得税;企业在计算股权转让所得时,可按《财政部 国家税务总局关于非货币性资产投资企业所得税政策问题的通知》(财税〔2014〕116号)第三条第一款规定将股权的计税基础一次调整到位。

企业在对外投资5年内注销的,应停止执行递延纳税政策,并就递延期内尚未确认的非货币性资产转让所得,在注销当年的企业所得税年度汇算清缴时,一次性计算缴纳企业所得税。

14.3.11 重组资产负债账载金额与计税基础之间的差异调整

特殊性税务处理确认的重组损益,应当是标的资产负债原有计税基础与标的资产负债账面价值之间的差额。会计核算的重组损益,可能是交易公允价值与标的资产负债原有账面价值之间的差额(购买法核算),也可能是对价原有账面价值与标的资产负债原有账面价值之间的差额(权益结合法核算)。需调整的税会差异是税收金额与账载金额之间的差额。

应当注意的是,在实务中,企业重组特殊性税务处理的税会差异调整的是纳税人财务核算与特殊性税务处理之间的差异,而不一定是会计制度规定与特殊性税务处理之间的差异。这是由于实际操作中,纳税人的财务核算可能并未执行会计制度规定。比如,部分纳税人对同一控制下的企业合并采用购买法进行会计处理。

另外,资产负债原有的计税基础不一定等于资产负债的账面价值。在实务中,纳税人提供资产评估报告,报告内容针对的是资产负债的账面价值和公允价值。无论采用一般性还是特殊性税务处理,资产负债的账面价值和计税基础之间都可能存在差额。因此,应综合考虑标的资产负债在初始确认和持有期间是否有计提资产减值准备、公允价值变动损益、长期股权投资权益法核算、资产折旧、摊销原值、期限、方法等税会差异事项,造成重组环节资产负债计税基础与账面价值之间存在差异,并对差异进行调整。

14.3.12 特殊性税务处理非股权支付部分的损益确认

使用特殊性税务处理的股权收购、资产收购、企业合并、企业分立等重组事项,对交易支付总额中的非股权支付部分,非股权支付仍应在交易当期确认相应的资产转让所得或损失,并调整相应资产的计税基础。

非股权支付对应的资产转让所得或损失=被转让资产的公允价值-被转让资产的计税基础×非股权支付金额被转让资产的公允价值

14.3.13 股权收购一般性税务处理被收购方股东股权转让形成的资产损失

股权收购或资产收购以收购方控股企业股权作为对价进行股权支付,无论采用一般性税务处理还是特殊性税务处理,对收购方而言,该项股权的账面价值和计税基础之间都可能存在差异,且会计处理和税务处理对交易价格的确认也可能存在差异。因此,作为股权或资产收购方的纳税人应同时分析确认处置该项股权的应税所得。在一般性税务处理中,如果用于支付对价股权的计税基础大于其处置金额,而形成了资产损失,应在《资产损失税前扣除及纳税调整明细表》(A105090)中进行填报。

14.3.14 公司法对合并分立的相关规定

《中华人民共和国公司法》第一百七十二条规定,公司合并可以采取吸收合并或者新设合并。

一个公司吸收其他公司为吸收合并,被吸收的公司解散。两个以上公司合并设立一个新的公司为新设合并,合并各方解散。

第一百七十三条规定,公司合并,应当由合并各方签订合并协议,并编制资产负债表及财产清单。公司应当自作出合并决议之日起10日内通知债权人,并于30日内在报纸上公告。债权人自接到通知书之日起30日内,未接到通知书的自公告之日起45日内,可以要求公司清偿债务或者提供相应的担保。

第一百七十四条规定,公司合并时,合并各方的债权、债务,应当由合并后存续的公司或者新设的公司承继。

第一百七十五条规定,公司分立,其财产作相应的分割。

公司分立,应当编制资产负债表及财产清单。公司应当自作出分立决议之日起10日内通知债权人,并于30日内在报纸上公告。

第一百七十六条规定,公司分立前的债务由分立后的公司承担连带责任。但是,公司在分立前与债权人就债务清偿达成的书面协议另有约定的除外。

第一百七十九条规定,公司合并或者分立,登记事项发生变更的,应当依法向公司登记机关办理变更登记;公司解散的,应当依法办理公司注销登记;设立新公司的,应当依法办理公司设立登记。

14.3.15 技术入股可以递延纳税

《财政部 国家税务总局关于完善股权激励和技术入股有关所得税政策的通知》(财税〔2016〕101号)规定,企业或个人以技术成果投资入股到境内居民企业,被投资企业支付的对价全部为股票(权)的,企业或个人可选择继续按现行有关税收政策执行,也可选择适用递延纳税优惠政策。

选择技术成果投资入股递延纳税政策的,经向主管税务机关备案,投资入股当期可暂不纳税,允许递延至转让股权时,按股权转让收入减去技术成果原值和合理税费后的差额计算缴纳所得税。

14.4 风险环节

14.4.1 企业重组的特殊性税务处理不是税收优惠

企业重组的特殊性税务处理不是税收优惠,而是意在维持税收中性。其原因之一是部分重组事项不实现经济效益。对最终控制方不发生改变的重组事项(如同一控制下的企业合并)而言,重组的目的通常在于优化资源配置,分拆、整合上市,减少内部竞争等,而不是处置资产负债获利,财务核算采用权益结合法,标的资产负债的对价以原账面价值计量。原因之二是企业重组可能涉及股份支付对价,不产生现金流。对改变资产负债最终控制方的重组事项(如非同一控制下的企业合并)而言,财务核算采用购买法,按标的资产负债的公允价值计算交易对价,但对价的股份支付部分不产生现金流。如果要求纳税人在重组环节就资产负债公允价值与计税基础之间的差额计算缴纳税款,征税金额可能非常大,从而阻碍企业重组。特殊性税务处理打破上述阻碍,维持税收中性,手段是纳税义务的递延。

企业所得税制度的一般规定是,资产负债从一个法人主体转移至另一个法人主体,纳税人应就资产负债计税基础与公允价值之间的差额计算履行纳税义务。重组事项涉及上述纳税义务,并不因特殊性税务处理而免除,只可能是部分纳税义务从由重组日所属纳税年度递延到以后纳税年度(主要涉及债务重组债务人的纳税义务、非货币性资产投资投资者的纳税义务),或者纳税义务由重组环节递延到下一个交易环节,从一个法人主体转移到另一个法人主体(主要涉及股权收购、资产收购、企业合并、企业分立)。

《企业重组业务企业所得税管理办法》(国家税务总局公告2010年第4号)规定,

同一重组业务的当事各方应采取一致税务处理原则,即统一按一般性或特殊性税务处理。该文件进一步明确了特殊性税务处理不导致纳税义务的免除。

14.4.2　企业重组事项跨年的税务处理

企业在重组发生前后连续 12 个月内分步对其资产、股权进行交易,应根据实质重于形式原则将上述交易作为一项企业重组交易进行处理。

《国家税务总局关于企业重组业务企业所得税征收管理若干问题的公告》(国家税务总局公告 2015 年第 48 号)第七条规定,若同一项重组业务涉及在连续 12 个月内分步交易,且跨两个纳税年度,当事各方在首个纳税年度交易完成时预计整个交易符合特殊性税务处理条件,经协商一致选择特殊性税务处理的,可以暂时适用特殊性税务处理,并在当年企业所得税年度申报时提交书面申报资料。

在下一纳税年度全部交易完成后,企业应判断是否适用特殊性税务处理。如适用特殊性税务处理的,当事各方应按本公告要求申报相关资料;如适用一般性税务处理的,应调整相应纳税年度的企业所得税年度申报表,计算缴纳企业所得税。

14.4.3　企业重组特殊性税务处理程序更新提示

《国家税务总局关于企业重组业务企业所得税征收管理若干问题的公告》(国家税务总局公告 2015 年第 48 号)于 2015 年 6 月 24 日颁布实施,对企业重组特殊性税务处理程序做出了新的规定。《企业重组业务企业所得税管理办法》(国家税务总局公告 2010 年第 4 号)中规定的企业重组特殊性税务处理程序也随之失效。

依据《国家税务总局关于企业重组业务企业所得税征收管理若干问题的公告》(国家税务总局公告 2015 年第 48 号)第四条规定,企业重组业务适用特殊性税务处理的,除《财政部　国家税务总局关于企业重组业务企业所得税处理若干问题的通知》(财税〔2009〕59 号)第四条第(一)项所称企业发生其他法律形式简单改变情形外,重组各方应在该重组业务完成当年,办理企业所得税年度申报时,分别向各自主管税务机关报送《企业重组所得税特殊性税务处理报告表及附表》和申报资料。合并、分立中重组一方涉及注销的,应在尚未办理注销税务登记手续前进行申报。重组主导方申报后,其他当事方向其主管税务机关办理纳税申报。申报时还应附送重组主导方经主管税务机关受理的《企业重组所得税特殊性税务处理报告表及附表》(复印件)。

第五条规定,企业重组业务适用特殊性税务处理的,申报时,应从以下方面逐条说明企业重组具有合理的商业目的:①重组交易的方式;②重组交易的实质结果;③重组各方涉及的税务状况变化;④重组各方涉及的财务状况变化;⑤非居民企业参与重组活动的情况。

第六条规定,企业重组业务适用特殊性税务处理的,申报时,当事各方还应向主管税务机关提交重组前连续 12 个月内有无与该重组相关的其他股权、资产交易情况的说明,并说明这些交易与该重组是否构成分步交易,是否作为一项企业重组业务进行处理。

第十二条规定,本公告适用于 2015 年度及以后年度企业所得税汇算清缴。《国家税务总局关于发布〈企业重组业务企业所得税管理办法〉的公告》(国家税务总局公告 2010 年第 4 号)第三条、第七条、第八条、第十六条、第十七条、第十八条、第二十二条、第二十三条、第二十四条、第二十五条、第二十七条、第三十二条同时废止。本公告施行时企业已经签订重组协议,但尚未完成重组的,按本公告执行。

14.4.4 企业重组特殊性税务处理的后续管理

《国家税务总局关于企业重组业务企业所得税征收管理若干问题的公告》(国家税务总局公告 2015 年第 48 号)第十条规定,适用特殊性税务处理的企业,在以后年度转让或处置重组资产(股权)时,应在年度纳税申报时对资产(股权)转让所得或损失情况进行专项说明,包括特殊性税务处理时确定的重组资产(股权)计税基础与转让或处置时的计税基础的比对情况,以及递延所得税负债的处理情况等。

适用特殊性税务处理的企业,在以后年度转让或处置重组资产(股权)时,主管税务机关应加强评估和检查,将企业特殊性税务处理时确定的重组资产(股权)计税基础与转让或处置时的计税基础及相关的年度纳税申报表比对,发现问题的,应依法进行调整。

注意:重组各方都应为重组事项建立专门档案,并由专人进行妥善保管,以减少未来处置重组资产时的税收风险。

14.4.5 其他涉及资产计税基础与会计核算成本差异的企业重组,本表不做调整

发生债务重组且选择特殊性税务处理的,重组日所属纳税年度的以后纳税年度,也在本表进行债务重组的纳税调整。除选择特殊性税务处理所得可以分期确认应纳税所得额外,其他涉及资产计税基础与会计核算成本差异的企业重组,本表不做调整,在《资产折旧、摊销及纳税调整明细表》(A105080)调整。

14.4.6 重组后连续 12 个月内不得改变的注意事项

《财政部 国家税务总局关于企业重组业务企业所得税处理若干问题的通知》(财税〔2009〕59 号)规定适用特殊性税务处理规定:企业重组后的连续 12 个月内不改变重组资产原来的实质性经营活动。企业重组中取得股权支付的原主要股东,在重组后连续 12 个月内,不得转让所取得的股权。企业重组适用特殊性税务处理的,在重组后的连续 12 个月内违反上述规定,则重组业务不再符合特殊性税务处理条件,原交易各方应各自按原交易完成时资产和负债的公允价值计算重组业务的收益或损失,调整交易完成纳税年度的应纳税所得额及相应的资产和负债的计税基础,并向各自主管税务机关申请调整交易完成纳税年度的企业所得税年度申报表。逾期不调整申报的,按照《中华人民共和国税收征收管理法》的相关规定处理。

14.4.7 原主要股东持股比例均不超过20%

《企业重组业务企业所得税管理办法》(国家税务总局公告2010年4号)第二十条规定,《财政部 国家税务总局关于企业重组业务企业所得税处理若干问题的通知》(财税〔2009〕59号)第五条第(五)项规定的原主要股东,是指原持有转让企业或被收购企业20%以上股权的股东。如果某适用特殊性税务处理的重组企业的原主要股东持股比例均不超过20%,且在重组后连续12个月内,转让了所取得的股权是否仍然适用特殊性税务处理呢?目前的税法并没有明确,存在一定的争议。

案例:股权收购

1. 情况说明

甲企业向乙企业收购B公司75%的股权,交易支付总额为600万元。其中现金支付60万元,其余部分以甲企业持有的A公司股权支付。重组发生时,甲企业持有A公司100%的股权,计税基础为200万元,账面价值为300万元,公允价值为1000万元。乙企业持有B公司100%的股权,计税基础为400万元,账面价值为500万元,公允价值为600万元。假设除上述事项外,重组事项符合特殊性税务处理的其他确认条件。假设甲企业和乙企业对上述股权收购事项的会计核算采用购买法。

上述案例中股份支付金额占交易支付总额的比例=(600-60)/600×100%=90%,大于特殊性税务处理要求的85%,重组事项可进行一般性税务处理,也可进行特殊性税务处理。

2. 会计处理

甲企业的会计处理如下:

借:长期股权投资——B公司　　　　　　　　　　　　6000000
　　贷:银行存款　　　　　　　　　　　　　　　　　　600000
　　　　长期股权投资——A公司　　　　　　　　　　1620000①
　　　　投资收益　　　　　　　　　　　　　　　　　3780000

乙企业的会计处理如下:

借:长期股权投资——A公司　　　　　　　　　　　　540
　　银行存款　　　　　　　　　　　　　　　　　　　60②
　　贷:长期股权投资——B公司　　　　　　　　　　　375
　　　　投资收益　　　　　　　　　　　　　　　　　225

3. 一般性税务处理申报表填写方法

对乙企业而言,《企业重组及递延纳税事项纳税调整明细表》(A105100)第4行第1列"一般性税务处理——账载金额"填写会计核算确认的重组损益金额为225万元(600-500×75%),第4行第2列"一般性税务处理——税收金额"填写税务处理确认的

---

① 1620000=(3000000×5400000/10000000)
② 3750000=5000000×75%

重组所得金额为：600-400×75%=300(万元)。第 4 行第 3 列"一般性税务处理——纳税调整金额"填写税收金额与账载金额之间的差额(2 列-1 列)为 75 万元(300-225)。具体填报见表 14-2。

乙企业确认甲企业用于支付对价的 A 公司股权的计税基础为：600-60=540(万元)。

表 14-2
A105100　　　　　　企业重组及递延纳税事项纳税调整明细表　　　　　　单位：元

行次	项目	一般性税务处理			特殊性税务处理			纳税调整金额
		账载金额	税收金额	纳税调整金额	账载金额	税收金额	纳税调整金额	
		1	2	3(2-1)	4	5	6(5-4)	7(3+6)
4	二、股权收购	2250000	3000000	750000				750000

对甲企业而言，《企业重组及递延纳税事项纳税调整明细表》(A105100)第 4 行第 1 列"一般性税务处理——账载金额"填写会计核算确认的重组损益金额为：600-60-300×540/1000=378(万元)，第 4 行第 2 列"一般性税务处理——税收金额"填写税务处理确认的重组所得金额为：600-60-200×540/1000=432(万元)。第 4 行第 3 列"一般性税务处理——纳税调整金额"填写税收金额与账载金额之间的差额(2 列-1 列)为：432-378=54(万元)。具体填报见表 14-3。

A 企业确认收购 B 公司股权的计税基础为 600 万元。

表 14-3
A105100　　　　　　企业重组及递延纳税事项纳税调整明细表　　　　　　单位：元

行次	项目	一般性税务处理			特殊性税务处理			纳税调整金额
		账载金额	税收金额	纳税调整金额	账载金额	税收金额	纳税调整金额	
		1	2	3(2-1)	4	5	6(5-4)	7(3+6)
4	二、股权收购	3780000	4320000	540000				540000

4. 特殊性税务处理申报表填写方法

对乙企业而言，《企业重组及递延纳税事项纳税调整明细表》(A105100)第 4 行第 4 列"特殊性税务处理——账载金额"填写会计核算确认的重组损益金额为：600-500×75%=225(万元)，第 4 行第 5 列"特殊性税务处理——税收金额"填写税务处理确认的重组所得金额为：(600-400×75%)×60/600=30(万元)。第 4 行第 6 列"特殊性税务处理——纳税调整金额"填写税收金额与账载金额之间的差额(5 列-4 列)为：30-225=-195(万元)。具体填报见表 14-4。

乙企业确认甲企业用于支付对价的 A 公司股权的计税基础为：60+400×75%×(1-

60/600)=330(万元)。

表 14-4

A105100　　　企业重组及递延纳税事项纳税调整明细表　　　单位:元

行次	项目	一般性税务处理			特殊性税务处理			纳税调整金额
		账载金额	税收金额	纳税调整金额	账载金额	税收金额	纳税调整金额	
		1	2	3(2-1)	4	5	6(5-4)	7(3+6)
4	二、股权收购				2250000	300000	-1950000	-1950000

对甲企业而言,《企业重组及递延纳税事项纳税调整明细表》(A105100)第4行第4列"特殊性税务处理——账载金额"填写会计核算确认的重组损益金额为:600-60-300×540/1000=378(万元),第4行第5列"特殊性税务处理——税收金额"填写税务处理确认的重组所得金额为:400×75%-60-200×540/1000=132(万元)。第4行第6列"特殊性税务处理——纳税调整金额"填写税收金额与账载金额之间的差额为:132-378=-246(万元)。具体填报见表14-5。

表 14-5

A105100　　　企业重组及递延纳税事项纳税调整明细表　　　单位:元

行次	项目	一般性税务处理			特殊性税务处理			纳税调整金额
		账载金额	税收金额	纳税调整金额	账载金额	税收金额	纳税调整金额	
		1	2	3(2-1)	4	5	6(5-4)	7(3+6)
4	二、股权收购				3780000	1320000	-2460000	-2460000

A企业确认收购B公司股权的计税基础为:60+400×75%×(1-60/600)=330(万元)。

15 政策性搬迁和特殊行业准备金政策及填报实务(A105110、A105120)

15.1 《政策性搬迁纳税调整明细表》(A105110)

15.1.1 表样

A105110　　　　　　　　政策性搬迁纳税调整明细表

行次	项目	金额
1	一、搬迁收入(2+8)	
2	(一)搬迁补偿收入(3+4+5+6+7)	
3	1.对被征用资产价值的补偿	
4	2.因搬迁、安置而给予的补偿	
5	3.对停产停业形成的损失而给予的补偿	
6	4.资产搬迁过程中遭到毁损而取得的保险赔款	
7	5.其他补偿收入	
8	(二)搬迁资产处置收入	
9	二、搬迁支出(10+16)	
10	(一)搬迁费用支出(11+12+13+14+15)	
11	1.安置职工实际发生的费用	
12	2.停工期间支付给职工的工资及福利费	
13	3.临时存放搬迁资产而发生的费用	
14	4.各类资产搬迁安装费用	
15	5.其他与搬迁相关的费用	
16	(二)搬迁资产处置支出	
17	三、搬迁所得或损失(1-9)	
18	四、应计入本年应纳税所得额的搬迁所得或损失(19+20+21)	

续表

行次	项目	金额
19	其中:搬迁所得	
20	搬迁损失一次性扣除	
21	搬迁损失分期扣除	
22	五、计入当期损益的搬迁收益或损失	
23	六、以前年度搬迁损失当期扣除金额	
24	七、纳税调整金额(18-22-23)	

政策性搬迁利润计算及纳税调整对照提示表见表15-1。

表15-1　　　　　　政策性搬迁利润计算及纳税调整对照提示表

在利润总额计算中的位置	《一般企业收入明细表》(A101010)第17行"非流动资产处置利得",第18行"非货币性资产交换利得",第20行"政府补助利得",《一般企业成本支出明细表》(A102010)第17行"非流动资产处置损失",第18行"非货币性资产交换损失"
在纳税调整中的位置	《政策性搬迁纳税调整明细表》(A105110)
风险管理提示	跨年度事项、时间性差异调整

15.1.2　关键要点

1. 政策性搬迁政策要点(跨年度事项)

《政策性搬迁纳税调整明细表》(A105110)适用于发生政策性搬迁纳税调整项目的纳税人在完成搬迁年度及以后进行损失分期扣除的年度填报。

《政策性搬迁纳税调整明细表》(A105110)第1行至第17行填报按照税收政策规定应确认的搬迁收入和搬迁支出,并核算得出搬迁所得或损失。调整包括:一是政策性搬迁完成,进行清算时搬迁所得确认的税会差异;二是搬迁损失递延确认的税会差异。第18行至第23行填报搬迁结束年度及以后年度税务处理和会计处理分别确认的搬迁所得或损失,并进行税会差异调整。本表参与申报年度应纳税额计算的行次为第24行"纳税调整金额",其他行次的申报数据为纳税调整金额的计算依据。

"搬迁资产"相关的税会差异调整在《资产折旧、摊销及纳税调整明细表》(A105080)进行填报。

政策性搬迁相关的政策文件主要包括:《国家税务总局关于发布〈企业政策性搬迁所得税管理办法〉的公告》(国家税务总局公告2012年第40号)、《国家税务总局关于企业政策性搬迁所得税有关问题的公告》(国家税务总局公告2013年第11号)。

本部分内容主要对政策性搬迁相关企业所得税政策要点进行梳理,并结合案例对《国家税务总局关于企业政策性搬迁所得税有关问题的公告》(国家税务总局公告2013年第11号)规定的搬迁购置资产的两种税务处理方法进行探讨。

2. 政策性搬迁税务处理的征管要求

1)政策性搬迁应报送的相关材料

《企业政策性搬迁所得税管理办法》(国家税务总局公告 2012 年第 40 号)规定,企业应当自搬迁开始年度,至次年 5 月 31 日前,向主管税务机关(包括迁出地和迁入地)报送政策性搬迁依据、搬迁规划等相关材料。逾期未报的,除特殊原因并经主管税务机关认可外,按非政策性搬迁处理,不得执行本办法的规定。

企业应向主管税务机关报送的政策性搬迁依据、搬迁规划等相关材料,包括:①政府搬迁文件或公告;②搬迁重置总体规划;③拆迁补偿协议;④资产处置计划;⑤其他与搬迁相关的事项。

企业迁出地和迁入地主管税务机关发生变化的,由迁入地主管税务机关负责企业搬迁清算。

企业搬迁完成当年,其向主管税务机关报送企业所得税年度纳税申报表时,应同时报送《企业政策性搬迁清算损益表》及相关材料。

2)政策性搬迁的界定

政策性搬迁,是指由于社会公共利益的需要,在政府主导下企业进行整体搬迁或部分搬迁。企业由于下列需要之一,提供相关文件证明资料的,属于政策性搬迁:①国防和外交的需要;②由政府组织实施的能源、交通、水利等基础设施的需要;③由政府组织实施的科技、教育、文化、卫生、体育、环境和资源保护、防灾减灾、文物保护、社会福利、市政公用等公共事业的需要;④由政府组织实施的保障性安居工程建设的需要;⑤由政府依照《中华人民共和国城乡规划法》有关规定组织实施的对危房集中、基础设施落后等地段进行旧城区改建的需要;⑥法律、行政法规规定的其他公共利益的需要。

3)政策性搬迁结束年度的判断

《企业政策性搬迁所得税管理办法》(国家税务总局公告 2012 年第 40 号)规定,企业的搬迁收入,扣除搬迁支出后的余额,为企业的搬迁所得。企业应在搬迁完成年度,将搬迁所得计入当年度企业应纳税所得额计算纳税。下列情形之一的,为搬迁完成年度,企业应进行搬迁清算,计算搬迁所得:①从搬迁开始,5 年内(包括搬迁当年度)任何一年完成搬迁的。②从搬迁开始,搬迁时间满 5 年(包括搬迁当年度)的年度。

企业同时符合下列条件的,视为已经完成搬迁:①搬迁规划已基本完成;②当年生产经营收入占规划搬迁前年度生产经营收入 50% 以上。

企业边搬迁、边生产的,搬迁年度应从实际开始搬迁的年度计算。

4)政策性搬迁损失的递延

企业搬迁收入扣除搬迁支出后为负数的,应为搬迁损失。搬迁损失可在下列方法中选择其一进行税务处理:①在搬迁完成年度,一次性作为损失进行扣除。②自搬迁完成年度起分 3 个年度,均匀在税前扣除。

上述方法由企业自行选择,但一经选定,不得改变。

3. 政策性搬迁的税务处理

1)政策性搬迁中搬迁收入的确认

企业的搬迁收入,包括搬迁过程中从本企业以外(包括政府或其他单位)取得的搬迁补偿收入,以及本企业搬迁资产处置收入等。企业取得的搬迁补偿收入,是指企业由于搬迁取得的货币性和非货币性补偿收入。具体包括:①对被征用资产价值的补偿;②因搬迁、安置而给予的补偿;③对停产停业形成的损失而给予的补偿;④资产搬迁过程中遭到毁损而取得的保险赔款;⑤其他补偿收入。

企业搬迁资产处置收入,是指企业由于搬迁而处置企业各类资产所取得的收入。企业由于搬迁处置存货而取得的收入,应按正常经营活动取得的收入进行所得税处理,不作为企业搬迁收入。

2)政策性搬迁中搬迁支出的确认

企业的搬迁支出,包括搬迁费用支出以及由于搬迁所发生的企业资产处置支出。搬迁费用支出,是指企业搬迁期间所发生的各项费用,包括安置职工实际发生的费用、停工期间支付给职工的工资及福利费、临时存放搬迁资产而发生的费用、各类资产搬迁安装费用以及其他与搬迁相关的费用。资产处置支出,是指企业由于搬迁而处置各类资产所发生的支出,包括变卖及处置各类资产的净值、处置过程中所发生的税费等支出。

企业由于搬迁而报废的资产,如无转让价值,其净值作为企业的资产处置支出。

3)购置资产支出扣除的税务处理

对2012年10月1日以前已经签订搬迁协议且尚未完成搬迁清算的政策性搬迁项目,发生的企业购置资产支出,《国家税务总局关于企业政策性搬迁所得税有关问题的公告》(国家税务总局公告2013年第11号)规定了两种税务处理方法。

(1)企业在重建或恢复生产过程中购置的各类资产,可以作为搬迁支出,从搬迁收入中扣除。填报在《政策性搬迁纳税调整明细表》(A105110)第16行"(二)搬迁资产处置支出"。购置的上述资产,应剔除该搬迁补偿收入后,作为该资产的计税基础,并按规定计算折旧或费用摊销,在《资产折旧、摊销及纳税调整明细表》(A105080)进行税会差异调整。

(2)纳税人执行《企业政策性搬迁所得税管理办法》(国家税务总局公告2012年第40号)的有关规定,即企业搬迁期间新购置的各类资产,应按《中华人民共和国企业所得税法》及其实施条例等有关规定,计算确定资产的计税成本及折旧或摊销年限。企业发生的购置资产支出,不得从搬迁收入中扣除。

对2012年10月1日以后签订搬迁协议的政策性搬迁项目,发生的企业购置资产支出,则只能按《企业政策性搬迁所得税管理办法》(国家税务总局公告2012年第40号)有关规定执行。

4. 政策性搬迁的会计处理方法探讨

企业因城镇整体规划、库区建设、棚户区改造、沉陷区治理等公共利益进行搬迁,收到政府从财政预算直接拨付的搬迁补偿款,应作为专项应付款处理。其中,属于对企业在搬迁和重建过程中发生的固定资产和无形资产损失、有关费用性支出、停工损失及搬迁后拟新建资产进行补偿的,应自专项应付款转入递延收益,并按照《企业会计准则第16号——政府补助》进行会计处理。企业取得的搬迁补偿款扣除转入递延收益的金额后如有结余的,应当作为资本公积处理。

企业收到除上述之外的搬迁补偿款,应当按照《企业会计准则第4号——固定资产》《企业会计准则第16号——政府补助》等会计准则进行处理。

《财政部关于印发企业会计准则解释第3号的通知》(财会〔2009〕8号)是对企业会计准则适用的解释。上述文件对企业收到政府给予的搬迁补偿款,划分两种情况对会计处理的要求进行了说明。第一种情况是企业"收到政府从财政预算直接拨付的搬迁补偿款",作为专项应付款处理。第二种情况是"除上述之外的搬迁补偿款",按《企业会计准则第4号——固定资产》《企业会计准则第16号——政府补助》进行处理。

按照会计准则相关规定,专项应付款科目的核算范围是"企业取得政府作为企业所有者投入的具有专项或特定用途的款项"。

根据《企业会计准则第16号——政府补助》第四条的规定,政府补助分为与资产相关的政府补助和与收益相关的政府补助。与资产相关的政府补助,是指企业取得的、用于购建或以其他方式形成长期资产的政府补助。与收益相关的政府补助,是指除与资产相关的政府补助之外的政府补助。

《企业会计准则第16号——政府补助》第八条规定,与资产相关的政府补助,应当冲减相关资产的账面价值或确认为递延收益。与资产相关的政府补助确认为递延收益的,应当在相关资产使用寿命内按照合理、系统的方法分期计入损益。按照名义金额计量的政府补助,直接计入当期损益。相关资产在使用寿命结束前被出售、转让、报废或发生毁损的,应当将尚未分配的相关递延收益余额转入资产处置当期的损益。

同时,《〈企业会计准则第16号——政府补助〉应用指南》明确,政府资本性投入不属于政府补助。政府以投资者身份向企业投入资本,享有企业相应的所有权,企业有义务向投资者分配利润,政府与企业之间是投资者与被投资者的关系。政府拨入的投资补助等专项拨款中,国家相关文件规定作为"资本公积"处理的,也属于资本性投入的性质。政府的资本性投入无论采用何种形式,均不属于政府补助。

会计处理方法如下:

第一种情况:政府财政直接拨付,应作为专项应付款核算的搬迁补偿收入。

对"属于企业在搬迁和重建过程中发生的固定资产和无形资产损失、有关费用性支出、停工损失及搬迁后拟新建资产进行补偿的"。

(1)收到拆迁补偿款。

借:银行存款

  贷:专项应付款

(2)与收益相关的政府补助。

借:管理费用(或其他损益类科目)

贷:银行存款
　借:专项应付款
　　　贷:递延收益
　借:递延收益
　　　贷:管理费用(或其他损益类科目)
　(3)与资产相关的政府补助。
　借:固定资产(无形资产等)
　　　贷:银行存款
　借:专项应付款
　　　贷:递延收益
发生折旧(摊销)时:
　借:管理费用(制造费用等)
　　　贷:累计折旧(累计摊销)
分摊递延收益(月末):
　借:递延收益
　　　贷:其他收益
　(4)扣除转入递延收益的部分有结余时。
　借:专项应付款
　　　贷:资本公积
　(5)未转入递延收益的专项应付款需返还时。
　借:专项应付款
　　　贷:银行存款
第二种情况:非政府财政直接拨付的搬迁补偿款。
(1)收到补偿款时。
　借:银行存款
　　　贷:递延收益
(2)与收益相关的政府补助。
①用于补偿企业以后期间的相关成本费用或损失:
　借:管理费用(或其他损益类科目)
　　　贷:银行存款
　借:递延收益
　　　贷:管理费用(或其他损益类科目)
②用于补偿企业已发生的相关成本费用或损失的,收到拆迁补偿款的直接计入当期损益或或冲减相关成本:
　借:银行存款
　　　贷:管理费用(或其他损益类科目)

(3)与资产相关的政府补助。

借:固定资产(无形资产等)
　　贷:银行存款
发生折旧(摊销)时:
借:管理费用(制造费用等)
　　贷:累计折旧(累计摊销)
分摊递延收益(月末):
借:递延收益
　　贷:其他收益

15.1.3　风险环节

1. 不能与商业性搬迁混淆

企业要严格区分政策性搬迁和商业性搬迁,不能混淆搬迁性质逃避纳税义务。因此,符合政策性搬迁规定的企业,要及时收集政府搬迁文件或公告、搬迁重置总体规划、资产处置计划和拆迁补偿协议等相关资料,并在规定的时间内报送税务机关报送相关材料。

2. 单独建账核算搬迁业务

企业必须就政策性搬迁过程中涉及的搬迁收入、搬迁支出、搬迁资产税务处理、搬迁所得等所得税征收管理事项,单独进行税务管理和核算。不能单独进行税务管理和核算的,应视为企业自行搬迁或商业性搬迁等非政策性搬迁进行所得税处理。

3. 大修理支出的资本化条件

企业要注意大修理支出的资本化条件。根据《中华人民共和国企业所得税法实施条例》第六十九条规定,企业所得税法第十三条第(三)项所称固定资产的大修理支出,是指同时符合下列条件的支出:①修理支出达到取得固定资产时的计税基础50%以上;②修理后固定资产的使用年限延长2年以上。

案例:政策性搬迁购置资产的两种税务处理

1. 情况说明

2018年4月,A公司进行政府政策性搬迁,按当月签订的《搬迁补偿协议》约定,2018年5月收到政府拨付的5000万元用于异地重建,土地使用权由政府收回。2018年5月,A公司被搬迁当月固定资产账面原值1500万元,累计折旧500万元;无形资产(土地使用权)账面价值600万元(按税法规定摊销后的余额);处置相关资产取得收入50万元。按照企业重建计划,A公司在实施搬迁过程中,2018年6月共购置管理部门使用固定资产2000万元投入使用,预计使用10年,按直线法计提折旧(不考虑残值);2018年7月新购置土地使用权500万元,50年摊销。2018年6月支付职工安置费100万元。2018年12月搬迁完成。

2. 会计处理

(1) 2018年5月,收到政府补偿款时:

借:银行存款　　　　　　　　　　　　　　　　　50000000
　　贷:专项应付款　　　　　　　　　　　　　　　　50000000

(2) 2018年5月,处置被搬迁资产时:

将固定资产转入清理:

借:固定资产清理　　　　　　　　　　　　　　　10000000
　　累计折旧　　　　　　　　　　　　　　　　　 5000000
　　贷:固定资产　　　　　　　　　　　　　　　　15000000

处置资产收到50万元:

借:银行存款　　　　　　　　　　　　　　　　　　 500000
　　营业外支出　　　　　　　　　　　　　　　　 15500000
　　贷:固定资产清理　　　　　　　　　　　　　　10000000
　　　　无形资产　　　　　　　　　　　　　　　 6000000

对搬迁过程中发生的资产损失,自专项应付款转入递延收益:

借:专项应付款　　　　　　　　　　　　　　　 155000000
　　贷:递延收益　　　　　　　　　　　　　　　 155000000

借:递延收益　　　　　　　　　　　　　　　　　15500000
　　贷:营业外支出　　　　　　　　　　　　　　 15500000

(3) 2018年6月支付职工安置费:

借:管理费用　　　　　　　　　　　　　　　　　 1000000
　　贷:银行存款　　　　　　　　　　　　　　　　 1000000

将搬迁中有关费用性支出自专项应付款转入递延收益:

借:专项应付款　　　　　　　　　　　　　　　　 1000000
　　贷:递延收益　　　　　　　　　　　　　　　　 1000000

借:递延收益　　　　　　　　　　　　　　　　　 1000000
　　贷:管理费用　　　　　　　　　　　　　　　　 1000000

(4) 2018年6月购置固定资产:

借:固定资产　　　　　　　　　　　　　　　　　20000000
　　贷:银行存款　　　　　　　　　　　　　　　　20000000

借:专项应付款　　　　　　　　　　　　　　　　20000000
　　贷:递延收益　　　　　　　　　　　　　　　　20000000

(5) 2018年7月购置土地使用权:

借:无形资产　　　　　　　　　　　　　　　　　 5000000
　　贷:银行存款　　　　　　　　　　　　　　　　 5000000

同时,结转专项应付款:

借：专项应付款　　　　　　　　　　　　　　　　　　　5000000
　　贷：递延收益　　　　　　　　　　　　　　　　　　　　5000000
（6）2018年计提固定资产折旧和无形资产摊销：
借：管理费用　　　　　　　　　　　　　　　　　　　　1050000
　　贷：累计折旧　　　　　　　　　　　　　　　　　　　　1000000
　　　　累计摊销　　　　　　　　　　　　　　　　　　　　　50000
递延收益金额在相关资产使用期间内平均摊销：
借：递延收益　　　　　　　　　　　　　　　　　　　　1050000
　　贷：其他收益　　　　　　　　　　　　　　　　　　　　1050000
（7）2018年搬迁完成，企业将专项应付款转入资本公积：
借：专项应付款　　　　　　　　　　　　　　　　　　　8500000
　　贷：资本公积　　　　　　　　　　　　　　　　　　　　8500000

3. 填报方法

上述案例中，企业在《企业政策性搬迁所得税管理办法》（国家税务总局公告2012年第40号）生效前已经签订搬迁协议且尚未完成搬迁清算的企业政策性搬迁项目，企业在重建或恢复生产过程中购置的各类资产，可以作为搬迁支出，从搬迁收入中扣除。但购置的各类资产，应剔除该搬迁补偿收入后作为该资产的计税基础，并按规定计算折旧或费用摊销。

在2018年完成搬迁的年度，对搬迁收入和支出进行汇总清算。相关数据填报见表15-2。

搬迁收入＝政府拨付的5000万元＋处置相关资产取得收入50万元＝5050万元

搬迁支出＝处置固定资产损失1000万元＋处置无形资产损失600万元＋安置职工费用100万元＋购置固定资产支出2000万元＋购置土地使用权支出500万元＝4200万元

因此，搬迁所得＝5050－4200＝850（万元），搬迁所得应计入2018年度企业所得税额计算纳税。

表15-2

A105110　　　　　　　　　　政策性搬迁纳税调整明细表　　　　　　　　　　单位：万元

行次	项　目	金额
1	一、搬迁收入（2+8）	5050
2	（一）搬迁补偿收入（3+4+5+6+7）	5000
3	1. 对被征用资产价值的补偿	5000
4	2. 因搬迁、安置而给予的补偿	
5	3. 对停产停业形成的损失而给予的补偿	
6	4. 资产搬迁过程中遭到毁损而取得的保险赔款	
7	5. 其他补偿收入	

续表

行次	项目	金额
8	（二）搬迁资产处置收入	50
9	二、搬迁支出（10+16）	4200
10	（一）搬迁费用支出（11+12+13+14+15）	100
11	1.安置职工实际发生的费用	100
12	2.停工期间支付给职工的工资及福利费	
13	3.临时存放搬迁资产而发生的费用	
14	4.各类资产搬迁安装费用	
15	5.其他与搬迁相关的费用	
16	（二）搬迁资产处置支出	4100
17	三、搬迁所得或损失（1-9）	850
18	四、应计入本年应纳税所得额的搬迁所得或损失（19+20+21）	850
19	其中：搬迁所得	850
20	搬迁损失一次性扣除	
21	搬迁损失分期扣除	
22	五、计入当期损益的搬迁收益或损失	
23	六、以前年度搬迁损失当期扣除金额	
24	七、纳税调整金额（18-22-23）	850

15.2 《特殊行业准备金及纳税调整明细表》（A105120）

15.2.1 表样

A105120　　　　　特殊行业准备金及纳税调整明细表

行次	项目			账载金额	税收金额	纳税调整金额
				1	2	3（1-2）
1	一、保险公司（2+13+14+15+16+19+20）					
2	（一）保险保障基金（3+4+5+…+12）					
3	1.财产保险业务	非投资型				
4		投资型	保证收益			
5			无保证收益			
6	2.人寿保险业务	保证收益				
7		无保证收益				

续表

行次	项目			账载金额 1	税收金额 2	纳税调整金额 3(1-2)
8	3.健康保险业务		短期			
9			长期			
10	4.意外伤害保险业务		非投资型			
11		投资型	保证收益			
12			无保证收益			
13	(二)未到期责任准备金					
14	(三)寿险责任准备金					
15	(四)长期健康险责任准备金					
16	(五)未决赔款准备金(17+18)					
17	1.已发生已报案未决赔款准备金					
18	2.已发生未报案未决赔款准备金					
19	(六)大灾风险准备金					
20	(七)其他					
21	二、证券行业(22+23+24+25)					
22	(一)证券交易所风险基金					
23	(二)证券结算风险基金					
24	(三)证券投资者保护基金					
25	(四)其他					
26	三、期货行业(27+28+29+30)					
27	(一)期货交易所风险准备金					
28	(二)期货公司风险准备金					
29	(三)期货投资者保障基金					
30	(四)其他					
31	四、金融企业(32+33+34)					
32	(一)涉农和中小企业贷款损失准备金					
33	(二)贷款损失准备金					
34	(三)其他					
35	五、中小企业融资(信用)担保机构(36+37+38)					
36	(一)担保赔偿准备					
37	(二)未到期责任准备					
38	(三)其他					
39	六、小额贷款公司(40+41)					
40	(一)贷款损失准备金					
41	(二)其他					
42	七、其他					
43	合计(1+21+26+31+35+39+42)					

特殊行业准备金利润计算及纳税调整对照提示见表15-3。

表15-3　　　　　　　特殊行业准备金利润计算及纳税调整对照提示表

在利润总额计算中的位置	《中华人民共和国企业所得税年度纳税申报表(A类)》(A100000)第7行"资产减值损失"
在纳税调整中的位置	《特殊行业准备金及纳税调整明细表》(A105120)
风险管理提示	永久性差异调整

15.2.2　一般规定

《中华人民共和国企业所得税法》第十条规定,在计算应纳税所得额时,下列支出不得扣除:①未经核定的准备金支出;②与取得收入无关的其他支出。

《中华人民共和国企业所得税法实施条例》第五十五条规定,企业所得税法第十条第(七)项所称未经核定的准备金支出,是指不符合国务院财政、税务主管部门规定的各项资产减值准备、风险准备等准备金支出。

15.2.3　关键要点

1. 金融企业贷款损失准备金支出关键要点

政策依据:《财政部　国家税务总局关于金融企业贷款损失准备金企业所得税税前扣除有关政策的通知》(财税〔2015〕9号)。

1) 金融企业准予税前提取贷款损失准备金的贷款资产范围

贷款资产范围主要包括:①贷款(含抵押、质押、担保等贷款);②银行卡透支、贴现、信用垫款(含银行承兑汇票垫款、信用证垫款、担保垫款等)、进出口押汇、同业拆出、应收融资租赁款等各项具有贷款特征的风险资产;③由金融企业转贷并承担对外还款责任的国外贷款,包括国际金融组织贷款、外国买方信贷、外国政府贷款、日本国际协力银行不附条件贷款和外国政府混合贷款等资产。

2) 金融企业准予当年税前扣除的贷款损失准备计算公式

准予当年税前扣除的贷款损失准备金=本年末准予提取贷款损失准备金的贷款资产余额×1%-截至上年末已在税前扣除的贷款损失准备金的余额

2. 保险公司准备金支出关键要点

政策依据:《财政部　国家税务总局关于保险公司准备金支出企业所得税税前扣除有关政策问题的通知》(财税〔2016〕114号)。

1) 保险公司准备金支出税前扣除比例

非投资型财产保险业务,不得超过保费收入的0.8%;投资型财产保险业务,有保证收益的,不得超过业务收入的0.08%,无保证收益的,不得超过业务收入的0.05%。有保证收益的人寿保险业务,不得超过业务收入的0.15%;无保证收益的人寿保险业务,不得超过业务收入的0.05%。短期健康保险业务,不得超过保费收入的0.8%;长期健康保险业务,不得超过保费收入的0.15%。非投资型意外伤害保险业务,不得超过保费收入的0.8%;投资型意外伤害保险业务,有保证收益的,不得超过业务收入的0.08%,无保证收益的,不得超过业务收入的0.05%。

保险公司按国务院财政部门的相关规定提取的未到期责任准备金、寿险责任准备金、长期健康险责任准备金、已发生已报案未决赔款准备金和已发生未报案未决赔款准备金,准予在税前扣除。

2)保险保障基金不得在税前扣除的情形

保险公司有下列情形之一的,其缴纳的保险保障基金不得在税前扣除:①财产保险公司的保险保障基金余额达到公司总资产6%的。②人身保险公司的保险保障基金余额达到公司总资产1%的。

3)大灾准备金计算公式

保险公司经营财政给予保费补贴的农业保险,按不超过财政部门规定的农业保险大灾风险准备金(以下简称大灾准备金)计提比例,计提的大灾准备金,准予在企业所得税前据实扣除。具体计算公式如下:

本年度扣除的大灾准备金=本年度保费收入×规定比例-上年度已在税前扣除的大灾准备金结存余额

财政给予保费补贴的农业保险,是指各级财政按照中央财政农业保险保费补贴政策规定给予保费补贴的种植业、养殖业、林业等农业保险。

规定比例,是指按照《财政部关于印发〈农业保险大灾风险准备金管理办法〉的通知》(财金〔2013〕129号)规定的计提比例。

3. 证券行业准备金支出关键要点

政策依据:《财政部 国家税务总局关于证券行业准备金支出企业所得税税前扣除有关政策问题的通知》(财税〔2017〕23号)。

1)证券类准备金支出税前扣除比例

(1)证券交易所风险基金。上海、深圳证券交易所依据《证券交易所风险基金管理暂行办法》(证监发〔2000〕22号)的有关规定,按证券交易所交易收取经手费的20%、会员年费的10%提取的证券交易所风险基金,在各基金净资产不超过10亿元的额度内,准予在企业所得税税前扣除。

(2)证券结算风险基金。①中国证券登记结算公司所属上海分公司、深圳分公司依据《证券结算风险基金管理办法》(证监发〔2006〕65号)的有关规定,按证券登记结算公司业务收入的20%提取的证券结算风险基金,在各基金净资产不超过30亿元的额度内,准予在企业所得税税前扣除。②证券公司依据《证券结算风险基金管理办法》(证监发〔2006〕65号)的有关规定,作为结算会员按人民币普通股和基金成交金额的十万分之三、国债现货成交金额的十万分之一、1天期国债回购成交额的千万分之五、2天期国债回购成交额的千万分之十、3天期国债回购成交额的千万分之十五、4天期国债回购成交额的千万分之二十、7天期国债回购成交额的千万分之五十、14天期国债回购成交额的十万分之一、28天期国债回购成交额的十万分之二、91天期国债回购成交额的十万分之六、182天期国债回购成交额的十万分之十二逐日缴纳的证券结算风险基金,准予在企业所得税税前扣除。

（3）证券投资者保护基金。①上海、深圳证券交易所依据《证券投资者保护基金管理办法》（证监会令第124号）的有关规定,在风险基金分别达到规定的上限后,按交易经手费的20%缴纳的证券投资者保护基金,准予在企业所得税税前扣除。②证券公司依据《证券投资者保护基金管理办法》（证监会令第124号）的有关规定,按其营业收入0.5%~5%缴纳的证券投资者保护基金,准予在企业所得税税前扣除。

2）期货类准备金税支出前扣除比例

（1）期货交易所风险准备金。大连商品交易所、郑州商品交易所和中国金融期货交易所依据《期货交易管理条例》（国务院令第489号）、《期货交易所管理办法》（证监会令第42号）和《商品期货交易财务管理暂行规定》（财商字〔1997〕44号）的有关规定,上海期货交易所依据《期货交易管理条例》（国务院令第489号）、《期货交易所管理办法》（证监会令第42号）和《关于调整上海期货交易所风险准备金规模的批复》（证监函〔2009〕407号）的有关规定,分别按向会员收取手续费收入的20%计提的风险准备金,在风险准备金余额达到有关规定的额度内,准予在企业所得税税前扣除。

（2）期货公司风险准备金。期货公司依据《期货公司管理办法》（证监会令第43号）和《商品期货交易财务管理暂行规定》（财商字〔1997〕44号）的有关规定,从其收取的交易手续费收入减去应付期货交易所手续费后的净收入的5%提取的期货公司风险准备金,准予在企业所得税税前扣除。

（3）期货投资者保障基金。①上海期货交易所、大连商品交易所、郑州商品交易所和中国金融期货交易所依据《期货投资者保障基金管理暂行办法》（证监会令第38号、第129号）和《关于明确期货投资者保障基金缴纳比例有关事项的规定》（证监会、财政部公告2016年第26号）的有关规定,按其向期货公司会员收取的交易手续费的2%（2016年12月8日前按3%）缴纳的期货投资者保障基金,在基金总额达到有关规定的额度内,准予在企业所得税税前扣除。②期货公司依据《期货投资者保障基金管理办法》（证监会令第38号、第129号）和《关于明确期货投资者保障基金缴纳比例有关事项的规定》（证监会、财政部公告2016年第26号）的有关规定,从其收取的交易手续费中按照代理交易额的亿分之五至亿分之十的比例（2016年12月8日前按千万分之五至千万分之十的比例）缴纳的期货投资者保障基金,在基金总额达到有关规定的额度内,准予在企业所得税税前扣除。

4.关于中小企业信用担保机构准备金支出关键要点

政策依据:《财政部 国家税务总局关于中小企业融资（信用）担保机构有关准备金企业所得税税前扣除政策的通知》（财税〔2017〕22号）。

1)中小企业融资(信用)担保机构准备金支出税前扣除比例

符合条件的中小企业融资(信用)担保机构按照不超过当年年末担保责任余额1%的比例计提的担保赔偿准备,允许在企业所得税税前扣除,同时将上年度计提的担保赔偿准备余额转为当期收入。

符合条件的中小企业融资(信用)担保机构按照不超过当年担保费收入50%的比例计提的未到期责任准备,允许在企业所得税税前扣除,同时将上年度计提的未到期责任准备余额转为当期收入。

中小企业融资(信用)担保机构实际发生的代偿损失,符合税收法律法规关于资产损失税前扣除政策规定的,应冲减已在税前扣除的担保赔偿准备,不足冲减部分据实在企业所得税税前扣除。

2)中小企业融资(信用)担保机构条件

符合条件的中小企业信用担保机构,必须同时满足以下条件:①符合《融资性担保公司管理暂行办法》(银监会等七部委令2010年第3号)相关规定,并具有融资性担保机构监管部门颁发的经营许可证;②以中小企业为主要服务对象,当年中小企业信用担保业务和再担保业务发生额占当年信用担保业务发生总额的70%以上(上述收入不包括信用评级、咨询、培训等收入);③中小企业信用担保业务的平均年担保费率不超过银行同期贷款基准利率的50%;④财政、税务部门规定的其他条件。

3)报送资料

申请享受本通知规定的准备金税前扣除政策的中小企业融资(信用)担保机构,在汇算清缴时,需报送法人执照副本复印件、融资性担保机构监管部门颁发的经营许可证复印件、年度会计报表和担保业务情况(包括担保业务明细和风险准备金提取等),以及财政、税务部门要求提供的其他材料。

5. 关于金融企业涉农和中小企业贷款损失准备金支出关键要点

政策依据:《财政部 国家税务总局关于金融企业涉农贷款和中小企业贷款损失准备金税前扣除有关问题的通知》(财税〔2015〕3号)。

1)涉农贷款和中小企业贷款损失准备金支出比例

金融企业根据《贷款风险分类指引》(银监发〔2007〕54号),对其涉农贷款和中小企业贷款进行风险分类后,按照以下比例计提的贷款损失准备金,准予在计算应纳税所得额时扣除:①关注类贷款,计提比例为2%;②次级类贷款,计提比例为25%;③可疑类贷款,计提比例为50%;④损失类贷款,计提比例为100%。

金融企业发生的符合条件的涉农贷款和中小企业贷款损失,应先冲减已在税前扣除的贷款损失准备金,不足冲减部分可据实在计算应纳税所得额时扣除。

2)涉农贷款和中小企业贷款条件

涉农贷款,是指《涉农贷款专项统计制度》(银发〔2007〕246号)统计的以下贷款:①农户贷款;②农村企业及各类组织贷款。其中,农户贷款,是指金融企业发放给农户的所有贷款。农户贷款的判定应以贷款发放时的承贷主体是否属于农户为准。农户,是指长期(一年以上)居住在乡镇(不包括城关镇)行政管理区域内的住户,还包括长期居住在城关镇所辖行政村范围内的住户和户口不在本地而在本地居住一年以上的住户,国有农场的职工和农村个体工商户。位于乡镇(不包括城关镇)行政管理区域内和在城关镇所辖行政村范围内的国有经济的机关、团体、学校、企事业单位的集体户;有本地户口,但举家外出谋生一年以上的住户,无论是否保留承包耕地均不属于农户。农户以户为统计单位,既可以从事农业生产经营,也可以从事非农业生产经营。农村企业及各类组织贷款,是指金融企业发放给注册地位于农村区域的企业及各类组织的所有贷款。农村区域,是指除地级及以上城市的城市行政区及其市辖建制镇之外的区域。

中小企业贷款,是指金融企业对年销售额和资产总额均不超过2亿元的企业的贷款。

15.2.4 风险环节

1. 金融企业贷款损失准备金支出风险环节

政策依据:《财政部 国家税务总局关于金融企业贷款损失准备金企业所得税税前扣除有关政策的通知》(财税〔2015〕9号)。

1) 金融企业贷款损失准备金支出负数调增

金融企业按贷款损失准备金计算公式计算的数额如为负数,应当相应调增当年应纳税所得额。

2) 金融企业贷款损失准备金支出不得提取贷款损失准备金的资产

金融企业的委托贷款、代理贷款、国债投资、应收股利、上交央行准备金以及金融企业剥离的债权和股权、应收财政贴息、央行款项等不承担风险和损失的资产,不得提取贷款损失准备金在税前扣除。

2. 保险公司准备金支出风险环节

政策依据:《财政部 国家税务总局关于保险公司准备金支出企业所得税税前扣除有关政策问题的通知》(财税〔2016〕114号)。

按大灾准备金计算公式计算的数额如为负数,应调增当年应纳税所得额。

16 企业所得税弥补亏损填报实务（A106000）

16.1 表样

A106000　　　　　　　　　企业所得税弥补亏损明细表

行次	项目	年度	当年境内所得额	分立转出的亏损额	合并、分立转入的亏损额		弥补亏损企业类型	当年亏损额	当年待弥补的亏损额	用本年度所得额弥补的以前年度亏损额		当年可结转以后年度弥补的亏损额
					可弥补年限5年	可弥补年限10年				使用境内所得弥补	使用境外所得弥补	
		1	2	3	4	5	6	7	8	9	10	11
1	前十年度											
2	前九年度											
3	前八年度											
4	前七年度											
5	前六年度											
6	前五年度											
7	前四年度											
8	前三年度											
9	前二年度											
10	前一年度											
11	本年度											
12	可结转以后年度弥补的亏损额合计											

16.2 修订变化

《企业所得税弥补亏损明细表》（2017版）修订后的变化见表16-1。

表16-1　《企业所得税弥补亏损明细表》(2017版)修订后的变化

序号	修订后的2017版申报表 (国家税务总局公告2018年第57号)		2017版申报表 (国家税务总局公告2017年第54号)	
	报表名称	新表	报表名称	原表
1	《企业所得税弥补亏损明细表》(A106000)	增加到前十年度	《企业所得税弥补亏损明细表》(A106000)	前五年度
2	《企业所得税弥补亏损明细表》(A106000)	第9—10列"用本年度所得额弥补的以前年度亏损额——使用境内所得弥补"和"用本年度所得额弥补的以前年度亏损额——使用境外所得弥补"	《企业所得税弥补亏损明细表》(A106000)	第5—9列"以前年度亏损已弥补额——前四年度"
3	《企业所得税弥补亏损明细表》(A106000)	第3—4列"合并、分立转入的亏损额——可弥补年限5年"和"合并、分立转入的亏损额——可弥补年限10年"	《企业所得税弥补亏损明细表》(A106000)	第3列"合并、分立转入(转出)可弥补的亏损额"

16.3　一般规定

《中华人民共和国企业所得税法实施条例》第十条规定,企业所得税法第五条所称亏损,是指企业依照企业所得税法和实施条例的规定将每一纳税年度的收入总额减除不征税收入、免税收入和各项扣除后小于零的数额。

16.4　特殊规定

《财政部　税务总局关于延长高新技术企业和科技型中小企业亏损结转年限的通知》(财税〔2018〕76号)和《国家税务总局关于延长高新技术企业和科技型中小企业亏损结转弥补年限有关企业所得税处理问题的公告》(国家税务总局公告2018年第45号)规定,自2018年1月1日起,当年具备高新技术企业或科技型中小企业资格的企业,其具备资格年度之前5个年度发生的尚未弥补完的亏损,准予结转以后年度弥补,最长结转年限由5年延长至10年。即高新技术企业和科技型中小企业的亏损可结转以后10年弥补。

16.5 关键要点

16.5.1 企业弥补亏损期限不得超过5年或10年

在纳税人多次发生年度亏损的情况下,其亏损可以连续用从亏损年度的次年起5年/10年内的所得弥补。

在纳税人既有盈利年度又有亏损年度的情况下,根据税法规定,亏损弥补的最长年限为5年/10年,在5年/10年内,不论是盈利,还是亏损,都作为实际弥补年限计算。先亏先补,按顺序计算弥补期。

超过5年/10年弥补期仍未弥补完,则不能再用以后年度的应纳税所得额弥补,只能在税后弥补或用盈余公积金弥补。

16.5.2 应税项目所得与减免税项目所得盈亏可以互相弥补

《国家税务总局关于做好2009年度企业所得税汇算清缴工作的通知》(国税函〔2010〕148号)第三条第六款规定:"税收优惠填报口径。对企业取得的免税收入、减计收入以及减征、免征所得额项目,不得弥补当期及以前年度应税项目亏损;当期形成亏损的减征、免征所得额项目,也不得用当期和以后纳税年度应税项目所得抵补。"

国税函〔2010〕148号文件被国家税务总局公告2014年第63号废止后,按照2014版申报表填报规则,应税项目所得与减免税项目所得盈亏不能互相弥补;但是,按照2017版新申报表填报规则,应税项目所得与减免税项目所得盈亏可以互相弥补。

16.5.3 查补的应纳税所得额可以弥补亏损

企业以前年度纳税情况进行检查时调增的应纳税所得额,可以弥补以前年度发生亏损且该亏损属于企业所得税法规定允许弥补的。具体政策为:根据《国家税务总局关于查增应纳税所得额弥补以前年度亏损处理问题的公告》(国家税务总局公告2010年第20号)规定,自2010年12月1日起,根据《中华人民共和国企业所得税法》第五条的规定,税务机关对企业以前年度纳税情况进行检查时调增的应纳税所得额,凡企业以前年度发生亏损、且该亏损属于企业所得税法规定允许弥补的,应允许调增的应纳税所得额弥补该亏损。弥补该亏损后仍有余额的,按照企业所得税法规定计算缴纳企业所得税。对检查调增的应纳税所得额应根据其情节,依照《中华人民共和国税收征收管理法》有关规定进行处理或处罚。

16.5.4 企业筹办期间不计算为亏损年度

企业从事生产经营之前进行筹办活动期间发生筹办费用支出,不得计算为当期的亏损。具体政策为:《国家税务总局关于贯彻落实企业所得税法若干税收问题的通知》(国税函〔2010〕79号)规定,企业自开始生产经营的年度,为开始计算企业损益的年度。企业从事生产经营之前进行筹办活动期间发生筹办费用支出,不得计算为当期的亏损,应按照《国家税务总局关于企业所得税若干税务事项衔接问题的通知》(国税函〔2009〕98号)第九条规定执行。

国税函〔2009〕98号文件第九条规定,新税法中开(筹)办费未明确列作长期待摊费用,企业可以在开始经营之日的当年一次性扣除,也可以按照新税法有关长期待摊费用的处理规定处理,但一经选定,不得改变。

16.5.5 资产损失造成亏损应弥补所属年度

《企业资产损失所得税税前扣除管理办法》(国家税务总局公告2011年第25号)规定,企业实际资产损失发生年度扣除追补确认的损失后出现亏损的,应先调整资产损失发生年度的亏损额,再按弥补亏损的原则计算以后年度多缴的企业所得税税款。追补确认期限一般不得超过5年。

16.5.6 合并、分立转入(转出)可弥补的亏损额

分立,是指一家企业(以下称为被分立企业)将部分或全部资产分离转让给现存或新设的企业(以下称为分立企业),被分立企业股东换取分立企业的股权或非股权支付,实现企业的依法分立。

企业分立,一般性税务处理,企业分立相关企业的亏损不得相互结转弥补。特殊性税务处理,被分立企业未超过法定弥补期限的亏损额可按分立资产占全部资产的比例进行分配,由分立企业继续弥补。

合并,是指一家或多家企业(以下称为被合并企业)将其全部资产和负债转让给另一家现存或新设企业(以下称为合并企业),被合并企业股东换取合并企业的股权或非股权支付,实现两个或两个以上企业的依法合并。

企业合并一般性税务处理,被合并企业的亏损不得在合并企业结转弥补。特殊性税务处理,可由合并企业弥补的被合并企业亏损的限额=被合并企业净资产公允价值×截至合并业务发生当年年末国家发行的最长期限的国债利率。

16.5.7 政策性搬迁停止生产经营期间弥补亏损年限计算关键点

政策搬迁期间,停止生产经营活动年度从法定亏损结转弥补年限中减除。具体政策为:《企业政策性搬迁所得税管理办法》(国家税务总局公告2012年第40号)规定,企业以前年度发生尚未弥补的亏损的,凡企业由于搬迁停止生产经营无所得的,从搬迁年度次年起,至搬迁完成年度前一年度止,可作为停止生产经营活动年度,从法定亏损结转弥补年限中减除。

16.5.8 清算期间可依法弥补亏损

《财政部 国家税务总局关于企业清算业务企业所得税处理若干问题的通知》(财税〔2009〕60号)规定,企业清算中应依法弥补亏损,确定清算所得,企业应将整个清算期作为一个独立的纳税年度计算清算所得。《中华人民共和国企业所得税法》第五十三条规定,企业依法清算时,应当以清算期间作为一个纳税年度。

16.6 风险环节

第2列"可弥补亏损所得"填报口径如下:第6行填报《中华人民共和国企业所得税年度纳税申报表(A类)》(A100000)第19行"纳税调整后所得"减去第20行"所得减免"后的值。

17 收入、扣除优惠填报实务（A107010—A107012）

17.1 《免税、减计收入及加计扣除优惠明细表》(A107010)

17.1.1 表样

A107010　　　　　　　　免税、减计收入及加计扣除优惠明细表

行次	项　目	金额
1	一、免税收入(2+3+6+7+…+16)	
2	(一)国债利息收入免征企业所得税	
3	(二)符合条件的居民企业之间的股息、红利等权益性投资收益免征企业所得税(填写A107011)	
4	其中:内地居民企业通过沪港通投资且连续持有H股满12个月取得的股息红利所得免征企业所得税(填写A107011)	
5	内地居民企业通过深港通投资且连续持有H股满12个月取得的股息红利所得免征企业所得税(填写A107011)	
6	(三)符合条件的非营利组织的收入免征企业所得税	
7	(四)符合条件的非营利组织(科技企业孵化器)的收入免征企业所得税	
8	(五)符合条件的非营利组织(国家大学科技园)的收入免征企业所得税	
9	(六)中国清洁发展机制基金取得的收入免征企业所得税	
10	(七)投资者从证券投资基金分配中取得的收入免征企业所得税	
11	(八)取得的地方政府债券利息收入免征企业所得税	
12	(九)中国保险保障基金有限责任公司取得的保险保障基金等收入免征企业所得税	
13	(十)中国奥委会取得北京冬奥组委支付的收入免征企业所得税	
14	(十一)中国残奥委会取得北京冬奥组委分期支付的收入免征企业所得税	
15	(十二)其他1	

续表

行次	项目	金额
16	(十三)其他 2	
17	二、减计收入(18+19+23+24)	
18	(一)综合利用资源生产产品取得的收入在计算应纳税所得额时减计收入	
19	(二)金融、保险等机构取得的涉农利息、保费减计收入(20+21+22)	
20	1.金融机构取得的涉农贷款利息收入在计算应纳税所得额时减计收入	
21	2.保险机构取得的涉农保费收入在计算应纳税所得额时减计收入	
22	3.小额贷款公司取得的农户小额贷款利息收入在计算应纳税所得额时减计收入	
23	(三)取得铁路债券利息收入减半征收企业所得税	
24	(四)其他	
25	三、加计扣除(26+27+28+29+30)	
26	(一)开发新技术、新产品、新工艺发生的研究开发费用加计扣除(填写 A107012)	
27	(二)科技型中小企业开发新技术、新产品、新工艺发生的研究开发费用加计扣除(填写 A107012)	
28	(三)企业为获得创新性、创意性、突破性的产品进行创意设计活动而发生的相关费用加计扣除	
29	(四)安置残疾人员所支付的工资加计扣除	
30	(五)其他	
31	合计(1+17+25)	

17.1.2 修订变化

《免税、减计收入及加计扣除优惠明细表》(2017 版)修订后的变化见表 17-1。

17.1.3 一般规定

1.国债利息

《中华人民共和国企业所得税法》第二十六条规定,企业的国债利息收入为免税收入。

《中华人民共和国企业所得税法实施条例》第八十二条规定,企业所得税法第二十六条第(一)项所称国债利息收入,是指企业持有国务院财政部门发行的国债取得的利息收入。

2.非营利组织收入

《中华人民共和国企业所得税法》第二十六条规定,企业的符合条件的非营利组织的收入为免税收入。

表17-1 《免税、减计收入及加计扣除优惠明细表》(2017版)修订后的变化

序号	修订后2017版申报表 (国家税务总局公告2018年第57号)		2017版申报表 (国家税务总局公告2017年第54号)	
	报表名称	新表	报表名称	原表
1	《免税、减计收入及加计扣除优惠明细表》(A107010)	申报表第13行至第16行进行调整,填表说明进行修正; 第13行"(十)中国奥委会取得北京冬奥组委支付的收入免征企业所得税":根据《财政部 税务总局 海关总署关于北京2022年冬奥会和冬残奥会税收政策的通知》(财税〔2017〕60号)等相关税收政策规定,中国奥委会填报按中国奥委会、主办城市签订的《联合市场开发计划协议》和中国奥委会、主办城市、国际奥委会签订的《主办城市合同》取得的由北京冬奥组委分期支付的收入、按比例支付的盈余分成收入; 第14行"(十一)中国残奥委会取得北京冬奥组委分期支付的收入免征企业所得税":填报根据财税〔2017〕60号等相关税收政策规定,中国残奥委会按照《联合市场开发计划协议》取得的由北京冬奥组委分期支付的收入; 第15行"(十二)其他1":填报纳税人享受的其他减免税项目名称、减免税代码及免税收入金额; 第16行"(十三)其他2":填报纳税人享受的其他减免税项目名称、减免税代码及免税收入金额	《免税、减计收入及加计扣除优惠明细表》(A107010)	免税收入行次: 第13行"(十)中央电视台的广告费和有线电视费收入免征企业所得税"; 第14行"(十一)中国奥委会取得北京冬奥组委支付的收入免征企业所得税"; 第15行"(十二)中国残奥委会取得北京冬奥组委分期支付的收入免征企业所得税"; 第16行"(十三)其他"

《中华人民共和国企业所得税法实施条例》第八十四条规定,企业所得税法第二十六条第(四)项所称符合条件的非营利组织,是指同时符合下列条件的组织:①依法履行非营利组织登记手续;②从事公益性或者非营利性活动;③取得的收入除用于与该组织有关的、合理的支出外,全部用于登记核定或者章程规定的公益性或者非营利性事业;④财产及其孳息不用于分配;⑤按照登记核定或者章程规定,该组织注销后的剩余财产用于公益性或者非营利性目的,或者由登记管理机关转赠给与该组织性质、宗旨相同的组织,并向社会公告;⑥投入人对投入该组织的财产不保留或者享有任何财产权利;⑦工作人员工资福利开支控制在规定的比例内,不变相分配该组织的财产。非营利组织的认定管理办法由国务院财政、税务主管部门会同国务院有关部门制定。

《中华人民共和国企业所得税法实施条例》第八十五条规定,企业所得税法第二十六条第(四)项所称符合条件的非营利组织的收入,不包括非营利组织从事营利性活动取得的收入,但国务院财政、税务主管部门另有规定的除外。

《财政部 税务总局关于非营利组织免税资格认定管理有关问题的通知》(财税〔2018〕13号)第一条规定,符合条件的非营利组织,必须同时满足以下条件:①依照国家有关法律法规设立或登记的事业单位、社会团体、基金会、社会服务机构、宗教活动场所、宗教院校以及财政部、税务总局认定的其他非营利组织;②从事公益性或者非营利性活动;③取得的收入除用于与该组织有关的、合理的支出外,全部用于登记核定或者章程规定的公益性或者非营利性事业;④财产及其孳息不用于分配,但不包括合理的工资薪金支出;⑤按照登记核定或者章程规定,该组织注销后的剩余财产用于公益性或者非营利性目的,或者由登记管理机关采取转赠给与该组织性质、宗旨相同的组织等处置方式,并向社会公告;⑥投入人对投入该组织的财产不保留或者享有任何财产权利,投入人是指除各级人民政府及其部门外的法人、自然人和其他组织;⑦工作人员工资福利开支控制在规定的比例内,不变相分配该组织的财产,其中:工作人员平均工资薪金水平不得超过税务登记所在地的地市级(含地市级)以上地区的同行业同类组织平均工资水平的两倍,工作人员福利按照国家有关规定执行;⑧对取得的应纳税收入及其有关的成本、费用、损失应与免税收入及其有关的成本、费用、损失分别核算。

《国家税务总局关于印发〈新企业所得税法精神宣传提纲〉的通知》(国税函〔2008〕159号)第二十三条规定,《中华人民共和国企业所得税法实施条例》从8个方面对非营利组织作了具体规定,明确了非营利组织享受税收优惠的条件。从世界各国对非营利组织的税收优惠来看,一般区分营利性收入和非营利性收入给予不同的税收待遇。考虑到按照相关管理规定,我国的非营利组织一般不能从事营利性活动,为规范此类组织的活动,防止从事经营性活动可能带来的税收漏洞,《中华人民共和国企业所得税法实施条例》规定,对非营利组织从事非营利性活动取得的收入给予免税,但从事营利性活动取得的收入则要征税。

3. 安置残疾人员工资加计扣除

《中华人民共和国企业所得税法》第三十条规定,企业安置残疾人员及国家鼓励安置的其他就业人员所支付的工资,可以在计算应纳税所得额时加计扣除。

《中华人民共和国企业所得税法实施条例》第九十六条规定,企业所得税法第三十条第(二)项所称企业安置残疾人员所支付的工资的加计扣除,是指企业安置残疾人员的,在按照支付给残疾职工工资据实扣除的基础上,按照支付给残疾职工工资的100%加计扣除。残疾人员的范围适用《中华人民共和国残疾人保障法》的有关规定。企业所得税法第三十条第(二)项所称企业安置国家鼓励安置的其他就业人员所支付的工资的加计扣除办法,由国务院另行规定。

17.1.4 关键要点

1. 国债利息关键要点

国债投资持有收益、处置收益、免税政策详见本书第7章。

留存备查资料包括：①国债净价交易交割单；②购买、转让国债的证明，包括持有时间、票面金额、利率等相关材料；③"应收利息（投资收益）"科目明细账或按月汇总表；④减免税计算过程的说明。

2. 非营利组织收入关键要点

1）符合条件的非营利组织免税收入的范围

《财政部　国家税务总局关于非营利组织企业所得税免税收入问题的通知》（财税〔2009〕122号）规定，根据《中华人民共和国企业所得税法》第二十六条及《中华人民共和国企业所得税法实施条例》第八十五条的规定，非营利组织的下列收入为免税收入：①接受其他单位或者个人捐赠的收入；②除《中华人民共和国企业所得税法》第七条规定的财政拨款以外的其他政府补助收入，但不包括因政府购买服务取得的收入；③按照省级以上民政、财政部门规定收取的会费；④不征税收入和免税收入孳生的银行存款利息收入；⑤财政部、国家税务总局规定的其他收入。

2）留存备查资料

留存备查资料主要包括：①非营利组织免税资格有效认定文件或其他相关证明；②非营利组织认定资料；③当年资金来源及使用情况、公益活动和非营利活动的明细情况；④当年工资薪金情况专项报告，包括薪酬制度、工作人员整体平均工资薪金水平、工资福利占总支出比例、重要人员工资薪金信息（至少包括工资薪金水平排名前10的人员）；⑤当年财务报表；⑥登记管理机关出具的事业单位、社会团体、基金会、社会服务机构、宗教活动场所、宗教院校当年符合相关法律法规和国家政策的事业发展情况或非营利活动的材料；⑦应纳税收入及其有关的成本、费用、损失，与免税收入及其有关的成本、费用、损失分别核算的情况说明；⑧取得各类免税收入的情况说明；⑨各类免税收入的凭证。

3. 安置残疾人员工资加计扣除关键要点

1）享受残疾人员工资加计扣除条件

《财政部　国家税务总局关于安置残疾人员就业有关企业所得税优惠政策问题的通知》（财税〔2009〕70号）规定，企业安置残疾人员的，在按照支付给残疾职工工资据实扣除的基础上，可以在计算应纳税所得额时按照支付给残疾职工工资的100%加计扣除。残疾人员的范围适用《中华人民共和国残疾人保障法》的有关规定。企业享受安置残疾职工工资100%加计扣除应同时具备如下条件：依法与安置的每位残疾人签订了1年以上（含1年）的劳动合同或服务协议，并且安置的每位残疾人在企业实际上岗工作。为安置的每位残疾人按月足额缴纳了企业所在区县人民政府根据国家政策规定的基本养老保险、基本医疗保险、失业保险和工伤保险等社会保险。定期通过银行等金融机构向安置的每位残疾人实际支付了不低于企业所在区县适用的经省级人民政府批准的最低工资标准的工资。具备安置残疾人上岗工作的基本设施。已安置残疾职工应具备《中华人民共和国残疾人证》或《中华人民共和国残疾军人证（1至8级）》。

2)留存备查资料

留存备查资料主要包括:①为安置的每位残疾人按月足额缴纳了企业所在区县人民政府根据国家政策规定的基本养老保险、基本医疗保险、失业保险和工伤保险等社会保险证明资料;②通过非现金方式支付工资薪酬的证明;③安置残疾职工名单及其《中华人民共和国残疾人证》或《中华人民共和国残疾军人证》;④与残疾人员签订的劳动合同或服务协议。

4. 证券投资基金相关免税收入关键要点

1)证券投资基金相关知识

《财政部 国家税务总局关于企业所得税若干优惠政策的通知》(财税〔2008〕1号)规定,对证券投资基金从证券市场中取得的收入,包括买卖股票、债券的差价收入,股权的股息、红利收入,债券的利息收入及其他收入,暂不征收企业所得税。对证券投资基金管理人运用基金买卖股票、债券的差价收入,暂不征收企业所得税。对投资者从证券投资基金分配中取得的收入,暂不征收企业所得税。

①采用封闭式运作方式的基金(以下简称封闭式基金),是指经核准的基金份额总额在基金合同期限内固定不变,基金份额可以在依法设立的证券交易场所交易,但基金份额持有人不得申请赎回的基金。

封闭式基金的基金份额,经基金管理人申请,国务院证券监督管理机构核准,可以在证券交易所上市交易。

国务院证券监督管理机构可以授权证券交易所依照法定条件和程序核准基金份额上市交易。

②采用开放式运作方式的基金(以下简称开放式基金),是指基金份额总额不固定,基金份额可以在基金合同约定的时间和场所申购或者赎回的基金。

开放式基金的基金份额的申购、赎回和登记,由基金管理人负责办理;基金管理人可以委托经国务院证券监督管理机构认定的其他机构代为办理。

③基金管理人由依法设立的基金管理公司担任。担任基金管理人,应当经国务院证券监督管理机构核准。

基金管理人以管理费为主要收入来源。管理费一般按照基金合同中约定的比例(一般按基金净值的一定比例)及方式进行提取、支付。

④基金托管人由依法设立并取得基金托管资格的商业银行担任。基金托管人与基金管理人不得为同一人,不得相互出资或者持有股份。

⑤基金管理人运用基金财产进行证券投资,应当采用资产组合的方式。资产组合的具体方式和投资比例,依照本法和国务院证券监督管理机构的规定在基金合同中约定。基金财产及运用基金进行投资所获收益属于基金份额持有人(即投资人)。

2)证券投资基金免税实务问题探讨

目前很多企业以货币基金形式进行投资,基金根据每日基金收益情况,以每万份基金已实现收益为基准,"每日分配、按日支付"形式为投资人每日计算当日收益并分配,且每日进行支付。基金根据每日收益情况,将当日收益全部分配,若当日已实现收益大于零时,为投资人记正收益;若当日已实现收益小于零时,为投资人记负收益;若当日已实现收益等于零时,当日投资人不记收益。基金每日进行收益计算并分配时,每日收益支付方式只采用红利再投资(即红利转基金份额)方式,投资人可通过赎回基金份额获得现金收益;投资人在当日收益支付时,若当日净收益大于零时,则增加投资人基金份额;若当日净收益等于零时,则保持投资人基金份额不变;基金管理人将采取必要措施尽量避免基金净收益小于零,若当日净收益小于零时,不缩减投资人基金份额,待其后累计净收益大于零时,即增加投资人基金份额。

企业投资于证券投资基金,从证券投资基金分配中取得的收入应参照《国家税务总局关于贯彻落实企业所得税法若干税收问题的通知》(国税函〔2010〕79号)第四条的规定,在证券投资基金做出分配决定时确认收入的实现。具体到上述案例,应在每日分配时确认收入。

"每日分配、按日支付"属于特殊的分配、投资形式,其分配的收入为从基金分配中取得的收入。上述案例中的货币基金为证券投资基金的,按照《财政部 国家税务总局关于企业所得税若干优惠政策的通知》(财税〔2008〕1号)的规定,投资者从基金分配中取得的收入,暂不征收企业所得税。

3) 留存备查资料

留存备查资料主要包括:①购买证券投资基金记账凭证;②证券投资基金分配公告;③免税的分配收入明细账及按月汇总表。

5. 金融、保险等机构取得的涉农利息、保费收入关键要点

1) 涉农利息、保费收入优惠条件

《财政部 税务总局关于延续支持农村金融发展有关税收政策》(财税〔2017〕44号)规定,自2017年1月1日至2019年12月31日,对金融机构农户小额贷款的利息收入,在计算应纳税所得额时,按90%计入收入总额;自2017年1月1日至2019年12月31日,对保险公司为种植业、养殖业提供保险业务取得的保费收入,在计算应纳税所得额时,按90%计入收入总额。

《财政部 税务总局关于小额贷款公司有关税收政策的通知》(财税〔2017〕48号)规定,自2017年1月1日至2019年12月31日,对经省级金融管理部门(金融办、局等)批准成立的小额贷款公司取得的农户小额贷款利息收入,在计算应纳税所得额时,按90%计入收入总额。

2) 留存备查资料

留存备查资料主要包括:①相关利息收入的核算情况说明;②相关贷款合同。

17.1.5 风险环节

1. 国债利息风险环节

非持有中国中央政府发行的国债取得的利息收入不免税。免税的国债利息收入不包括持有外国政府国债取得的利息收入,也不包括持有企业发行的债券取得的利息收入,而仅限于持有中国中央政府发行的国债取得的利息收入。

二级市场转让国债收入不免税。企业购买国债,不论是在一级市场(发行市场)还是在二级市场(流通市场)购买,其利息收入均享受免税优惠。国债净价交易时,交割单上列示的国债利息收入,可作为企业取得的免税收入处理。但需要注意的是,对于企业在二级市场转让国债获得的收入,即成交金额与国债面值、利息的差额,应作为转让财产收入计算缴纳企业所得税。

国债利息收入与其他投资收益区分。除有些金融企业外,一般企业的债券投资无论是利息收入还是转让所得,都通过"投资收益"科目来核算,在计算征免税收入时要注意进行区分。

案例:国债投资收益填报(详见"7.2.1 关键要点"相关案例)

2. 非营利组织收入风险环节

非营利组织要经过政府相关部门的认定:非营利组织应同时符合税法规定的条件,并且要经过政府相关部门的认定。

非营利组织免税优惠资格的时效:非营利组织免税优惠资格的有效期为5年。非营利组织应在免税优惠资格期满后6个月内提出复审申请,不提出复审申请或复审不合格的,其享受免税优惠的资格到期自动失效。

区分免税收入和非免税收入:非营利组织收入为免税收入,收入免征企业所得税,对应的费用可以税前扣除,优惠力度很大。因此,非营利组织应严格区分免税收入和非免税收入,不能混淆。

3. 安置残疾人员工资加计扣除风险环节

不符合条件不能加计扣除:不同时符合《财政部 国家税务总局关于安置残疾人员就业有关企业所得税优惠政策问题的通知》(财税〔2009〕70号)规定的五个条件的残疾人员工资,不得加计扣除。

预缴时不能加计扣除:企业支付给残疾职工的工资,企业所得税预缴申报时不得加计扣除,在年度终了进行企业所得税年度申报和汇算清缴时,再计算加计扣除。

4. 涉农利息、保费收入风险环节

符合条件的农户小额贷款利息收入进行单独核算,不能单独核算的不得享受优惠政策;小额贷款公司应对符合条件的农户小额贷款利息收入进行单独核算,不能单独核算的不得享受优惠政策。

17.2 《符合条件的居民企业之间的股息、红利等权益性投资收益优惠明细表》（A107011）

17.2.1 表样

A107011

符合条件的居民企业之间的股息、红利等权益性投资收益优惠明细表

行次	被投资企业	被投资企业统一社会信用代码（纳税人识别号）	投资性质	投资成本	投资比例	符合条件的居民企业利润分配确认金额			被投资企业清算确认金额			撤回或减少投资确认金额				合计
						被投资企业做出利润分配或转股决定时间	依决定归属于本公司的股息、红利等权益性投资收益金额	分得的被投资企业清算剩余资产	被清算企业累计未分配利润和累计盈余公积应享有部分	应确认的股息所得	从被投资企业撤回或减少取得的资产	减少投资比例	收回初始投资成本	取得资产中超过收回初始投资成本部分	撤回或减少投资应享有被投资企业累计未分配利润和累积盈余公积	应确认的股息所得	
	1	2	3	4	5	6	7	8	9	10(8与9孰小)	11	12	13(4×12)	14(11-13)	15	16(14与15孰小)	17(7+10+16)
1																	
2																	
3																	
4																	
5																	
6																	
7	合计																
8	其中:股票投资——沪港通 H 股																
9	股票投资——深港通 H 股																

17.2.2 一般规定

《中华人民共和国企业所得税法》第二十六条规定,企业的符合条件的居民企业之间的股息、红利等权益性投资收益为免税收入。

《中华人民共和国企业所得税法实施条例》第八十三条规定,企业所得税法第二十六条第(二)项所称符合条件的居民企业之间的股息、红利等权益性投资收益,是指居民企业直接投资于其他居民企业取得的投资收益。企业所得税法第二十六条第(二)项和第(三)项所称股息、红利等权益性投资收益,不包括连续持有居民企业公开发行并上市流通的股票不足12个月取得的投资收益。

《国家税务总局关于印发〈新企业所得税法精神宣传提纲〉的通知》(国税函〔2008〕159号)第二十四条规定,原税法规定,内资企业之间的股息、红利收入,低税率企业分配给高税率企业要补税率差。鉴于股息红利是税后利润分配形成的,对居民企业之间的股息红利收入免征企业所得税,是国际上消除法律性双重征税的通行做法,新企业所得税法也采取了这一做法。为更好体现税收优惠意图,保证企业投资充分享受到西部大开发、高新技术企业、小型微利企业等实行低税率的好处,《中华人民共和国企业所得税法实施条例》明确不再要求补税率差。

鉴于以股票方式取得且连续持有时间较短(短于12个月)的投资,并不以股息、红利收入为主要目的,主要是从二级市场获得股票转让收益,而且买卖和变动频繁,税收管理难度大,因此,《中华人民共和国企业所得税法实施条例》将持有上市公司股票的时间短于12个月的股息、红利收入排除在免税范围之外。对来自所有非上市企业,以及持有股份12个月以上取得的股息、红利收入,适用免税政策。

17.2.3 关键要点

1. 居民企业股息、红利等权益性投资收益

1)连续持有居民企业公开发行并上市流通的股票,不足12个月取得的投资收益在持有期限满12个月后能否免税

《中华人民共和国企业所得税法实施条例》第八十三条规定,企业所得税法所称股息、红利等权益性投资收益,不包括连续持有居民企业公开发行并上市流通的股票不足12个月取得的投资收益。实务中纳税人对于连续持有居民企业公开发行并上市流通的股票不足12个月时取得的投资收益不得作为免税的股息、红利收入,但纳税人应与主管税务机关沟通,待连续持有该企业股票满12个月后,能否再将此部分股息、红利收入作为免税收入,以保障自身利益。

2)企业从"新三板"购买的股票是否属于"公开上市发行"?取得分回的股息、红利是否可以按照居民企业间免税收益处理

"新三板"上市需要满足的要求之一为:新三板上市公司必须是非上市股份有限公司,不属于《中华人民共和国企业所得税法实施条例》第八十三条规定的"公开发行并

上市流通"的情形。企业投资于新三板挂牌企业所取得的股息红利,符合《中华人民共和国企业所得税法》第二十六条第二项及《中华人民共和国企业所得税法实施条例》第八十三条规定的,可以作为免税收入,享受税收优惠。

3)"沪港通"相关股息红利权益性投资收益免税优惠的申报

"沪港通",是指上海证券交易所和香港联合交易所允许两地投资者通过当地证券公司(或经纪商)买卖规定范围内的对方交易所上市的股票。包括沪股通和港股通两部分。正式启动时间为2014年11月17日。试点初期,香港证监会要求参与港股通的境内投资者仅限于机构投资者,以及证券账户和资金账户余额不低于50万元的个人投资者。对参与沪股通的香港投资者不设准入条件。

境内证券交易所包括上海证券交易所和深圳证券交易所(创业板)。

A股:人民币普通股票、境内上市交易、只允许本国投资者以人民币认购(2005年底,特批的境外机构也可以认购)。

B股:人民币特种股票、境内上市交易、境外投资者以外币认购(沪市以美元计价、深市以港币计价)。

H股:境内公司在香港证券交易所上市、以港币计价。

4)"港股通"涉及的企业所得税问题

"港股通"的实质是权益性(股票)投资,股息红利、转让所得"遵从一般原理"。

《财政部 国家税务总局 证监会关于沪港股票市场交易互联互通机制试点有关税收政策的通知》(财税〔2014〕81号)第一条第(二)项规定,对内地企业投资者通过沪港通投资香港联交所上市股票取得的转让差价所得,计入其收入总额,依法征收企业所得税。

第一条第(四)项规定,①对内地企业投资者通过沪港通投资香港联交所上市股票取得的股息红利所得,计入其收入总额,依法计征企业所得税。其中,内地居民企业连续持有H股满12个月取得的股息红利所得,依法免征企业所得税。②香港联交所上市H股公司应向中国结算提出申请,由中国结算向H股公司提供内地企业投资者名册,H股公司对内地企业投资者不代扣股息红利所得税款,应纳税款由企业自行申报缴纳。③内地企业投资者自行申报缴纳企业所得税时,对香港联交所非H股上市公司已代扣代缴的股息红利所得税,可依法申请税收抵免。

根据《财政部 国家税务总局 证监会关于深港股票市场交易互联互通机制试点有关税收政策的通知》(财税〔2016〕127号),深港通相关股息红利权益性投资收益的税收政策待遇与沪港通相同。

2. 清算的注意事项

企业在经营期的经营或投资行为,为企业在清算期所带来的所得,应该仍然适用相关优惠政策。如处于清算期的企业,在未处置其对外的长期股权投资前,其源自被投资方分配的股息红利,清算组应确认为权益性投资收益。如果该权益性投资收益符合《中华人民共和国企业所得税法》第二十六条规定的免税收入的条件,即使企业处于清算期,仍然应享受免税收入的税收优惠政策。

3. 撤资的注意事项

《国家税务总局关于企业所得税若干问题的公告》(国家税务总局公告2011年第34号)第五条规定,投资企业从被投资企业撤回或减少投资,其取得的资产中,相当于初始出资的部分,应确认为投资收回;相当于被投资企业累计未分配利润和累计盈余公积按减少实收资本比例计算的部分,应确认为股息所得,符合条件的为免税收入;其余部分确认为投资资产转让所得。

4. 留存备查资料

留存备查资料主要包括:

(1)符合条件的居民企业之间的股息、红利等权益性投资收益免征企业所得税:①被投资企业的最新公司章程(企业在证券交易市场购买上市公司股票获得股权的,提供相关记账凭证、本公司持股比例以及持股时间超过12个月情况说明);②被投资企业股东会(或股东大会)利润分配决议或公告、分配表;③被投资企业进行清算所得税处理的,留存被投资企业填报的加盖主管税务机关受理章的《中华人民共和国清算所得税申报表》及附表三《剩余财产计算和分配明细表》复印件;④"投资收益""应收股利"科目明细账或按月汇总表。

(2)内地居民企业通过沪港通投资且连续持有H股满12个月取得的股息红利所得免征企业所得税:①相关记账凭证、本公司持股比例以及持股时间超过12个月的情况说明;②被投资企业股东会(或股东大会)利润分配决议或公告、分配表;③"投资收益""应收股利"科目明细账或按月汇总表。

17.2.4 风险环节

1. 居民企业直接投资于其他居民企业

居民企业直接投资于其他居民企业取得的股息、红利才是免税收入。这里注意三个要点:一是居民企业;二是直接投资,间接投资取得的股息、红利不能免税;三是投资于其他居民企业,投资的不是居民企业的(非居民企业、个人独资企业、合伙企业)不能免税。

2. 12个月的规定

连续持有上市公司股票不足12个月取得的投资收益不能免税。

3. 股权转让被投资企业股东留存收益不免税

股权转让中,被投资企业未分配利润等股东留存收益中按该项股权所可能分配的金额不能免税。《国家税务总局关于贯彻落实企业所得税法若干税收问题的通知》(国税函[2010]79号)第三条规定,企业在计算股权转让所得时,不得扣除被投资企业未分配利润等股东留存收益中按该项股权所可能分配的金额。

案例：股权转让所得、从被投资企业分回清算所得、从被投资企业撤回或减少投资三种处理方法的差异

1. 股权转让

A 企业将控股 30% 的 B 企业以 800 万元的价格转让给 C 企业，其中 B 企业有 1000 万元的累计未分配利润。A 企业的投资成本 600 万元，股权转让所得 = 800 - 600 = 200（万元）。

2. 收回被清算企业资产

B 企业清算，A 企业分回清算资产同上，即：

清算所得（损失）= 800 - (1000×30%) - 600 = -100（万元）

《符合条件的居民企业之间的股息、红利等权益性投资收益优惠明细表》（A107011）相关项目的填写如下：

第 8 列"分得的被投资企业清算剩余资产"：800 万元；

第 9 列"被清算企业累计未分配利润和累计盈余公积应享有部分"：300 万元；

第 10 列"应确认的股息所得"：300 万元。

3. 撤资收回资产

A 企业从控股 30% 的 B 企业撤资，A 企业收回投资 800 万元，其中，B 企业有 1000 万元的累计未分配利润。A 企业的投资成本 600 万元。

①A 企业首先确认收回成本 600 万元；

②再考虑 800 万元中相当于 B 企业累计未分配利润的 200 万元（800-600<1000×30%）；

③撤回投资的股权转让所得（损失）= 800 - 600 - 200 = 0

《符合条件的居民企业之间的股息、红利等权益性投资收益优惠明细表》（A107011）相关项目的填写如下：

第 11 列"从被投资企业撤回或减少投资取得的资产"：800 万元；

第 12 列"减少投资比例"：100%；

第 13 列"收回初始投资成本"：600 万元；

第 14 列"取得资产中超过收回初始投资成本部分"：200 万元；

第 15 列"撤回或减少投资应享有被投资企业累计未分配利润和累计盈余公积"：300 万元；

第 16 列"应确认的股息所得"：200 万元。

《符合条件的居民企业之间的股息、红利等权益性投资收益优惠明细表》（A107011）具体填报见表 17-2。

17 收入、扣除优惠填报实务（A107010—A107012）

表17-2
A107011 符合条件的居民企业之间的股息、红利等权益性投资收益优惠明细表

单位：万元

行次	被投资企业	被投资企业统一社会信用代码（纳税人识别号）	投资性质	投资成本	投资比例	被投资企业确认金额分配利润		被投资企业清算确认金额			撤回或减少投资确认金额				合计
						被投资企业做出利润分配或转股决定时间	依决定归属于本公司的股息、红利等权益性投资收益金额	分得的被投资企业清算剩余资产	被清算企业累计未分配利润和累计盈余公积应享有部分	应确认的股息所得	从被投资企业撤回或减少投资取得的资产	减少投资比例	收回初始投资成本	取得资产中超过收回初始投资成本部分	撤回或减少投资应享有被投资企业累计未分配利润和累计盈余公积	应确认的股息所得	
	1	2	3	4	5	6	7	8	9	10(8与9孰小)	11	12	13(4×12)	14(11-13)	15	16(14与15孰小)	17(7+10+16)
1								800	300	300	800	100%	600	200	300	200	

· 217 ·

17.3 《研发费用加计扣除优惠明细表》(A107012)

17.3.1 表样

A107012　　　　　　　　研发费用加计扣除优惠明细表

行次	项　目	金额(数量)
1	本年可享受研发费用加计扣除项目数量	
2	一、自主研发、合作研发、集中研发(3+7+16+19+23+34)	
3	(一)人员人工费用(4+5+6)	
4	1.直接从事研发活动人员工资薪金	
5	2.直接从事研发活动人员五险一金	
6	3.外聘研发人员的劳务费用	
7	(二)直接投入费用(8+9+10+11+12+13+14+15)	
8	1.研发活动直接消耗材料费用	
9	2.研发活动直接消耗燃料费用	
10	3.研发活动直接消耗动力费用	
11	4.用于中间试验和产品试制的模具、工艺装备开发及制造费	
12	5.用于不构成固定资产的样品、样机及一般测试手段购置费	
13	6.用于试制产品的检验费	
14	7.用于研发活动的仪器、设备的运行维护、调整、检验、维修等费用	
15	8.通过经营租赁方式租入的用于研发活动的仪器、设备租赁费	
16	(三)折旧费用(17+18)	
17	1.用于研发活动的仪器的折旧费	
18	2.用于研发活动的设备的折旧费	
19	(四)无形资产摊销(20+21+22)	
20	1.用于研发活动的软件的摊销费用	
21	2.用于研发活动的专利权的摊销费用	
22	3.用于研发活动的非专利技术(包括许可证、专有技术、设计和计算方法等)的摊销费用	
23	(五)新产品设计费等(24+25+26+27)	
24	1.新产品设计费	
25	2.新工艺规程制定费	
26	3.新药研制的临床试验费	
27	4.勘探开发技术的现场试验费	
28	(六)其他相关费用(29+30+31+32+33)	

续表

行次	项目	金额(数量)
29	1. 技术图书资料费、资料翻译费、专家咨询费、高新科技研发保险费	
30	2. 研发成果的检索、分析、评议、论证、鉴定、评审、评估、验收费用	
31	3. 知识产权的申请费、注册费、代理费	
32	4. 职工福利费、补充养老保险费、补充医疗保险费	
33	5. 差旅费、会议费	
34	(七)经限额调整后的其他相关费用	
35	二、委托研发(36+37+39)	
36	(一)委托境内机构或个人进行研发活动所发生的费用	
37	(二)委托境外机构进行研发活动发生的费用	
38	其中:允许加计扣除的委托境外机构进行研发活动发生的费用	
39	(三)委托境外个人进行研发活动发生的费用	
40	三、年度研发费用小计(2+36×80%+38)	
41	(一)本年费用化金额	
42	(二)本年资本化金额	
43	四、本年形成无形资产摊销额	
44	五、以前年度形成无形资产本年摊销额	
45	六、允许扣除的研发费用合计(41+43+44)	
46	减:特殊收入部分	
47	七、允许扣除的研发费用抵减特殊收入后的金额(45-46)	
48	减:当年销售研发活动直接形成产品(包括组成部分)对应的材料部分	
49	减:以前年度销售研发活动直接形成产品(包括组成部分)对应材料部分结转金额	
50	八、加计扣除比例(%)	
51	九、本年研发费用加计扣除总额(47-48-49)×50	
52	十、销售研发活动直接形成产品(包括组成部分)对应材料部分结转以后年度扣减金额 (当47-48-49≥0,本行=0;当47-48-49<0,本行=47-48-49的绝对值)	

17.3.2 修订变化

《研发费用加计扣除优惠明细表》(2017版)修订后的变化见表17-3。

17.3.3 一般规定

《中华人民共和国企业所得税法实施条例》第九十五条规定,企业所得税法第三十条第(一)项所称研究开发费用的加计扣除,是指企业为开发新技术、新产品、新工艺发生的研究开发费用,未形成无形资产计入当期损益的,在按照规定据实扣除的基础上,按照研究开发费用的50%加计扣除;形成无形资产的,按照无形资产成本的150%摊销。

表17-3 《研发费用加计扣除优惠明细表》(2017版)修订后的变化

序号	修订后2017版申报表（国家税务总局公告2018年第57号）		2017版申报表（国家税务总局公告2017年第54号）	
	报表名称	新表	报表名称	原表
1	《研发费用加计扣除优惠明细表》(A107012)	将原表"基本信息"第1行的相关项目调整至《企业所得税年度纳税申报基础信息表》(A000000)中;修订"委托研发"项目有关内容,将原行次内容细化为: 第36行"(一)委托境内机构或个人进行研发活动所发生的费用":填报纳税人研发项目委托境内机构或个人进行研发活动所发生的费用; 第37行"(二)委托境外机构进行研发活动所发生的费用":填报纳税人研发项目委托境外机构进行研发活动所发生的费用; 第38行"其中:允许加计扣除的委托境外机构进行研发活动发生的费用":填报纳税人按照税收规定允许加计扣除的委托境外机构进行研发活动发生的费用; 第39行"(三)委托境外个人进行研发活动发生的费用":填报纳税人委托境外个人进行研发活动发生的费用。本行不参与加计扣除优惠金额的计算	《研发费用加计扣除优惠明细表》(A107012)	委托研发行次: 第37行"委托外部机构或个人进行研发活动所发生的费用"; 第38行"其中:委托境外进行研发活动所发生的费用"

《财政部 税务总局 科技部关于提高研究开发费用税前加计扣除比例的通知》(财税〔2018〕99号)规定,企业开展研发活动中实际发生的研发费用,未形成无形资产计入当期损益的,在按规定据实扣除的基础上,在2018年1月1日至2020年12月31日期间,再按照实际发生额的75%在税前加计扣除;形成无形资产的,在上述期间按照无形资产成本的175%在税前摊销。

17.3.4 关键要点

1. 取消《国家重点支持的高新技术领域》和《当前优先发展的高技术产业化重点领域指南(2007年度)》两个目录限制

取消《国家重点支持的高新技术领域》和国家发展改革委员会等部门公布的《当前优先发展的高技术产业化重点领域指南(2007年度)》两个目录,对企业的研发范围不再限制。

2. 增加外聘研发人员劳务费用

研发人员方面,包括直接从事研发活动人员的工资薪金、基本养老保险费、基本医疗保险费、失业保险费、工伤保险费、生育保险费和住房公积金,直接从事研发活动人员包括研究人员、技术人员、辅助人员。增加了外聘研发人员的劳务费用,外聘研发人员的劳务费用也可以加计扣除。外聘研发人员是指与本企业签订劳务用工协议(合同)

和临时聘用的研究人员、技术人员、辅助人员。

接受劳务派遣的企业按照协议(合同)约定支付给劳务派遣企业,且由劳务派遣企业实际支付给外聘研发人员的工资薪金等费用,属于外聘研发人员的劳务费用。

工资薪金包括按规定可以在税前扣除的对研发人员股权激励的支出。

3. 其他费用增加10%扣除比例

《财政部 国家税务总局 科技部关于完善研究开发费用税前加计扣除政策的通知》(财税〔2015〕119号)规定,与研发活动直接相关的其他费用,如技术图书资料费、资料翻译费、专家咨询费、高新科技研发保险费,研发成果的检索、分析、评议、论证、鉴定、评审、评估、验收费用,知识产权的申请费、注册费、代理费,差旅费、会议费,职工福利费、补充养老保险费、补充医疗保险费。此类费用总额不得超过可加计扣除研发费用总额的10%。

假设某一研发项目的其他相关费用的限额为 X,《财政部 国家税务总局 科技部关于完善研究开发费用税前加计扣除政策的通知》(财税〔2015〕119号)第一条允许加计扣除的研发费用中的第1项至第5项费用之和为 Y,那么 $X=(X+Y)\times 10\%$,即 $X=Y\times 10\%/(1-10\%)$。

案例:

某企业于2016年进行了两项研发活动A和B,A项目共发生研发费用100万元,其中与研发活动直接相关的其他费用12万元,B项目共发生研发费用100万元,其中与研发活动直接相关的其他费用8万元,假设研发活动均符合加计扣除相关规定。A项目其他相关费用限额=(100-12)×10%/(1-10%)=9.78,小于实际发生数12万元,则A项目允许加计扣除的研发费用应为97.78万元(100-12+9.78=97.78)。B项目其他相关费用限额=(100-8)×10%/(1-10%)=10.22,大于实际发生数8万元,则B项目允许加计扣除的研发费用应为100万元。

该企业2016年可以享受的研发费用加计扣除额为98.89万元〔(97.78+100)×50%〕。

4. 特殊收入应扣减研发费用

企业取得研发过程中形成的下脚料、残次品、中间试制品等特殊收入,在计算确认收入当年的加计扣除研发费用时,应从已归集研发费用中扣减该特殊收入,不足扣减的,加计扣除研发费用按零计算。

企业研发活动直接形成产品或作为组成部分形成的产品对外销售的,研发费用中对应的材料费用不得加计扣除。产品销售与对应的材料费用发生在不同纳税年度且材料费用已计入研发费用的,可在销售当年以对应的材料费用发生额直接冲减当年的研发费用,不足冲减的,结转以后年度继续冲减。

5. 不适用于加计扣除政策的活动

不适用于加计扣除政策的活动主要包括:①企业产品(服务)的常规性升级;②对某项科研成果的直接应用,如直接采用公开的新工艺、材料、装置、产品、服务或知识等;

③企业在商品化后为顾客提供的技术支持活动;④对现存产品、服务、技术、材料或工艺流程进行的重复或简单改变;⑤市场调查研究、效率调查或管理研究;⑥作为工业(服务)流程环节或常规的质量控制、测试分析、维修维护;⑦社会科学、艺术或人文学方面的研究。

企业上述活动虽然也与研发相关,但并非直接、密切相关,因此不得加计扣除。但何为"复杂改变",何为"简单改变",恐怕税务机关难以判断。

6. 不适用于加计扣除的行业

不适用于加计扣除的行业主要包括:①烟草制造业;②住宿和餐饮业;③批发和零售业;④房地产业;⑤租赁和商务服务业;⑥娱乐业;⑦财政部和国家税务总局规定的其他行业。

不适用税前加计扣除政策行业的企业,是指以《财政部 国家税务总局 科技部关于完善研究开发费用税前加计扣除政策的通知》(财税〔2015〕119号)所列行业业务为主营业务,其研发费用发生当年的主营业务收入占企业按《中华人民共和国企业所得税法》第六条规定计算的收入总额减除不征税收入和投资收益的余额50%(不含)以上的企业。

7. 共用设备、仪器、无形资产及人员费用也能加计扣除

新政策取消了"专门"二字,也就是说企业生产经营和研发共用的设备、软件、模具等也可以加计扣除。《国家税务总局关于研发费用税前加计扣除归集范围有关问题的公告》(国家税务总局公告2017年第40号)规定,直接从事研发活动的人员、外聘研发人员同时从事非研发活动的,企业应对其人员活动情况做必要记录,并将其实际发生的相关费用按实际工时占比等合理方法在研发费用和生产经营费用间分配,未分配的不得加计扣除。

以经营租赁方式租入的用于研发活动的仪器、设备,同时用于非研发活动的,企业应对其仪器设备使用情况做必要记录,并将其实际发生的租赁费按实际工时占比等合理方法在研发费用和生产经营费用间分配,未分配的不得加计扣除。

用于研发活动的仪器、设备,同时用于非研发活动的,企业应对其仪器设备使用情况做必要记录,并将其实际发生的折旧费按实际工时占比等合理方法在研发费用和生产经营费用间分配,未分配的不得加计扣除。

用于研发活动的无形资产,同时用于非研发活动的,企业应对其无形资产使用情况做必要记录,并将其实际发生的摊销费按实际工时占比等合理方法在研发费用和生产经营费用间分配,未分配的不得加计扣除。

8. 加速折旧(摊销)也可以加计扣除

企业用于研发活动的仪器、设备,符合税法规定且选择加速折旧优惠政策的,在享受研发费用税前加计扣除政策时,就税前扣除的折旧部分计算加计扣除。

用于研发活动的无形资产,符合税法规定且选择缩短摊销年限的,在享受研发费用税前加计扣除政策时,就税前扣除的摊销部分计算加计扣除。

案例1：

2015年12月，甲汽车制造企业购入并投入使用一专门用于研发活动的设备，单位价值1200万元，会计处理按8年折旧，税法上规定的最低折旧年限为10年，不考虑残值。甲企业对该项设备选择缩短折旧年限的加速折旧方式，折旧年限缩短为6年（10×60%）。2016年企业会计处理计提折旧额150万元（1200÷8），税收上因享受加速折旧优惠可以扣除的折旧额是200万元（1200÷6）。按《国家税务总局关于研发费用税前加计扣除归集范围有关问题的公告》（国家税务总局公告2017年第40号）口径申报研发费用加计扣除时，若该设备6年内用途未发生变化，每年均符合加计扣除政策规定，则甲企业在6年内每年直接就其税前扣除"仪器、设备折旧费"200万元进行加计扣除100万元（200×50%），不需要比较会计、税收折旧孰小，也不需要根据会计折旧年限的变化而调整享受加计扣除的金额，计算方法大为简化。

案例2：

接上例，如甲企业会计处理按4年进行折旧，其他情形不变。则2016年甲企业会计处理计提折旧额300万元（1200÷4），税收上可扣除的加速折旧额为200万元（1200÷6）。按《国家税务总局关于研发费用税前加计扣除归集范围有关问题的公告》（国家税务总局公告2017年第40号）口径申报研发费用加计扣除时，若该设备6年内用途未发生变化，每年均符合加计扣除政策规定，则甲企业在6年内每年直接就其税前扣除"仪器、设备折旧费"200万元进行加计扣除100万元（200×50%），不需要比较会计、税收折旧孰小，也不需要根据会计折旧年限的变化而调整享受加计扣除的金额，计算方法大为简化。

9. 委托境内外研发只能加计扣除80%

企业委托外部机构或个人进行研发活动所发生的费用，按照费用实际发生额的80%计入委托方研发费用并计算加计扣除，受托方不得再进行加计扣除。委托外部研究开发费用实际发生额应按照独立交易原则确定。委托方委托关联方开展研发活动的，受托方需向委托方提供研发过程中实际发生的研发项目费用支出明细情况。

《国家税务总局关于企业研究开发费用税前加计扣除政策有关问题的公告》（国家税务总局公告2015年第97号）第三条所称"研发活动发生费用"是指委托方实际支付给受托方的费用。无论委托方是否享受研发费用税前加计扣除政策，受托方均不得加计扣除。

《财政部 税务总局 科技部关于企业委托境外研究开发费用税前加计扣除有关政策问题的通知》（财税〔2018〕64号）第一条规定，委托境外进行研发活动所发生的费用，按照费用实际发生额的80%计入委托方的委托境外研发费用。委托境外研发费用不超过境内符合条件的研发费用2/3的部分，可以按规定在企业所得税前加计扣除。

10. 按研发项目设置辅助账

企业应按照国家财务会计制度要求，对研发支出进行会计处理；同时，对享受加计扣除的研发费用按研发项目设置辅助账，准确归集核算当年可加计扣除的各项研发费用实际发生额。企业在一个纳税年度内进行多项研发活动的,应按照不同研发项目分别归集可加计扣除的研发费用。将"专账管理"改为"设置辅助账",并在报送《年度财务会计报告》的同时随附注一并报送主管税务机关。

11. 未及时享受该项税收优惠的追溯期

《财政部 国家税务总局 科技部关于完善研究开发费用税前加计扣除政策的通知》(财税〔2015〕119号)第五条第四款规定:"企业符合本通知规定的研发费用加计扣除条件而在2016年1月1日以后未及时享受该项税收优惠的,可以追溯享受并履行备案手续,追溯期限最长为3年。"由于该文件自2016年1月1日起执行,企业在2016年1月1日以后未享受研发费用加计扣除的,可以追溯3年享受,如企业2018年度发现自己2016年应享受研发费用加计扣除但未享受,可追溯到2016年度享受,而不是在2018年度享受。

12. 留存备查资料

(1)开发新技术、新产品、新工艺发生的研究开发费用加计扣除留存备查资料主要包括:①自主、委托、合作研究开发项目计划书和企业有权部门关于自主、委托、合作研究开发项目立项的决议文件;②自主、委托、合作研究开发专门机构或项目组的编制情况和研发人员名单;③经科技行政主管部门登记的委托、合作研究开发项目的合同;④从事研发活动的人员(包括外聘人员)和用于研发活动的仪器、设备、无形资产的费用分配说明(包括工作使用情况记录及费用分配计算证据材料);⑤集中研发项目研发费决算表、集中研发项目费用分摊明细情况表和实际分享收益比例等资料;⑥"研发支出"辅助账及汇总表;⑦企业如果已取得地市级(含)以上科技行政主管部门出具的鉴定意见,应作为资料留存备查。

(2)企业为获得创新性、创意性、突破性的产品进行创意设计活动而发生的相关费用加计扣除留存备查资料主要包括:①创意设计活动相关合同;②创意设计活动相关费用核算情况的说明。

(3)科技型中小企业开发新技术、新产品、新工艺发生的研究开发费用加计扣除留存备查资料主要包括:①自主、委托、合作研究开发项目计划书和企业有权部门关于自主、委托、合作研究开发项目立项的决议文件;②自主、委托、合作研究开发专门机构或项目组的编制情况和研发人员名单;③经科技行政主管部门登记的委托、合作研究开发项目的合同;④从事研发活动的人员(包括外聘人员)和用于研发活动的仪器、设备、无形资产的费用分配说明(包括工作使用情况记录及费用分配计算证据材料);⑤集中研发项目研发费决算表、集中研发项目费用分摊明细情况表和实际分享收益比例等资料;⑥"研发支出"辅助账及汇总表;⑦企业已取得的地市级(含)以上科技行政主管部门出具的鉴定意见;⑧科技型中小企业取得的入库登记编号证明资料。

(4)企业委托境外研究开发费用税前加计扣除留存备查资料主要包括:①企业委托研发项目计划书和企业有权部门立项的决议文件;②委托研究开发专门机构或项目组的编制情况和研发人员名单;③经科技行政主管部门登记的委托境外研发合同;

④"研发支出"辅助账及汇总表;⑤委托境外研发银行支付凭证和受托方开具的收款凭据;⑥当年委托研发项目的进展情况等资料。

17.3.5 风险环节

1. 超出范围不得加计扣除

纳税人在加计扣除时应严格对照政策规定的研发费用范围,仅就正列举的费用允许加计扣除,不在政策规定范围内的不得加计扣除,比如房屋的折旧就不能加计扣除。

2. 共用设备划分不清不得加计扣除

虽然新政策取消了"专门",生产经营和研发共用的仪器设备、无形资产、人员人工费用等也可以加计扣除。但是企业应对共用对象研发费用和生产经营费用分别核算,准确、合理归集各项费用支出,对划分不清的,不得实行加计扣除。

3. 未设置研发费用辅助账不得加计扣除

按照国家财务会计制度要求,对研发支出进行会计处理;对享受加计扣除的研发费用按研发项目设置辅助账。否则,不得加计扣除。

4. 无法划分不同项目研发费用不得加计扣除

多项研发应按照不同研发项目分别归集可加计扣除的研发费用。否则,不得加计扣除。

5. 能够归集可加计扣除的各项研发费用实际发生额

能够提供研发辅助费用明细账、记账凭证、发票等资料,准确归集核算当年可加计扣除的各项研发费用实际发生额。否则,税务机关有权调整其税前扣除金额或加计扣除额。

6. 集中开发、合作开发、委托研发加计扣除关键资料

集中开发加计扣除关键资料:集中研究开发项目的协议或合同、集中开发项目研发费决算表、《集中研发项目费用分摊明细情况表》和实际分享比例等资料。

合作开发加计扣除关键资料:合作开发合同、合作开发共同研发支出分配明细表。

委托研发加计扣除关键资料:委托开发合同及受托方提供的关于该项目的研发费用支出明细情况等。

7. 不适用于加计扣除的行业判断

《财政部　国家税务总局　科技部关于完善研究开发费用税前加计扣除政策的通知》(财税〔2015〕119号)中不适用税前加计扣除政策行业的企业,是指以该文件所列行业业务为主营业务,其研发费用发生当年的主营业务收入占企业按《中华人民共和国企业所得税法》第六条规定计算的收入总额减除不征税收入和投资收益的余额50%(不含)以上的企业。以企业的主营业务为基础,对于不适用于加计扣除的行业进行判断。

17.3.6 典型问题

1. 不适用于加计扣除政策的活动进行加计扣除

研发项目不符合"实质性改进技术、工艺、产品(服务)"的要求,仅对产品或办公软件等进行集成或升级。

2. 加计扣除的费用超出规定范围

加计扣除的费用超出《财政部 国家税务总局 科技部关于完善研究开发费用税前加计扣除政策的通知》(财税〔2015〕119号)规定的范围,将商业医疗保险、移动通讯费、工作餐费、部门活动费、人才服务公司服务费、外包服务费等非研发费用计入其中,不符合加计扣除的要求。

对非直接从事研发人员发生的费用进行了加计扣除。

3. 资本化支出和费用化支出划分不清

未按会计核算要求区分资本化支出和费用化支出,将已满足资本化条件的研发支出全部列入当年研发费用。

4. 委托开发项目的双方均进行了加计扣除

委托开发项目,委托方与受托方均进行了加计扣除。

18 应纳税所得额优惠填报实务（A107020—A107030）

18.1 《所得减免优惠明细表》(A107020)

18.1.1 表样

A107020　　所得减免优惠明细表

行次	减免项目	项目名称	优惠事项名称	优惠方式	项目收入	项目成本	相关税费	应分摊期间费用	纳税调整额	项目所得额 免税项目	项目所得额 减半项目	减免所得额
		1	2	3	4	5	6	7	8	9	10	11(9+10×50%)
1	一、农、林、牧、渔业项目											
2												
3		小计	*	*								
4	二、国家重点扶持的公共基础设施项目											
5												
6		小计	*	*								
7	三、符合条件的环境保护、节能节水项目											
8												
9		小计	*	*								
10	四、符合条件的技术转让项目		*	*						*	*	*
11			*	*						*	*	*
12		小计	*	*								
13	五、清洁发展机制项目		*									
14			*									
15		小计	*	*								

续表

行次	减免项目	项目名称	优惠事项名称	优惠方式	项目收入	项目成本	相关税费	应分摊期间费用	纳税调整额	免税项目	减半项目	减免所得额
		1	2	3	4	5	6	7	8	9	10	11(9+10×50%)
16	六、符合条件的节能服务公司实施的合同能源管理项目		*									
17			*									
18		小计	*	*								
19	七、线宽小于130纳米的集成电路生产项目		*									
20			*									
21		小计	*									
22	八、线宽小于65纳米或投资额超过150亿元的集成电路生产项目		*									
23			*									
24		小计	*	*								
25	九、其他											
26												
27		小计	*	*								
28	合计	*	*	*								

18.1.2 修订变化

《所得减免优惠明细表》(2017版)修订后的变化见表18-1。

18.1.3 一般规定

1. 农、林、牧、渔业项目

《中华人民共和国企业所得税法》第二十七条规定,从事农、林、牧、渔业项目的所得,可以免征、减征企业所得税。

《中华人民共和国企业所得税法实施条例》第八十六条规定,企业所得税法第二十七条第(一)项规定的企业从事农、林、牧、渔业项目的所得是指:

(1)企业从事下列项目的所得,免征企业所得税:①蔬菜、谷物、薯类、油料、豆类、棉花、麻类、糖料、水果、坚果的种植;②农作物新品种的选育;③中药材的种植;④林木的培育和种植;⑤牲畜、家禽的饲养;⑥林产品的采集;⑦灌溉、农产品初加工、兽医、农技推广、农机作业和维修等农、林、牧、渔服务业项目;⑧远洋捕捞。

(2)企业从事下列项目的所得,减半征收企业所得税:①花卉、茶以及其他饮料作物和香料作物的种植;②海水养殖、内陆养殖。

表18-1　　　　　　《所得减免优惠明细表》(2017版)修订后的变化

序号	修订后2017版申报表 (国家税务总局公告2018年第57号)		2017版申报表 (国家税务总局公告2017年第54号)	
	报表名称	新表	报表名称	原表
1	《所得减免优惠明细表》(A107020)	增加"七、线宽小于130纳米的集成电路生产项目"和"八、线宽小于65纳米或投资额超过150亿元的集成电路生产项目"两项内容； 第19行至第21行"七、线宽小于130纳米的集成电路生产项目"：按照投资的线宽小于130纳米的集成电路生产项目的不同项目分别填报，一个项目填报一行，纳税人有多个项目的，可自行增加行次填报。各行相应列次填报金额的合计金额填入"小计"行，填报该项目的纳税人还应填报《软件、集成电路企业优惠情况及明细表》(A107042)； 第22行至第24行"八、线宽小于65纳米或投资额超过150亿元的集成电路生产项目"：按照投资的线宽小于65纳米或投资额超过150亿元的集成电路生产项目的不同项目分别填报，一个项目填报一行，纳税人有多个项目的，可自行增加行次填报。各行相应列次填报金额的合计金额填入"小计"行，填报该项目的纳税人还应填报《软件、集成电路企业优惠情况及明细表》(A107042)	《所得减免优惠明细表》(A107020)	原表无相关填写项目

(3)企业从事国家限制和禁止发展的项目，不得享受该条规定的企业所得税优惠。

《国家税务总局关于印发〈新企业所得税法精神宣传提纲〉的通知》(国税函〔2008〕159号)第二十一条规定，对农、林、牧、渔项目实行不同的税收优惠政策，可以更好地体现国家政策的引导作用，突出优惠政策的导向性。粮食、蔬菜、肉类、水果等农产品，关系到国计民生，是维持人们基本生存条件的生活必需品，应当列为税收优惠政策重点鼓励的对象。同时为生产此类产品的服务业也应同样扶持，因此，《中华人民共和国企业所得税法实施条例》将此类归为免税项目。花卉、饮料和香料作物，以及海水养殖、内陆养殖，一般盈利水平较高，也不是人们基本生活必需品，在优惠力度上应与基本生活需要的农产品等免税有所区别，因此，实行减半征收。

2. 公共基础设施项目

《中华人民共和国企业所得税法》第二十七条规定，从事国家重点扶持的公共基础设施项目投资经营的所得，可以免征、减征企业所得税。

《中华人民共和国企业所得税法实施条例》第八十七条规定，企业所得税法第二十七条第(二)项所称国家重点扶持的公共基础设施项目，是指《公共基础设施项目企业所得税优惠目录》规定的港口码头、机场、铁路、公路、城市公共交通、电力、水利等项目。

企业从事前款规定的国家重点扶持的公共基础设施项目的投资经营的所得，自项目取得第一笔生产经营收入所属纳税年度起，第一年至第三年免征企业所得税，第四年至第六年减半征收企业所得税。

企业承包经营、承包建设和内部自建自用该条规定的项目,不得享受该条规定的企业所得税优惠。

《国家税务总局关于印发〈新企业所得税法精神宣传提纲〉的通知》(国税函〔2008〕159号)第二十六条规定,重点基础设施投资大,回收期长,关系国计民生,《中华人民共和国企业所得税法实施条例》规定,对企业从事港口码头、机场、铁路、公路、电力、水利等项目投资经营所得,给予"三免三减半"的优惠。与原来的"两免三减半"相比,减免期限作了适当延长,缓解基础设施建设初期的经营困难。

原外资企业所得税法规定以获利年度为企业减免税的起始日,在实践中出现了一些企业用推迟获利年度来避税的问题,税收征管难度大。《中华人民共和国企业所得税法实施条例》规定了从企业取得第一笔生产经营收入所属纳税年度起计算减免税起始日的新办法,可以兼顾项目投资规模大、建设周期长的情况,较原内资企业从开业之日起计算减免税优惠,更为符合实际,也促使企业缩短建设周期,尽快实现盈利,提高投资效益。

3. 符合条件的环境保护、节能节水项目

《中华人民共和国企业所得税法》第二十七条规定,企业从事符合条件的环境保护、节能节水项目的所得,可以免征、减征企业所得税。

《中华人民共和国企业所得税法实施条例》第八十八条规定,企业所得税法第二十七条第(三)项所称符合条件的环境保护、节能节水项目,包括公共污水处理、公共垃圾处理、沼气综合开发利用、节能减排技术改造、海水淡化等。项目的具体条件和范围由国务院财政、税务主管部门商国务院有关部门制订,报国务院批准后公布施行。

企业从事前款规定的符合条件的环境保护、节能节水项目的所得,自项目取得第一笔生产经营收入所属纳税年度起,第一年至第三年免征企业所得税,第四年至第六年减半征收企业所得税。

4. 符合条件的技术转让项目

《中华人民共和国企业所得税法》第二十七条规定,企业符合条件的技术转让所得,可以免征、减征企业所得税。

《中华人民共和国企业所得税法实施条例》第九十条规定,企业所得税法第二十七条第(四)项所称符合条件的技术转让所得免征、减征企业所得税,是指一个纳税年度内,居民企业技术转让所得不超过500万元的部分,免征企业所得税;超过500万元的部分,减半征收企业所得税。

18.1.4 关键要点

1. 农、林、牧、渔业项目

1) 农产品初加工减免税

农产品初加工享受减免税应符合《财政部 国家税务总局关于发布享受企业所得税优惠政策的农产品初加工范围(试行)的通知》(财税〔2008〕149号)、《财政部 国家税务总局关于享受企业所得税优惠的农产品初加工有关范围的补充通知》(财税〔2011〕26号)和《国家税务总局关于实施农、林、牧、渔业项目企业所得税优惠问题的公告》(国家税务总局公告2011年第48号)相关规定。

2)"公司+农户"减免税

根据《国家税务总局关于"公司+农户"经营模式企业所得税优惠问题的公告》(国家税务总局公告2010年第2号)的规定,企业采取"公司+农户"经营模式从事牲畜、家禽的饲养,公司与农户签订委托养殖合同,向农户提供畜禽苗、饲料、兽药及疫苗等(所有权〈产权〉仍属于公司),农户将畜禽养大成为成品后交付公司回收。对此类以"公司+农户"经营模式从事农、林、牧、渔业项目生产的企业,可以享受减免企业所得税优惠政策。

3)留存备查资料

留存备查资料主要包括:①企业从事相关业务取得的资格证书或证明资料,包括有效期内的远洋渔业企业资格证书、从事农作物新品种选育的认定证书、动物防疫条件合格证、林木种子生产经营许可证、兽医的资格证明等;②与农户签订的委托养殖合同("公司+农户"经营模式的企业);③与家庭承包户签订的内部承包合同(国有农场实行内部家庭承包经营);④农产品初加工项目及工艺流程说明(两个或两个以上的分项目说明);⑤同时从事适用不同企业所得税待遇项目的,每年度单独计算减免税项目所得的计算过程及其相关账册,期间费用合理分摊的依据和标准;⑥生产场地证明资料,包括土地使用权证、租用合同等;⑦企业委托或受托其他企业或个人从事符合规定的农、林、牧、渔业项目的委托合同、受托合同、支出明细等证明材料。

2. 公共基础设施项目

1)优惠类型

公共基础设施项目减免所得额优惠相关的政策文件包括《财政部 国家税务总局关于执行公共基础设施项目企业所得税优惠目录有关问题的通知》(财税〔2008〕46号)、《财政部 国家税务总局 国家发展改革委关于公布〈公共基础设施项目企业所得税优惠目录(2008年版)〉的通知》(财税〔2008〕116号)、《国家税务总局关于实施国家重点扶持的公共基础设施项目企业所得税优惠问题的通知》(国税发〔2009〕80号)、《财政部 国家税务总局关于公共基础设施项目和环境保护、节能节水项目企业所得税优惠政策问题的通知》(财税〔2012〕10号)、《财政部 国家税务总局关于支持农村饮水安全工程建设运营税收政策的通知》(财税〔2012〕30号)、《国家税务总局关于电网企业电网新建项目享受所得税优惠政策问题的公告》(国家税务总局公告2013年第26号)、《财政部 国家税务总局关于公共基础设施项目享受企业所得税优惠政策问题的补充通知》(财税〔2014〕55号)等。

2)优惠的享受期间

《国家税务总局关于实施国家重点扶持的公共基础设施项目企业所得税优惠问题的通知》(国税发〔2009〕80号)规定,对居民企业经有关部门批准,从事符合《公共基础设施项目企业所得税优惠目录》规定范围、条件和标准的公共基础设施项目的投资经营所得,自该项目取得第一笔生产经营收入所属纳税年度起,第一年至第三年免征企业所得税,第四年至第六年减半征收企业所得税。

"公共基础设施项目投资经营所得减免所得优惠"针对的是项目投资者获得的经营回报。项目立项、建设时期是投资项目的投入期,单独核算项目纳税调整后所得很大可能是负数,因此政策规定项目优惠的优惠期间并不是从项目批准、建设开始,而是从项目取得第一笔生产经营收入开始。《财政部 国家税务总局关于执行公共基础设施项目企业所得税优惠目录有关问题的通知》(财税〔2008〕46号)规定,第一笔生产经营收入,是指公共基础设施项目已建成并投入运营后所取得的第一笔收入。

3)优惠对象界定

(1)享受优惠的是投资经营主体,而不是承包经营、承包建设主体。企业从事承包经营、承包建设和内部自建自用《公共基础设施项目企业所得税优惠目录》规定项目的所得,不得享受《国家税务总局关于实施国家重点扶持的公共基础设施项目企业所得税优惠问题的通知》(国税发〔2009〕80号)第一条第一款规定的企业所得税优惠。承包经营,是指与从事该项目经营的法人主体相独立的另一法人经营主体,通过承包该项目的经营管理而取得劳务性收益的经营活动。承包建设,是指与从事该项目经营的法人主体相独立的另一法人经营主体,通过承包该项目的工程建设而取得建筑劳务收益的经营活动。

(2)强调公共基础设施项目,而不是自用项目。内部自建自用,是指项目的建设仅作为本企业主体经营业务的设施,满足本企业自身的生产经营活动需要,而不属于向他人提供公共服务业务的公共基础设施建设项目。

(3)减免所得额指的是纳税调整后所得。即在会计核算口径收入减去成本费用,得出项目利润额基础上,对所得计算中的收入、扣除项目税会差异进行调整,得到纳税调整后所得,作为免税所得或减半计入应税所得。

4)一次核准分批次建设的公共基础设施项目优惠

《财政部 国家税务总局关于公共基础设施项目享受企业所得税优惠政策问题的补充通知》(财税〔2014〕55号)规定,企业投资经营符合《公共基础设施项目企业所得税优惠目录》规定条件和标准的公共基础设施项目,采用一次核准、分批次(如码头、泊位、航站楼、跑道、路段、发电机组等)建设的,凡同时符合以下条件的,可按每一批次为单位计算所得,并享受企业所得税"三免三减半"优惠:①不同批次在空间上相互独立;②每一批次自身具备取得收入的功能;③以每一批次为单位进行会计核算,单独计算所得,并合理分摊期间费用。

5)留存备查资料

留存备查资料主要包括:①有关部门批准该项目文件;②公共基础设施项目建成并投入运行后取得的第一笔生产经营收入凭证(原始凭证及账务处理凭证);③公共基础设施项目完工验收报告;④项目权属变动情况及转让方已享受优惠情况的说明及证明

资料(优惠期间项目权属发生变动的);⑤公共基础设施项目所得分项目核算资料,以及合理分摊期间共同费用的核算资料;⑥符合《公共基础设施项目企业所得税优惠目录》规定范围、条件和标准的情况说明及证据资料。

3. 符合条件的环境保护、节能节水项目

1) 优惠类型

符合条件的环境保护、节能节水项目优惠相关政策文件包括:《财政部 国家税务总局 国家发展改革委关于公布〈环境保护、节能节水项目企业所得税优惠目录(试行)〉的通知》(财税〔2009〕166号)、《财政部 国家税务总局关于公共基础设施项目和环境保护、节能节水项目企业所得税优惠政策问题的通知》(财税〔2012〕10号)。

2) 2008年以前的项目

企业从事符合《公共基础设施项目企业所得税优惠目录》规定,于2007年12月31日前已经批准的公共基础设施项目投资经营的所得,以及从事符合《环境保护、节能节水项目企业所得税优惠目录》规定,于2007年12月31日前已经批准的环境保护、节能节水项目的所得,可在该项目取得第一笔生产经营收入所属纳税年度起,按新税法规定计算的企业所得税"三免三减半"优惠期间内,自2008年1月1日起享受其剩余年限的减免企业所得税优惠。

3) 留存备查资料

留存备查资料主要包括:①符合《环境保护、节能节水项目企业所得税优惠目录》规定范围、条件和标准的情况说明及证据资料;②环境保护、节能节水项目取得的第一笔生产经营收入凭证(原始凭证及账务处理凭证);③环境保护、节能节水项目所得分项目核算资料,以及合理分摊期间共同费用的核算资料;④项目权属变动情况及转让方已享受优惠情况的说明及证明资料(优惠期间项目权属发生变动的)。

4. 符合条件的技术转让项目

1) 优惠形式

与技术转让所得减免优惠相关的政策文件包括:《国家税务总局关于技术转让所得减免企业所得税有关问题的通知》(国税函〔2009〕212号)、《财政部 国家税务总局关于居民企业技术转让有关企业所得税政策问题的通知》(财税〔2010〕111号)、《国家税务总局关于技术转让所得减免企业所得税有关问题的公告》(国家税务总局公告2013年第62号)、《国家税务总局关于许可使用权技术转让所得企业所得税有关问题的公告》(国家税务总局公告2015年第82号)。

2) 技术转让条件

根据上述文件规定,享受减免企业所得税优惠的技术转让应同时符合以下条件:

(1)享受优惠的技术转让主体是企业所得税法规定的居民企业。

(2)技术转让属于财政部、国家税务总局规定的范围。

《财政部 国家税务总局关于居民企业技术转让有关企业所得税政策问题的通知》(财税〔2010〕111号)规定,技术转让的范围,包括居民企业转让专利技术、计算机

软件著作权、集成电路布图设计权、植物新品种、生物医药新品种,以及财政部和国家税务总局确定的其他技术。其中:专利技术,是指法律授予独占权的发明、实用新型和非简单改变产品图案的外观设计。

(3)技术转让所得须经认定登记或审批。

技术转让应签订技术转让合同。境内的技术转让须经省级以上(含省级)科技部门认定登记,企业发生境内技术转让,应具备以下证据资料:①技术转让合同(副本);②省级以上科技部门出具的技术合同登记证明。

跨境的技术转让须经省级以上(含省级)商务部门认定登记,企业向境外转让技术,应具备以下证据资料:①技术出口合同(副本);②省级以上商务部门出具的技术出口合同登记证书或技术出口许可证;③技术出口合同数据表。

涉及财政经费支持产生技术的转让,需省级以上(含省级)科技部门审批。

(4)国务院税务主管部门规定的其他条件。

居民企业技术出口应由有关部门按照商务部、科技部发布的《中国禁止出口限制出口技术目录》(商务部、科技部令2008年第12号)进行审查。居民企业取得禁止出口和限制出口技术转让所得,不享受技术转让减免企业所得税优惠政策。

3)非独占许可使用权注意转让时间

《财政部 国家税务总局关于居民企业技术转让有关企业所得税政策问题的通知》(财税〔2010〕111号)规定,技术转让,是指居民企业转让其拥有符合该通知第一条规定技术的所有权或5年以上(含5年)全球独占许可使用权的行为。

《国家税务总局关于许可使用权技术转让所得企业所得税有关问题的公告》(国家税务总局公告2015年第82号)对此作出修改,规定自2015年10月1日起,全国范围内的居民企业转让5年(含)以上非独占许可使用权取得的技术转让所得,纳入享受企业所得税优惠的技术转让所得范围。将"全球独占许可使用权"放宽为"非独占许可使用权"。

4)符合条件的技术转让所得的计算方法

技术转让所得=技术转让收入-技术转让成本-相关税费

技术转让收入,是指当事人履行技术转让合同后获得的价款,不包括销售或转让设备、仪器、零部件、原材料等非技术性收入。不属于与技术转让项目密不可分的技术咨询、技术服务、技术培训等收入,不得计入技术转让收入。

《国家税务总局关于技术转让所得减免企业所得税有关问题的公告》(国家税务总局公告2013年第62号)规定,可以计入技术转让收入的技术咨询、技术服务、技术培训收入,是指转让方为使受让方掌握所转让的技术投入使用、实现产业化而提供的必要的技术咨询、技术服务、技术培训所产生的收入,并应同时符合以下条件:在技术转让合同中约定的与该技术转让相关的技术咨询、技术服务、技术培训;技术咨询、技术服务、技术培训收入与该技术转让项目收入一并收取价款。

技术转让成本,是指转让的无形资产的净值,即该无形资产的计税基础减除在资产使用期间按照规定计算的摊销扣除额后的余额。

相关税费,是指技术转让过程中实际发生的有关税费,包括除企业所得税和允许抵扣的增值税以外的各项税金及其附加、合同签订费用、律师费等相关费用及其他支出。

5)非独占许可使用权

《财政部 国家税务总局关于将国家自主创新示范区有关税收试点政策推广到全国范围实施的通知》(财税〔2015〕116号)将原来的"符合条件的5年以上独占许可使用权的技术"修改为"符合条件的5年以上非独占许可使用权的技术。"

6)留存备查资料

留存备查资料主要包括:①所转让的技术产权证明。②企业发生境内技术转让:技术转让合同(副本);技术合同登记证明;技术转让所得归集、分摊、计算的相关资料;实际缴纳相关税费的证明资料。③企业向境外转让技术:技术出口合同(副本);技术出口合同登记证书或技术出口许可证;技术出口合同数据表;技术转让所得归集、分摊、计算的相关资料;实际缴纳相关税费的证明资料;有关部门按照商务部、科技部发布的《中国禁止出口限制出口技术目录》出具的审查意见。④转让技术所有权的,其成本费用情况;转让使用权的,其无形资产费用摊销情况。⑤技术转让年度,转让双方股权关联情况。

5. 实施清洁发展机制项目

1)清洁发展机制项目减免税条件

《财政部 国家税务总局关于中国清洁发展机制基金及清洁发展机制项目实施企业有关企业所得税政策问题的通知》(财税〔2009〕30号)规定,关于中国清洁发展机制基金取得的下列收入,免征企业所得税:①CDM项目温室气体减排量转让收入上缴国家的部分;②国际金融组织赠款收入;③基金资金的存款利息收入、购买国债的利息收入;④国内外机构、组织和个人的捐赠收入。

2)关于清洁发展机制项目(CDM项目)实施企业的企业所得税政策

CDM项目实施企业按照《清洁发展机制项目运行管理办法》(发展改革委、科技部、外交部、财政部令第37号)的规定,将温室气体减排量的转让收入,按照以下比例上缴给国家的部分,准予在计算应纳税所得额时扣除:①氢氟碳化物(HFC)和全氟碳化物(PFC)类项目,为温室气体减排量转让收入的65%;②氧化亚氮(N_2O)类项目,为温室气体减排量转让收入的30%;③《清洁发展机制项目运行管理办法》第四条规定的重点领域以及植树造林项目等类清洁发展机制项目,为温室气体减排量转让收入的2%。

对企业实施的将温室气体减排量转让收入的65%上缴给国家的HFC和PFC类CDM项目,以及将温室气体减排量转让收入的30%上缴给国家的N_2O类CDM项目,其实施该类CDM项目的所得,自项目取得第一笔减排量转让收入所属纳税年度起,第一年至第三年免征企业所得税,第四年至第六年减半征收企业所得税。企业实施CDM项目的所得,是指企业实施CDM项目取得的温室气体减排量转让收入扣除上缴国家的部分,再扣除企业实施CDM项目发生的相关成本、费用后的净所得。

3）留存备查资料

留存备查资料主要包括：①清洁发展机制项目立项有关文件；②企业将温室气体减排量转让的 HFC 和 PFC 类 CDM 项目，及将温室气体减排量转让的 N_2O 类 CDM 项目的证明材料；③将温室气体减排量转让收入上缴给国家的证明资料；④清洁发展机制项目第一笔减排量转让收入凭证（原始凭证及账务处理凭证）；⑤清洁发展机制项目所得单独核算资料，以及合理分摊期间共同费用的核算资料。

6. 符合条件的节能服务公司实施合同能源管理项目

1）节能服务公司实施合同能源管理项目优惠条件

节能服务公司实施合同能源管理项目所得减免优惠相关的政策文件包括《财政部 国家税务总局关于促进节能服务产业发展增值税、营业税和企业所得税政策问题的通知》（财税〔2010〕110号）、《国家税务总局 国家发展改革委关于落实节能服务企业合同能源管理项目企业所得税优惠政策有关征收管理问题的公告》（国家税务总局、国家发展改革委公告2013年第77号）。

2）留存备查资料

留存备查资料主要包括：①能源管理合同；②国家发展改革委、财政部公布的第三方机构出具的合同能源管理项目情况确认表，或者政府节能主管部门出具的合同能源管理项目确认意见；③项目转让合同、项目原享受优惠的备案文件（项目发生转让的，受让节能服务企业）；④合同能源管理项目取得第一笔生产经营收入凭证（原始凭证及账务处理凭证）；⑤合同能源管理项目应纳税所得额计算表；⑥合同能源管理项目所得单独核算资料，以及合理分摊期间共同费用的核算资料。

7. 符合条件的线宽小于130纳米的集成电路生产项目

1）政策依据

与线宽小于130纳米的集成电路生产项目相关的政策文件包括：《财政部 国家税务总局 发展改革委 工业和信息化部关于软件和集成电路产业企业所得税优惠政策有关问题的通知》（财税〔2016〕49号）、《财政部 税务总局 国家发展改革委 工业和信息化部关于集成电路生产企业有关企业所得税政策问题的通知》（财税〔2018〕27号）、《国家税务总局关于执行软件企业所得税优惠政策有关问题的公告》（国家税务总局公告2013年第43号）等。

2）政策概述

2018年1月1日后投资新设的集成电路线宽小于130纳米，且经营期在10年以上的集成电路项目，第一年至第二年免征企业所得税，第三年至第五年按照25%的法定税率减半征收企业所得税，并享受至期满为止。

3）在汇算清缴期结束前需向税务机关提交的资料

在汇算清缴期结束前需向税务机关提交的资料主要包括：①在发展改革或工业和信息化部门立项的备案文件（应注明总投资额、工艺线宽标准）复印件以及企业取得的其他相关资质证书复印件等；②企业职工人数、学历结构、研究开发人员情况及其占企业职工总数的比例说明,以及汇算清缴年度最后一个月社会保险缴纳证明等相关证明材料;③加工集成电路产品主要列表及国家知识产权局(或国外知识产权相关主管机构)出具的企业自主开发或拥有的一至两份代表性知识产权(如专利、布图设计登记、软件著作权等)的证明材料;④经具有资质的中介机构鉴证的企业财务会计报告(包括会计报表、会计报表附注和财务情况说明书)以及集成电路制造销售(营业)收入、研究开发费用、境内研究开发费用等情况说明;⑤与主要客户签订的一至两份代表性销售合同复印件;⑥保证产品质量的相关证明材料(如质量管理认证证书复印件等)。

8. 符合条件的节能服务公司实施合同能源管理项目

1)政策依据

与线宽小于65纳米或投资额超过150亿元的集成电路生产项目相关的政策文件包括:《财政部 国家税务总局 发展改革委 工业和信息化部关于软件和集成电路产业企业所得税优惠政策有关问题的通知》(财税〔2016〕49号)、《财政部 税务总局 国家发展改革委 工业和信息化部关于集成电路生产企业有关企业所得税政策问题的通知》(财税〔2018〕27号)、《国家税务总局关于执行软件企业所得税优惠政策有关问题的公告》(国家税务总局公告2013年第43号)等。

2)政策概述

2018年1月1日后投资新设的集成电路线宽小于65纳米或投资额超过150亿元,且经营期在15年以上的集成电路项目,第一年至第五年免征企业所得税,第六年至第十年按照25%的法定税率减半征收企业所得税,并享受至期满为止。

3)在汇算清缴期结束前需向税务机关提交的资料

在汇算清缴期结束前需向税务机关提交的资料主要包括:①在发展改革或工业和信息化部门立项的备案文件(应注明总投资额、工艺线宽标准)复印件以及企业取得的其他相关资质证书复印件等;②企业职工人数、学历结构、研究开发人员情况及其占企业职工总数的比例说明,以及汇算清缴年度最后一个月社会保险缴纳证明等相关证明材料;③加工集成电路产品主要列表及国家知识产权局(或国外知识产权相关主管机构)出具的企业自主开发或拥有的一至两份代表性知识产权(如专利、布图设计登记、软件著作权等)的证明材料;④经具有资质的中介机构鉴证的企业财务会计报告(包括会计报表、会计报表附注和财务情况说明书)以及集成电路制造销售(营业)收入、研究开发费用、境内研究开发费用等情况说明;⑤与主要客户签订的一至两份代表性销售合同复印件;⑥保证产品质量的相关证明材料(如质量管理认证证书复印件等)。

18.1.5 风险环节

1. 农、林、牧、渔业项目

农、林、牧、渔业项目既有免税项目又有减半项目,企业应区分清楚,不可把减半项目混同于免税项目。

企业同时从事农、林、牧、渔业项目及其他不享受减免税项目的,其农、林、牧、渔业项目应当单独计算所得,并合理分摊企业的期间费用;没有单独计算的,不得享受企业所得税优惠。期间共同费用的合理分摊比例可以按照投资额、销售收入、资产额、人员工资等参数确定。上述比例一经确定,不得随意变更。凡特殊情况需要改变的,需报主管税务机关核准。

2. 公共基础设施项目

1)减免税起始期的确定

税法规定,自项目取得第一笔生产经营收入所属纳税年度起,第一年至第三年免征企业所得税,第四年至第六年减半征收企业所得税。即自公共基础设施项目取得第一笔生产经营收入所属纳税年度起开始享受减免税。

2)单独核算、合理分摊

《国家税务总局关于实施国家重点扶持的公共基础设施项目企业所得税优惠问题的通知》(国税发〔2009〕80号)规定,企业同时从事不在《公共基础设施项目企业所得税优惠目录》范围的生产经营项目取得的所得,应与享受优惠的公共基础设施项目经营所得分开核算,并合理分摊企业的期间共同费用;没有单独核算的,不得享受上述企业所得税优惠。

期间共同费用的合理分摊比例可以按照投资额、销售收入、资产额、人员工资等参数确定。上述比例一经确定,不得随意变更。凡特殊情况需要改变的,需报主管税务机关核准。

3)优惠期限内税收优惠在不同纳税主体之间的转移

《国家税务总局关于实施国家重点扶持的公共基础设施项目企业所得税优惠问题的通知》(国税发〔2009〕80号)规定,企业在减免税期限内转让所享受减免税优惠的项目,受让方承续经营该项目的,可自受让之日起,在剩余优惠期限内享受规定的减免税优惠;减免税期限届满后转让的,受让方不得就该项目重复享受减免税优惠。

3. 符合条件的环境保护、节能节水项目

1)减免税起始期的确定

税法规定,自项目取得第一笔生产经营收入所属纳税年度起,第一年至第三年免征企业所得税,第四年至第六年减半征收企业所得税。即自公共基础设施项目取得第一笔生产经营收入所属纳税年度起开始享受减免税。

2)单独核算、合理分摊

《国家税务总局关于实施国家重点扶持的公共基础设施项目企业所得税优惠问题的通知》(国税发〔2009〕80号)规定,企业同时从事不在《公共基础设施项目企业所得税优惠目录》范围的生产经营项目取得的所得,应与享受优惠的公共基础设施项目经营所得分开核算,并合理分摊企业的期间共同费用;没有单独核算的,不得享受上述企业所得税优惠。

期间共同费用的合理分摊比例可以按照投资额、销售收入、资产额、人员工资等参数确定。上述比例一经确定,不得随意变更。凡特殊情况需要改变的,需报主管税务机关核准。

3）优惠期限内税收优惠在不同纳税主体之间的转移

在享受公共基础设施项目减免税期限内转让的，受让方自受让之日起，可以在剩余期限内享受规定的减免税优惠；减免税期限届满后转让的，受让方不得就该项目重复享受减免税优惠。

4. 符合条件的技术转让项目

1）技术转让所得不包括的项目

计算技术转让所得时，不包括销售或转让设备、仪器、零部件、原材料等非技术性收入；不属于与技术转让项目密不可分的技术咨询、技术服务、技术培训等收入，也不得计入技术转让收入。

2）和100%关联方取得的技术转让所得不得享受优惠

居民企业从直接或间接持有股权之和达到100%的关联方取得的技术转让所得，不享受技术转让减免企业所得税优惠政策。

3）非独占许可使用权转让时限

《国家税务总局关于许可使用权技术转让企业所得税有关问题的公告》（国家税务总局公告2015年第82号）规定，自2015年10月1日起，全国范围内的居民企业转让5年以上非独占许可使用权取得的技术转让所得才可以享受优惠，2015年10月1日前仍然是全球独占许可使用权。

4）单独核算、合理分摊

享受技术转让所得减免企业所得税优惠的企业，应单独计算技术转让所得，并合理分摊企业的期间费用；没有单独计算的，不得享受技术转让所得企业所得税优惠。

5. 实施清洁发展机制项目

企业应单独核算其享受优惠的CDM项目的所得，并合理分摊有关期间费用，没有单独核算的，不得享受上述企业所得税优惠政策。

6. 符合条件的节能服务公司实施合同能源管理项目

节能服务企业应分别核算各项目的成本费用支出额。对在合同约定的效益分享期内发生的期间费用划分不清的，应合理进行分摊，期间费用的分摊应按照项目投资额和销售（营业）收入额两个因素计算分摊比例，两个因素的权重各为50%。

7. 线宽小于130纳米的集成电路生产项目、线宽小于65纳米或投资额超过150亿元的集成电路生产项目

在汇算清缴期结束前向税务机关提交符合享受条件的资料。

8. 减免项目与应税项目纳税调整后所得的亏损结转弥补

减免项目与应税项目亏损不得互相弥补。

《中华人民共和国企业所得税法实施条例》第一百零二条规定，企业同时从事适用不同企业所得税待遇的项目的，其优惠项目应当单独计算所得，并合理分摊企业的期间费用；没有单独计算的，不得享受企业所得税优惠。

18.2 《抵扣应纳税所得额优惠明细表》(A107030)

18.2.1 表样

A107030　　　　　　　　抵扣应纳税所得额明细表

行次	项目	合计金额	投资于未上市中小高新技术企业	投资于种子期、初创期科技型企业
		1=2+3	2	3
一、创业投资企业直接投资按投资额一定比例抵扣应纳税所得额				
1	本年新增的符合条件的股权投资额			
2	税收规定的抵扣率	70%	70%	70%
3	本年新增的可抵扣的股权投资额(1×2)			
4	以前年度结转的尚未抵扣的股权投资余额		*	*
5	本年可抵扣的股权投资额(3+4)		*	*
6	本年可用于抵扣的应纳税所得额		*	*
7	本年实际抵扣应纳税所得额			
8	结转以后年度抵扣的股权投资余额		*	*
二、通过有限合伙制创业投资企业投资按一定比例抵扣分得的应纳税所得额				
9	本年从有限合伙创投企业应分得的应纳税所得额			
10	本年新增的可抵扣投资额			
11	以前年度结转的可抵扣投资额余额		*	*
12	本年可抵扣投资额(10+11)		*	*
13	本年实际抵扣应分得的应纳税所得额			
14	结转以后年度抵扣的投资额余额		*	*
三、抵扣应纳税所得额合计				
15	合计(7+13)			

18.2.2 一般规定

《中华人民共和国企业所得税法》第三十一条规定,创业投资企业从事国家需要重点扶持和鼓励的创业投资,可以按投资额的一定比例抵扣应纳税所得额。

《中华人民共和国企业所得税法实施条例》第九十七条规定,企业所得税法第三十一条所称抵扣应纳税所得额,是指创业投资企业采取股权投资方式投资于未上市的中小高新技术企业2年以上的,可以按照其投资额的70%在股权持有满2年的当年抵扣该创业投资企业的应纳税所得额;当年不足抵扣的,可以在以后纳税年度结转抵扣。

《财政部 税务总局关于创业投资企业和天使投资个人有关税收政策的通知》(财税〔2018〕55号)第一条规定,公司制创业投资企业采取股权投资方式直接投资于种子期、初创期科技型企业(以下简称初创科技型企业)满2年(24个月,下同)的,可以按照投资额的70%在股权持有满2年的当年抵扣该公司制创业投资企业的应纳税所得额;当年不足抵扣的,可以在以后纳税年度结转抵扣。有限合伙制创业投资企业(以下简称合伙创投企业)采取股权投资方式直接投资于初创科技型企业满2年的,该合伙创投企业的合伙人分别按以下方式处理:①法人合伙人可以按照对初创科技型企业投资额的70%抵扣法人合伙人从合伙创投企业分得的所得;当年不足抵扣的,可以在以后纳税年度结转抵扣。②个人合伙人可以按照对初创科技型企业投资额的70%抵扣个人合伙人从合伙创投企业分得的经营所得;当年不足抵扣的,可以在以后纳税年度结转抵扣。

18.2.3 关键要点

1. 创业投资企业

(1) 享受优惠的创业投资企业应满足的条件

创业投资企业是指依照《创业投资企业管理暂行办法》(国家发展和改革委员会等10部委令2005年第39号,以下简称《暂行办法》)和《外商投资创业投资企业管理规定》(商务部等5部委令2003年第2号)在中华人民共和国境内设立的专门从事创业投资活动的企业或其他经济组织。经营范围符合《暂行办法》规定,且工商登记为"创业投资有限责任公司""创业投资股份有限公司"等专业性法人创业投资企业,按照《暂行办法》规定的条件和程序完成备案,经备案管理部门年度检查核实,投资运作符合《暂行办法》的有关规定。

(2) 被投资的中小高新技术企业应满足的条件

创业投资企业投资的中小高新技术企业,除应按照《科技部 财政部 国家税务总局关于印发〈高新技术企业认定管理办法〉的通知》(国科发火〔2008〕172号)和《科技部 财政部 国家税务总局关于印发〈高新技术企业认定管理工作指引〉的通知》(国科发火〔2008〕362号)的规定,通过高新技术企业认定以外,还应符合职工人数不超过500人,年销售(营业)额不超过2亿元,资产总额不超过2亿元的条件。中小企业接受创业投资之后,经认定符合高新技术企业标准的,应自其被认定为高新技术企业的年度起,计算创业投资企业的投资期限。该期限内中小企业接受创业投资后,企业规模超过中小企业标准,但仍符合高新技术企业标准的,不影响创业投资企业享受有关税收优惠。

2. 有限合伙制创业投资企业法人合伙人

(1) 有限合伙制创业投资企业法人合伙人税收优惠待遇

有限合伙制创业投资企业采取股权投资方式投资于未上市的中小高新技术企业满2年(24个月)的,其法人合伙人可按照对未上市中小高新技术企业投资额的70%抵扣该法人合伙人从该有限合伙制创业投资企业分得的应纳税所得额,当年不足抵扣的,可以在以后纳税年度结转抵扣。有限合伙制创业投资企业优惠相关的政策文件为《国家税务总局关于有限合伙制创业投资企业法人合伙人企业所得税有关问题的公告》(国家税务总局公告 2015 年第 81 号)。

(2)享受优惠的有限合伙制创业投资企业应满足的条件

有限合伙制创业投资企业是指依照《中华人民共和国合伙企业法》《创业投资企业管理暂行办法》(国家发展和改革委员会等 10 部委令 2005 年第 39 号)和《外商投资创业投资企业管理规定》(外经贸部等 5 部委令 2003 年第 2 号)设立的专门从事创业投资活动的有限合伙企业。

有限合伙制创业投资企业的法人合伙人,是指依照《中华人民共和国企业所得税法》及其实施条例以及相关规定,实行查账征收企业所得税的居民企业。

满 2 年,是指自 2015 年 10 月 1 日起,有限合伙制创业投资企业投资于未上市中小高新技术企业的实缴投资满 2 年,同时,法人合伙人对该有限合伙制创业投资企业的实缴出资也应满 2 年。

如果法人合伙人投资于多个符合条件的有限合伙制创业投资企业,可合并计算其可抵扣的投资额和应分得的应纳税所得额。当年不足抵扣的,可结转以后纳税年度继续抵扣;当年抵扣后有结余的,应按照企业所得税法的规定计算缴纳企业所得税。

(3)有限合伙制创业投资企业法人合伙人投资额的条件

有限合伙制创业投资企业的法人合伙人对未上市中小高新技术企业的投资额,按照有限合伙制创业投资企业对中小高新技术企业的投资额和合伙协议约定的法人合伙人占有限合伙制创业投资企业的出资比例计算确定。其中,有限合伙制创业投资企业对中小高新技术企业的投资额按实缴投资额计算;法人合伙人占有限合伙制创业投资企业的出资比例按法人合伙人对有限合伙制创业投资企业的实缴出资额占该有限合伙制创业投资企业的全部实缴出资额的比例计算。

3. 创业投资企业和天使投资个人有关税收政策

《财政部 国家税务总局关于创业投资企业和天使投资个人有关税收试点政策的通知》(财税〔2018〕55 号)所称初创科技型企业,应同时符合以下条件:①在中国境内(不包括港、澳、台地区)注册成立、实行查账征收的居民企业。②接受投资时,从业人数不超过 200 人,其中具有大学本科以上学历的从业人数不低于 30%;资产总额和年销售收入均不超过 3000 万元。③接受投资时设立时间不超过 5 年(60 个月)。④接受投资时以及接受投资后 2 年内未在境内外证券交易所上市。⑤接受投资当年及下一纳税年度,研发费用总额占成本费用支出的比例不低于 20%。

享受《财政部 国家税务总局关于创业投资企业和天使投资个人有关税收试点政策的通知》(财税〔2018〕55 号)相关税收政策的创业投资企业,应同时符合以下条件:①在中国境内(不含港、澳、台地区)注册成立、实行查账征收的居民企业或合伙创投企业,且不属于被投资初创科技型企业的发起人;②符合《创业投资企业管理暂行办法》

(国家发展和改革委员会等10部委令2005年第39号)规定或者《私募投资基金监督管理暂行办法》(证监会令第105号)关于创业投资基金的特别规定,按照上述规定完成备案且规范运作;③投资后2年内,创业投资企业及其关联方持有被投资初创科技型企业的股权比例合计应低于50%。

享受《财政部 国家税务总局关于创业投资企业和天使投资个人有关税收试点政策的通知》(财税〔2018〕55号)相关税收政策的天使投资个人,应同时符合以下条件:①不属于被投资初创科技型企业的发起人、雇员或其亲属(包括配偶、父母、子女、祖父母、外祖父母、孙子女、外孙子女、兄弟姐妹,下同),且与被投资初创科技型企业不存在劳务派遣等关系;②投资后2年内,本人及其亲属持有被投资初创科技型企业股权比例合计应低于50%。

享受财税〔2018〕55号文件规定的税收政策的投资,仅限于通过向被投资初创科技型企业直接支付现金方式取得的股权投资,不包括受让其他股东的存量股权。

4. 留存备查资料

1)投资于未上市的中小高新技术企业的创业投资企业按投资额的一定比例抵扣应纳税所得额

(1)发展改革或证监部门出具的符合创业投资企业条件的年度证明材料;

(2)中小高新技术企业投资合同(协议)、章程、实际出资等相关材料;

(3)由省、自治区、直辖市和计划单列市高新技术企业认定管理机构出具的中小高新技术企业有效的高新技术企业证书复印件(注明"与原件一致",并加盖公章);

(4)中小高新技术企业基本情况[包括企业职工人数、年销售(营业)额、资产总额、未上市等]说明。

2)投资于种子期、初创期科技型企业的创业投资企业按投资额的一定比例抵扣应纳税所得额

(1)发展改革或证监部门出具的符合创业投资企业条件的年度证明材料;

(2)初创科技型企业接受现金投资时的投资合同(协议)、章程、实际出资的相关证明材料;

(3)创业投资企业与其关联方持有初创科技型企业的股权比例的说明;

(4)被投资企业符合初创科技型企业条件的有关资料:

①接受投资时从业人数、资产总额、年销售收入和大学本科以上学历的从业人数比例的情况说明;

②接受投资时设立时间不超过5年的证明材料;

③接受投资时以及接受投资后2年内未在境内外证券交易所上市情况说明;

④研发费用总额占成本费用总额比例的情况说明。

3)投资于未上市的中小高新技术企业的有限合伙制创业投资企业法人合伙人按投资额的一定比例抵扣应纳税所得额

(1)发展改革或证监部门出具的符合创业投资企业条件的年度证明材料;

(2)中小高新技术企业投资合同(协议)、章程、实际出资等相关材料;

(3)省、自治区、直辖市和计划单列市高新技术企业认定管理机构出具的中小高新技术企业有效的高新技术企业证书复印件(注明"与原件一致",并加盖公章);

(4)中小高新技术企业基本情况[包括企业职工人数、年销售(营业)额、资产总额、未上市等]说明;

(5)法人合伙人应纳税所得额抵扣情况明细表;

(6)有限合伙制创业投资企业法人合伙人应纳税所得额分配情况明细表。

4)投资于种子期、初创期科技型企业的有限合伙制创业投资企业法人合伙人按投资额的一定比例抵扣应纳税所得额

(1)发展改革或证监部门出具的符合创业投资企业条件的年度证明材料。

(2)初创科技型企业接受现金投资时的投资合同(协议)、章程、实际出资的相关证明材料。

(3)创业投资企业与其关联方持有初创科技型企业的股权比例的说明。

(4)被投资企业符合初创科技型企业条件的有关资料:

①接受投资时从业人数、资产总额、年销售收入和大学本科以上学历的从业人数比例的情况说明;

②接受投资时设立时间不超过5年的证明材料;

③接受投资时以及接受投资后2年内未在境内外证券交易所上市情况说明;

④接受投资当年及下一纳税年度研发费用总额占成本费用总额比例的情况说明。

(5)法人合伙人投资于合伙创投企业的出资时间、出资金额、出资比例及分配比例的相关证明材料、合伙创投企业主管税务机关受理后的《合伙创投企业法人合伙人所得分配情况明细表》。

18.2.4 风险环节

中小高新技术企业应符合标准中小高新技术企业除通过高新技术企业认定以外,还应符合职工人数不超过500人,年销售(营业)额不超过2亿元,资产总额不超过2亿元的条件。

抵免的应纳税所得额是弥补以前年度亏损后的金额。

创业投资企业抵免的是应纳税所得额,是纳税调整后所得-所得减免-弥补以前年度亏损后的金额,企业不能忘记弥补以前年度亏损。

19 应纳税额优惠填报实务
（A107040—A107042、A107050）

19.1 《减免所得税优惠明细表》(A107040)

19.1.1 表样

A107040 减免所得税优惠明细表

行次	项　目	金额
1	一、符合条件的小型微利企业减免企业所得税	
2	二、国家需要重点扶持的高新技术企业减按15%的税率征收企业所得税(填写A107041)	
3	三、经济特区和上海浦东新区新设立的高新技术企业在区内取得的所得定期减免企业所得税(填写A107041)	
4	四、受灾地区农村信用社免征企业所得税	
5	五、动漫企业自主开发、生产动漫产品定期减免企业所得税	
6	六、线宽小于0.8微米(含)的集成电路生产企业减免企业所得税(填写A107042)	
7	七、线宽小于0.25微米的集成电路生产企业减按15%税率征收企业所得税(填写A107042)	
8	八、投资额超过80亿元的集成电路生产企业减按15%税率征收企业所得税(填写A107042)	
9	九、线宽小于0.25微米的集成电路生产企业减免企业所得税(填写A107042)	
10	十、投资额超过80亿元的集成电路生产企业减免企业所得税(填写A107042)	
11	十一、新办集成电路设计企业减免企业所得税(填写A107042)	
12	十二、国家规划布局内集成电路设计企业可减按10%的税率征收企业所得税(填写A107042)	
13	十三、符合条件的软件企业减免企业所得税(填写A107042)	
14	十四、国家规划布局内重点软件企业可减按10%的税率征收企业所得税(填写A107042)	
15	十五、符合条件的集成电路封装、测试企业定期减免企业所得税(填写A107042)	
16	十六、符合条件的集成电路关键专用材料生产企业、集成电路专用设备生产企业定期减免企业所得税(填写A107042)	
17	十七、经营性文化事业单位转制为企业的免征企业所得税	

续表

行次	项　目	金额
18	十八、符合条件的生产和装配伤残人员专门用品企业免征企业所得税	
19	十九、技术先进型服务企业减按15%的税率征收企业所得税	
20	二十、服务贸易类技术先进型服务企业减按15%的税率征收企业所得税	
21	二十一、设在西部地区的鼓励类产业企业减按15%的税率征收企业所得税	
22	二十二、新疆困难地区新办企业定期减免企业所得税	
23	二十三、新疆喀什、霍尔果斯特殊经济开发区新办企业定期免征企业所得税	
24	二十四、广东横琴、福建平潭、深圳前海等地区的鼓励类产业企业减按15%税率征收企业所得税	
25	二十五、北京冬奥组委、北京冬奥会测试赛赛事组委会免征企业所得税	
26	二十六、线宽小于130纳米的集成电路生产企业减免企业所得税(填写A107042)	
27	二十七、线宽小于65纳米或投资额超过150亿元的集成电路生产企业减免企业所得税(填写A107042)	
28	二十八、其他	
29	二十九、减:项目所得额按法定税率减半征收企业所得税叠加享受减免税优惠	
30	三十、支持和促进重点群体创业就业企业限额减征企业所得税(30.1+30.2)	
30.1	(一)下岗失业人员再就业	
30.2	(二)高校毕业生就业	
31	三十一、扶持自主就业退役士兵创业就业企业限额减征企业所得税	
32	三十二、民族自治地方的自治机关对本民族自治地方的企业应缴纳的企业所得税中属于地方分享的部分减征或免征(□免征□减征;减征幅度_____%)	
33	合计(1+2+…+28-29+30+31+32)	

19.1.2　修订变化

《减免所得税优惠明细表》(2017版)修订后的变化见表19-1。

19.1.3　一般规定

1. 小型微利企业

《中华人民共和国企业所得税法》第二十八条规定,符合条件的小型微利企业,减按20%的税率征收企业所得税。

《中华人民共和国企业所得税法实施条例》第九十二条规定,企业所得税法第二十八条第一款所称符合条件的小型微利企业,是指从事国家非限制和禁止行业,并符合下列条件的企业:①工业企业,年度应纳税所得额不超过30万元,从业人数不超过100人,资产总额不超过3000万元;②其他企业,年度应纳税所得额不超过30万元,从业人数不超过80人,资产总额不超过1000万元。

表19-1 《减免所得税优惠明细表》(2017版)修订后的变化

序号	修订后2017版申报表 (国家税务总局公告2018年第57号)		2017版申报表 (国家税务总局公告2017年第54号)	
	报表名称	新表	报表名称	原表
1	《减免所得税优惠明细表》(A107040)	整合"受灾地区农村信用社免征企业所得税"政策的填报行次; 将第20行项目名称修订为"二十、服务贸易类技术先进型服务企业减按15%的税率征收企业所得税"; 增加第26行"二十六、线宽小于130纳米的集成电路生产企业减免企业所得税"和第27行"二十七、线宽小于65纳米或投资额超过150亿元的集成电路生产企业减免企业所得税"; 删除原二十六项"享受过渡期税收优惠定期减免企业所得税"	《减免所得税优惠明细表》(A107040)	原表第4行"四、受灾地区农村信用社免征企业所得税(4.1+4.2)"; 第4.1行"(一)芦山受灾地区农村信用社免征企业所得税"; 第4.2行"(二)鲁甸受灾地区农村信用社免征企业所得税"; 第26行"二十六、享受过渡期税收优惠定期减免企业所得税"

《国家税务总局关于印发〈新企业所得税法精神宣传提纲〉的通知》(国税函〔2008〕159号)第二十五条规定,《中华人民共和国企业所得税法实施条例》采取了按照工业企业和其他企业分类划分小型微利企业的办法,兼顾行业特点和政策的操作管理。在具体标准上,《中华人民共和国企业所得税法实施条例》借鉴国际做法,结合我国国情,把年度应纳税所得额、从业人数、资产总额作为小型微利企业的界定指标。不论工业企业还是其他企业,将年度应纳税所得额确定为30万元,大大高于现行标准。同时将工业企业的从业人数界定为不超过100人,资产总额不超过3000万元;其他企业从业人数不超过80人,资产总额不超过1000万元。

《财政部 税务总局关于进一步扩大小型微利企业所得税优惠政策范围的通知》(财税〔2018〕77号)第一条规定,自2018年1月1日至2020年12月31日,将小型微利企业的年应纳税所得额上限由50万元提高至100万元,对年应纳税所得额低于100万元(含100万元)的小型微利企业,其所得减按50%计入应纳税所得额,按20%的税率缴纳企业所得税。其中小型微利企业,是指从事国家非限制和禁止行业,并符合下列条件的企业:①工业企业,年度应纳税所得额不超过100万元,从业人数不超过100人,资产总额不超过3000万元;②其他企业,年度应纳税所得额不超过100万元,从业人数不超过80人,资产总额不超过1000万元。

2. 经营性文化事业单位转制企业

1)减免税优惠规定

《财政部 国家税务总局 中宣部关于继续实施文化体制改革中经营性文化事业单位转制为企业若干税收政策的通知》(财税〔2014〕84号)规定,转制为经营性文化事业单位转制为企业,自转制注册之日起免征企业所得税。

年度纳税申报表填报:将《中华人民共和国企业所得税年度纳税申报表(A类)》(A100000)第23行"应纳税所得额"乘25%的金额填报在《减免所得税明细表》

(A107040)第6行"经营性文化事业单位转制企业"中。

2)经营性文化事业单位转制企业资产损失

企业的出版、发行单位处置库存呆滞出版物形成的损失,允许按照税收法律法规的规定在企业所得税前扣除。

年度纳税申报表填报:资产损失填报《资产损失税前扣除及纳税调整明细表》(A105090)第2行"正常经营管理活动中,按照公允价格销售、转让、变卖非货币资产的损失",同时填报《纳税调整明细表》(A105000)第33行"资产损失"。

3)转制企业评估增值、转让、划转规定

对经营性文化事业单位转制中资产评估增值、资产转让或划转涉及的企业所得税、增值税、营业税、城市维护建设税、印花税、契税等,符合现行规定的享受相应税收优惠政策。

4)经营性文化事业单位的界定

经营性文化事业单位,是指从事新闻出版、广播影视和文化艺术的事业单位。转制包括整体转制和剥离转制。其中,整体转制包括:(图书、音像、电子)出版社、非时政类报刊出版单位、新华书店、艺术院团、电影制片厂、电影(发行放映)公司、影剧院、重点新闻网站等整体转制为企业;剥离转制包括:新闻媒体中的广告、印刷、发行、传输网络等部分,以及影视剧等节目制作与销售机构,从事业体制中剥离出来转制为企业。

5)转制注册之日的界定

转制注册之日,是指经营性文化事业单位转制为企业并进行工商注册之日。对于经营性文化事业单位转制前已进行企业法人登记,则按注销事业单位法人登记之日或核销事业编制的批复之日(转制前未进行事业单位法人登记的)起确定转制完成并享受《财政部 国家税务总局 中宣部关于继续实施文化体制改革中经营性文化事业单位转制为企业若干税收政策的通知》(财税〔2014〕84号)所规定的税收优惠政策。

6)享受经营性文化事业单位转制企业税收优惠需符合的条件

享受税收优惠政策的转制文化企业应同时符合以下条件:①根据相关部门的批复进行转制。②转制文化企业已进行企业工商注册登记。③整体转制前已进行事业单位法人登记的,转制后已核销事业编制、注销事业单位法人。④已同在职职工全部签订劳动合同,按企业办法参加社会保险。⑤转制文化企业引入非公有资本和境外资本的,须符合国家法律法规和政策规定;变更资本结构依法应经批准的,需经行业主管部门和国有文化资产监管部门批准。

19.1.4 关键要点

1. 小型微利企业

1)小型微利企业条件

《财政部 国家税务总局关于进一步扩大小型微利企业所得税优惠政策范围的通知》(财税〔2018〕77号)规定,小型微利企业从业人数和资产总额指标,应按企业全年的季度平均值确定。具体计算公式如下:

季度平均值=（季初值+季末值）÷2

全年季度平均值=全年各季度平均值之和÷4

年度中间开业或者终止经营活动的，以其实际经营期作为一个纳税年度确定上述相关指标。

2）小型微利企业减半征收

《国家税务总局关于贯彻落实进一步扩大小型微利企业所得税优惠政策范围有关征管问题的公告》（国家税务总局公告2018年第40号）第一条规定，自2018年1月1日至2020年12月31日，将小型微利企业的年应纳税所得额上限由50万元提高至100万元，对年应纳税所得额低于100万元（含100万元）的小型微利企业，其所得减按50%计入应纳税所得额，按20%的税率缴纳企业所得税。

3）核定征收企业可以享受小型微利企业优惠

查账征收和核定征收方式的企业均可按照规定享受小型微利企业所得税优惠政策。

4）自行享受，无须备案

符合条件的小型微利企业，在预缴和年度汇算清缴企业所得税时，通过填写纳税申报表的相关内容，即可享受减半征税政策。在办理2014年及以后年度企业所得税汇算清缴时，通过填报《企业所得税年度纳税申报基础信息表》（A000000）中的"104 从业人数""103 资产总额（万元）""106 从事国家限制和禁止行业"栏次履行备案手续，不再另行备案。

5）留存备查资料

留存备查资料主要包括：①所从事行业不属于限制和禁止行业的说明；②从业人数的计算过程；③资产总额的计算过程。

2. 技术先进型服务企业

1）主要政策依据

与技术先进型服务企业相关的税收优惠政策文件包括：《财政部 国家税务总局 商务部 科技部 国家发展改革委关于完善技术先进型服务企业有关企业所得税政策问题的通知》（财税〔2014〕59号）、《财政部 国家税务总局 商务部 科技部 国家发展改革委关于新增中国服务外包示范城市适用技术先进型服务企业所得税政策的通知》（财税〔2016〕108号）、《财政部 税务总局 商务部 科技部 国家发展改革委关于将技术先进型服务企业所得税政策推广至全国实施的通知》（财税〔2017〕79号）等。

2）政策概述

自2017年1月1日起，对经认定的技术先进型服务企业，减按15%的税率征收企业所得税。经认定的技术先进型服务企业发生的职工教育经费支出，不超过工资薪金总额8%的部分，准予在计算应纳税所得额时扣除；超过部分，准予在以后纳税年度结转扣除。

3）享受条件

享受优惠政策的技术先进型服务企业必须同时符合以下条件：①在中国境内（不

包括港、澳、台地区)注册的法人企业。②从事《技术先进型服务业务认定范围(试行)》中的一种或多种技术先进型服务业务,采用先进技术或具备较强的研发能力。③具有大专以上学历的员工占企业职工总数的50%以上。④从事《技术先进型服务业务认定范围(试行)》中的技术先进型服务业务取得的收入占企业当年总收入的50%以上。⑤从事离岸服务外包业务取得的收入不低于企业当年总收入的35%。从事离岸服务外包业务取得的收入,是指企业根据境外单位与其签订的委托合同,由本企业或其直接转包的企业为境外单位提供《技术先进型服务业务认定范围(试行)》中所规定的信息技术外包服务(ITO)、技术性业务流程外包服务(BPO)和技术性知识流程外包服务(KPO),而从上述境外单位取得的收入。

4) 留存备查资料

留存备查资料主要包括:①技术先进型服务企业认定文件;②技术先进型服务企业认定资料;③优惠年度技术先进型服务业务收入总额、离岸服务外包业务收入总额占本企业当年收入总额比例情况说明;④企业具有大专以上学历的员工占企业总职工总数比例情况说明。

3. 服务贸易类技术先进型服务企业

1) 主要政策依据

支持服务贸易类技术先进型服务企业的税收政策文件包括:《财政部 国家税务总局 商务部 科技部 国家发展改革委关于完善技术先进型服务企业有关企业所得税政策问题的通知》(财税〔2014〕59号)、《财政部 税务总局 商务部 科技部 国家发展改革委关于将技术先进型服务企业所得税政策推广至全国实施的通知》(财税〔2017〕79号)、《财政部 税务总局 商务部 科技部 国家发展改革委关于将服务贸易创新发展试点地区技术先进型服务企业所得税政策推广至全国实施的通知》(财税〔2018〕44号)等。

2) 政策概述

自2018年1月1日起,对经认定的技术先进型服务企业(服务贸易类),减按15%的税率征收企业所得税。

3) 享受条件

享受优惠政策的技术先进型服务企业必须同时符合以下条件:①在中国境内(不包括港、澳、台地区)注册的法人企业;②从事《技术先进型服务业务领域范围(服务贸易类)》中的一种或多种技术先进型服务业务,采用先进技术或具备较强的研发能力;③具有大专以上学历的员工占企业职工总数的50%以上;④从事《技术先进型服务业务领域范围(服务贸易类)》中的技术先进型服务业务取得的收入占企业当年总收入的50%以上;⑤从事离岸服务外包业务取得的收入不低于企业当年总收入的35%。

4) 留存备查资料

由省税务机关(含计划单列市税务机关)规定服务贸易类技术先进型服务企业的留存备查资料。

4. 支持和促进重点群体创业就业限额减征企业所得税

1) 支持和促进重点群体创业就业限额减税政策要点

《财政部 税务总局 人力资源社会保障部关于继续实施支持和促进重点群体创业就业有关税收政策的通知》(财税〔2017〕49号)规定,对商贸企业、服务型企业、劳动就业服务企业中的加工型企业和街道社区具有加工性质的小型企业实体,在新增加的岗位中,当年新招用在人力资源社会保障部门公共就业服务机构登记失业半年以上且持《就业创业证》或《就业失业登记证》(注明"企业吸纳税收政策")人员,与其签订1年以上期限劳动合同并依法缴纳社会保险费的,在3年内按实际招用人数予以定额依次扣减增值税、城市维护建设税、教育费附加、地方教育附加和企业所得税优惠。定额标准为每人每年4000元,最高可上浮30%,各省、自治区、直辖市人民政府可根据本地区实际情况在此幅度内确定具体定额标准,并报财政部和税务总局备案。北京市财政局等部门联合发布的《关于继续实施支持和促进重点群体创业就业有关税收政策的通知》(京财税〔2017〕1799号)规定北京为5200元。

按上述标准计算的税收扣减额应在企业当年实际应缴纳的增值税、城市维护建设税、教育费附加、地方教育附加和企业所得税税额中扣减,当年扣减不完的,不得结转下年使用。

上述所称服务型企业,是指从事《销售服务、无形资产、不动产注释》[《财政部 国家税务总局关于全面推开营业税改征增值税试点的通知》(财税〔2016〕36号附件)]中"不动产租赁服务""商务辅助服务"(不含货物运输代理和代理报关服务)、"生活服务"(不含文化体育服务)范围内业务活动的企业以及按照《民办非企业单位登记管理暂行条例》(国务院令第251号)登记成立的民办非企业单位。

2) 自主就业退役士兵创业就业限额减税政策要点

《财政部 税务总局 民政部关于继续实施扶持自主就业退役士兵创业就业有关税收政策的通知》(财税〔2017〕46号)规定,对商贸企业、服务型企业、劳动就业服务企业中的加工型企业和街道社区具有加工性质的小型企业实体,在新增加的岗位中,当年新招用自主就业退役士兵,与其签订1年以上期限劳动合同并依法缴纳社会保险费的,在3年内按实际招用人数予以定额依次扣减增值税、城市维护建设税、教育费附加、地方教育附加和企业所得税优惠。定额标准为每人每年4000元,最高可上浮50%,各省、自治区、直辖市人民政府可根据本地区实际情况在此幅度内确定具体定额标准,并报财政部和税务总局备案。北京市财政局等部门联合发布的《关于继续实施扶持自主就业退役士兵创业就业有关税收政策的通知》(京财税〔2017〕1473号)规定北京为6000元。

纳税人按企业招用人数和签订的劳动合同时间核定企业减免税总额,在核定减免税总额内每月依次扣减增值税、城市维护建设税、教育费附加和地方教育附加。纳税人实际应缴纳的增值税、城市维护建设税、教育费附加和地方教育附加小于核定减免税总额的,以实际应缴纳的增值税、城市维护建设税、教育费附加和地方教育附加为限;实际应缴纳的增值税、城市维护建设税、教育费附加和地方教育附加大于核定减免税总额的,以核定减免税总额为限。

纳税年度终了,如果企业实际减免的增值税、城市维护建设税、教育费附加和地方教育附加小于核定的减免税总额,企业在企业所得税汇算清缴时扣减企业所得税。当年扣减不完的,不再结转以后年度扣减。

5. 符合条件的生产和装配伤残人员专门用品企业

《财政部 国家税务总局 民政部关于生产和装配伤残人员专门用品企业免征企业所得税的通知》(财税〔2016〕111号)规定,自2016年1月1日至2020年12月31日期间,对符合下列条件的居民企业,免征企业所得税:①生产和装配伤残人员专门用品,且在民政部发布的《中国伤残人员专门用品目录》范围之内。②以销售本企业生产或者装配的伤残人员专门用品为主,其所取得的年度伤残人员专门用品销售收入(不含出口取得的收入)占企业收入总额60%以上。收入总额,是指《中华人民共和国企业所得税法》第六条规定的收入总额。③企业账证健全,能够准确、完整地向主管税务机关提供纳税资料,且本企业生产或者装配的伤残人员专门用品所取得的收入能够单独、准确核算。④企业拥有假肢制作师、矫形器制作师资格证书的专业技术人员不得少于1人;其企业生产人员如超过20人,则其拥有假肢制作师、矫形器制作师资格证书的专业技术人员不得少于全部生产人员的1/6。⑤具有与业务相适应的测量取型、模型加工、接受腔成型、打磨、对线组装、功能训练等生产装配专用设备和工具。⑥具有独立的接待室、假肢或者矫形器(辅助器具)制作室和假肢功能训练室,使用面积不少于115平方米。

6. 设在西部地区的鼓励类产业企业

西部鼓励类产业项目减按15%税率。《国家税务总局关于执行〈西部地区鼓励类产业目录〉有关企业所得税问题的公告》(国家税务总局公告2015年第14号)规定,对设在西部地区以《西部地区鼓励类产业目录》中新增鼓励类产业项目为主营业务,且其当年度主营业务收入占企业收入总额70%以上的企业,自2014年10月1日起,可减按15%税率缴纳企业所得税。

7. 项目所得按法定税率减半征收不得叠加享受减免税优惠

纳税人从事农林牧渔业项目、国家重点扶持的公共基础设施项目、符合条件的环境保护、节能节水项目、符合条件的技术转让、其他专项优惠等形成的项目所得应减半计入应纳税所得额,并按25%的法定税率计算缴税。

当纳税人在同一纳税年度申报享受了上述减免所得优惠,又同时符合条件的小型微利企业、国家需要重点扶持的高新技术企业、技术先进型服务企业、集成电路线宽小于0.25微米或投资额超过80亿元人民币的集成电路生产企业、国家规划布局内重点软件企业和集成电路设计企业、设在西部地区的鼓励类产业企业、中关村国家自主创新示范区从事文化产业支撑技术等领域的高新技术企业等可享受税率优惠的企业时,由于申报表填报顺序,会造成享受了减半征收优惠的所得额按优惠税率而非法定税率计算应纳税额,从而叠加享受了减免所得优惠和减免税优惠。

19.1.5 风险环节

1. 小型微利企业

劳务派遣人员属于小型微利企业从业人数：《财政部 国家税务总局关于进一步扩大小型微利企业所得税优惠政策范围的通知》（财税〔2018〕77号）第二条规定，本通知第一条所称从业人数，包括与企业建立劳动关系的职工人数和企业接受的劳务派遣用工人数。

2. 技术先进型服务企业

不符合标准的不能享受优惠：企业大专以上学历的员工比例、技术先进型服务业务取得收入比例、离岸服务外包业务取得收入比例等应符合相关条件。

3. 服务贸易类技术先进型服务企业

不符合标准的不能享受优惠：企业大专以上学历的员工比例、技术先进型服务业务取得收入比例、离岸服务外包业务取得收入比例等应符合相关条件；业务范围应符合《技术先进型服务业务领域范围（服务贸易类）》。

4. 支持和促进重点群体创业就业限额减征企业所得税

不得重复享受税收优惠政策：如果企业的就业人员既适用《财政部 国家税务总局关于进一步扩大小型微利企业所得税优惠政策范围的通知》（财税〔2018〕77号）规定的税收优惠政策，又适用其他扶持就业的税收优惠政策，企业可选择适用最优惠的政策，但不能重复享受。

5. 设在西部地区的鼓励类产业企业

不属于《西部地区鼓励类产业目录》的停止减按15%税率：已按照《国家税务总局关于深入实施西部大开发战略有关企业所得税问题的公告》（国家税务总局公告2012年第12号）第三条规定享受企业所得税优惠政策的企业，其主营业务如不再属于《西部地区鼓励类产业目录》中国家鼓励类产业项目的，自2014年10月1日起，停止执行减按15%税率缴纳企业所得税。

6. 项目所得按法定税率减半征收不得叠加享受减免税优惠政策

《国家税务总局关于进一步明确企业所得税过渡期优惠政策执行口径问题的通知》（国税函〔2010〕157号）第一条第三款规定："居民企业取得《中华人民共和国企业所得税法实施条例》第八十六条、第八十七条、第八十八条和第九十条规定可减半征收企业所得税的所得，是指居民企业应就该部分所得单独核算并依照25%的法定税率减半缴纳企业所得税。"因此，企业享受减半征收的部分应按照法定税率减半计算应纳税额，而不能按照优惠税率减半计算应纳税额。

案例：税收优惠政策叠加享受

1. 情况说明

2016年C公司被认定为高新技术企业，当年取得符合条件的技术转让所得700万元，其他应纳税所得额为1000万元。

2. 填报过程

企业取得的 700 万元技术转让所得中的 500 万元部分免税,另外 200 万元技术转让所得减半征收,企业计算应纳税所得额为 1100 万元(1000+700-500-100)。

(1)按主表填报顺序,据法定税率 25% 计算的应纳税额 275 万元(1100×25%),不考虑所得减免法定税率还原问题,减免税 110 万元[1100×(25%-15%)],应纳税额 165 万元(275-110)。

(2)考虑所得减免法定税率还原问题,应纳税额为 175 万元(1000×15%+200×50%×25%),减免所得税 100 万元(275-175)。

其中,高新技术企业优惠 110 万元[1100×(25%-15%)],按法定税率减半 12.5% 和按高新优惠税率减半 7.5% 之间的差额 10 万元[200×50%×(25%-15%)]需要从上述高新技术企业优惠税额中减除,因此合计减免所得税 100 万元(110-10)。具体填报见表 19-2。

表 19-2

A107040　　　　　　　　　　　　减免所得税优惠明细表　　　　　　　　　　　　单位:万元

行次	项　目	金额
1	一、符合条件的小型微利企业减免企业所得税	
2	二、国家需要重点扶持的高新技术企业减按 15% 的税率征收企业所得税(填写 A107041)	110
29	二十九、减:项目所得额按法定税率减半征收企业所得税叠加享受减免税优惠	10
33	合计(1+2+…+28-29+30+31+32)	100

19.2 《高新技术企业优惠情况及明细表》(A107041)

19.2.1 表样

A107041　　　　　　　　　高新技术企业优惠情况及明细表

		税收优惠基本信息		
1	企业主要产品(服务)发挥核心支持作用的技术所属范围	国家重点支持的高新技术领域	一级领域	
2			二级领域	
3			三级领域	
		税收优惠有关情况		
4	收入指标	一、本年高新技术产品(服务)收入(5+6)		
5		其中:产品(服务)收入		

续表

		税收优惠有关情况				
6	收入指标	技术性收入				
7		二、本年企业总收入(8-9)				
8		其中:收入总额				
9		不征税收入				
10		三、本年高新技术产品(服务)收入占企业总收入的比例(4÷7)				
11	人员指标	四、本年科技人员数				
12		五、本年职工总数				
13		六、本年科技人员占企业当年职工总数的比例(11÷12)				
14		高新研发费用归集年度	本年度	前一年度	前二年度	合计
			1	2	3	4
15	研发费用指标	七、归集的高新研发费用金额(16+25)				
16		(一)内部研究开发投入(17+…+22+24)				
17		1. 人员人工费用				
18		2. 直接投入费用				
19		3. 折旧费用与长期待摊费用				
20		4. 无形资产摊销费用				
21		5. 设计费用				
22		6. 装备调试费与实验费用				
23		7. 其他费用				
24		其中:可计入研发费用的其他费用				
25		(二)委托外部研发费用[(26+28)×80%]				
26		1. 境内的外部研发费				
27		2. 境外的外部研发费				
28		其中:可计入研发费用的境外的外部研发费				
29		八、销售(营业)收入				
30		九、三年研发费用占销售(营业)收入的比例(15行4列÷29行4列)				
31	减免税额	十、国家需要重点扶持的高新技术企业减征企业所得税				
32		十一、经济特区和上海浦东新区新设立的高新技术企业定期减免税额				

19.2.2 修订变化

《高新技术企业优惠情况及明细表》(2017版)修订后的变化见表19-3。

表 19-3　《高新技术企业优惠情况及明细表》(2017 版)修订后的变化

序号	修订后 2017 版申报表 (国家税务总局公告 2018 年第 57 号)		2017 版申报表 (国家税务总局公告 2017 年 54 号)	
	报表名称	新表	报表名称	原表
1	《高新技术企业优惠情况及明细表》(A107041)	将原表单的"基本信息"第 1 行"高新技术企业证书编号""高新技术企业证书取得时间"调整至《企业所得税年度纳税申报基础信息表》(A000000)中；第 1 行至第 3 行修改为："企业主要产品(服务)发挥核心支持作用的技术所属范围"；填报对企业主要产品(服务)发挥核心支持作用的技术属于《国家重点支持的高新技术领域》规定的具体范围，填报至三级明细领域，如"一、电子信息技术(一)软件 1. 系统软件"	《高新技术企业优惠情况及明细表》(A107041)	原表第 1 行"高新技术企业证书编号""高新技术企业证书取得时间"

19.2.3　一般规定

《中华人民共和国企业所得税法》第二十八条第二款规定，国家需要重点扶持的高新技术企业，减按 15% 的税率征收企业所得税。

《中华人民共和国企业所得税法实施条例》第九十三条规定，企业所得税法第二十八条第二款所称国家需要重点扶持的高新技术企业，是指拥有核心自主知识产权，并同时符合下列条件的企业：①产品(服务)属于《国家重点支持的高新技术领域》规定的范围；②研究开发费用占销售收入的比例不低于规定比例；③高新技术产品(服务)收入占企业总收入的比例不低于规定比例；④科技人员占企业职工总数的比例不低于规定比例；⑤高新技术企业认定管理办法规定的其他条件。

《国家重点支持的高新技术领域》和高新技术企业认定管理办法由国务院科技、财政、税务主管部门商国务院有关部门制订，报国务院批准后公布施行。

《国家税务总局关于印发〈新企业所得税法精神宣传提纲〉的通知》(国税函〔2008〕159 号)第二十二条规定，与原税收优惠政策相比，新企业所得税法对高新技术企业优惠的主要变化，表现在以下方面：一是扩大高新技术企业的生产经营范围。《中华人民共和国企业所得税法实施条例》将高新技术企业的界定范围，由现行按高新技术产品划分改为按高新技术领域划分，规定产品(服务)应在《国家重点支持的高新技术领域》的范围之内，以解决现行政策执行中产品列举不全、覆盖面偏窄、前瞻性欠缺等问题。二是明确高新技术企业的具体认定标准。《中华人民共和国企业所得税法实施条例》将高新技术企业的认定标准原则化处理，对研究开发费用占销售收入的比例、高新技术产品(服务)收入占企业总收入的比例、科技人员占企业职工总数的比例以及其他条件等具体标准，放在由国务院科技、财政、税务主管部门会同国务院有关部门制订的认定办法中，便于今后根据发展需要适时调整。三是强调核心自主知识产权问题。《中华人民共和国企业所得税法实施条例》最后采用"核心自主知识产权"作为高新技术企业的认定条件之一,相对容易操作,突出技术创新导向。

19.2.4 关键要点

1. 高新技术企业认定条件

1)一般规定

《高新技术企业认定管理办法》(国科发火〔2016〕32号)第十一条规定,认定为高新技术企业须同时满足以下条件:①企业申请认定时须注册成立一年以上。②企业通过自主研发、受让、受赠、并购等方式,获得对其主要产品(服务)在技术上发挥核心支持作用的知识产权的所有权。③对企业主要产品(服务)发挥核心支持作用的技术属于《国家重点支持的高新技术领域》规定的范围。④企业从事研发和相关技术创新活动的科技人员占企业当年职工总数的比例不低于10%。⑤企业近三个会计年度(实际经营期不满三年的按实际经营时间计算,下同)的研究开发费用总额占同期销售收入总额的比例符合如下要求:最近一年销售收入小于5000万元(含)的企业,比例不低于5%;最近一年销售收入在5000万元至2亿元(含)的企业,比例不低于4%;最近一年销售收入在2亿元以上的企业,比例不低于3%。其中,企业在中国境内发生的研究开发费用总额占全部研究开发费用总额的比例不低于60%。⑥近一年高新技术产品(服务)收入占企业同期总收入的比例不低于60%。⑦企业创新能力评价应达到相应要求。⑧企业申请认定前一年内未发生重大安全、重大质量事故或严重环境违法行为。

2)政策变化

相比于《高新技术企业认定管理办法》(国科发火〔2008〕172号),《高新技术企业认定管理办法》(国科发火〔2016〕32号)有以下几点变化:①将原政策中的"近三年内通过自主研发、受让、受赠、并购等方式,或通过5年以上的独占许可方式,对其主要产品服务的核心技术拥有自主知识产权"修改为"企业通过自主研发、受让、受赠、并购等方式,获得对其主要产品(服务)在技术上发挥核心支持作用的知识产权的所有权"。②取消原政策中的"具有大学专科以上学历的科技人员占企业当年职工总数的30%以上。③最近一年销售收入小于5000万元(含)的企业,研发费用比例由6%降至5%。④增加企业申请认定前一年内未发生重大安全、重大质量事故或严重环境违法行为。⑤修改了《国家重点支持的高新技术领域》与原技术领域相比,修订后的《国家重点支持的高新技术领域》的变化主要体现在以下三个方面:一是扩充服务业支撑技术。如新增"检验检测认证技术""现代体育服务支撑技术"及"智慧城市服务支撑技术"等行业特征明显的内容;对"研发与设计服务""信息技术服务""文化创意产业支撑技术""电子商务与现代物流技术"等技术领域进行了补充。二是增加相关领域新技术,淘汰落后技术。如新增"增材制造技术""石墨烯材料制备与应用技术""重大自然灾害监测、预警和应急处置关键技术""新能源汽车试验测试及基础设施技术"等先进技术。同时,排除了落后的产业技术与产品内容。三是增强内容的规范性和技术特点。突出领域的关键技术要求,尽可能去除产业类、产品化描述;加强领域间的协调,避免重复和遗漏;表述上力求准确、精练、规范、专业。

3)企业申请时应提交的材料

企业申请时应提交下列材料:①高新技术企业认定申请书;②证明企业依法成立的相关注册登记证件;③知识产权相关材料、科研项目立项证明、科技成果转化、研究开发的组织管理等相关材料;④企业高新技术产品(服务)的关键技术和技术指标、生产批文、认证认可和相关资质证书、产品质量检验报告等相关材料;⑤企业职工和科技人员情况说明材料;⑥经具有资质的中介机构出具的企业近三个会计年度研究开发费用和近一个会计年度高新技术产品(服务)收入专项审计或鉴证报告,并附研究开发活动说明材料;⑦经具有资质的中介机构鉴证的企业近三个会计年度的财务会计报告(包括会计报表、会计报表附注和财务情况说明书);⑧近三个会计年度企业所得税年度纳税申报表。

公示期由15个工作日缩短为10个工作日。

4)跨地区迁移企业资格继续有效

《高新技术企业认定管理办法》(国科发火〔2016〕32号)增加了跨地区迁移的高新技术企业资格问题,第十八条规定:"跨认定机构管理区域整体迁移的高新技术企业,在其高新技术企业资格有效期内完成迁移的,其资格继续有效;跨认定机构管理区域部分搬迁的,由迁入地认定机构按照本办法重新认定。"减轻跨认定机构管理区域迁移的高新技术企业重复认定的负担。

5)每年报送情况报表

《高新技术企业认定管理办法》(国科发火〔2016〕32号)取消了高新技术企业证书复核,改为企业每年报送情况报表。其中第十三条规定:"企业获得高新技术企业资格后,应每年5月底前在'高新技术企业认定管理工作网'填报上一年度知识产权、科技人员、研发费用、经营收入等年度发展情况报表。"

6)税务机关追缴税款

《高新技术企业认定管理办法》(国科发火〔2016〕32号)第十六条规定:"对已认定的高新技术企业,有关部门在日常管理过程中发现其不符合认定条件的,应提请认定机构复核。复核后确认不符合认定条件的,由认定机构取消其高新技术企业资格,并通知税务机关追缴其不符合认定条件年度起已享受的税收优惠。"若税务机关在日常管理中发现高新技术企业不符合相关条件,应提请认定机构复核,由认定机构取消其高新技术企业资格,并通知税务机关追缴。

《高新技术企业认定管理办法》(国科发火〔2016〕32号)第十九条第二款规定:"对被取消高新技术企业资格的企业,由认定机构通知税务机关按《税收征管法》及有关规定,追缴其自发生上述行为之日所属年度起已享受的高新技术企业税收优惠。"

7)偷税不是取消高新技术企业资格的必要条件

新政策取消了"有偷、骗税等行为的"应当取消高新技术企业资格的规定。

2. 高新技术企业优惠政策享受

《国家税务总局关于实施高新技术企业所得税优惠政策有关问题的公告》(国家税务总局公告2017年第24号)规定:

"一、企业获得高新技术企业资格后,自高新技术企业证书注明的发证时间所在年度起申报享受税收优惠,并按规定向主管税务机关办理备案手续。

企业的高新技术企业资格期满当年,在通过重新认定前,其企业所得税暂按15%的税率预缴,在年底前仍未取得高新技术企业资格的,应按规定补缴相应期间的税款。

二、对取得高新技术企业资格且享受税收优惠的高新技术企业,税务部门如在日常管理过程中发现其在高新技术企业认定过程中或享受优惠期间不符合《高新技术企业认定管理办法》第十一条规定的认定条件的,应提请认定机构复核。复核后确认不符合认定条件的,由认定机构取消其高新技术企业资格,并通知税务机关追缴其证书有效期内自不符合认定条件年度起已享受的税收优惠。

三、享受税收优惠的高新技术企业,每年汇算清缴时应按照《国家税务总局关于发布〈企业所得税优惠事项办理办法〉的公告》(国家税务总局公告2015年第76号)①向税务机关提交企业所得税优惠事项备案表、高新技术企业资格证书履行备案手续,同时妥善保管以下资料留存备查:①高新技术企业资格证书;②高新技术企业认定资料;③知识产权相关材料;④年度主要产品(服务)发挥核心支持作用的技术属于《国家重点支持的高新技术领域》规定范围的说明,高新技术产品(服务)及对应收入资料;⑤年度职工和科技人员情况证明材料;⑥当年和前两个会计年度研发费用总额及占同期销售收入比例、研发费用管理资料以及研发费用辅助账,研发费用结构明细表(具体格式见《高新技术企业认定管理工作指引》附件2);⑦省税务机关规定的其他资料。"

19.2.5 风险环节

1. 取消其高新技术企业资格的三种情况

《高新技术企业认定管理办法》(国科发火〔2016〕32号)第十九条规定,已认定的高新技术企业有下列行为之一的,由认定机构取消其高新技术企业资格:①在申请认定过程中存在严重弄虚作假行为的;②发生重大安全、重大质量事故或有严重环境违法行为的;③未按期报告与认定条件有关重大变化情况,或累计两年未填报年度发展情况报表的。

---

① 根据《国家税务总局关于发布修订后的〈企业所得税优惠政策事项办理办法〉的公告》(国家税务总局公告2018年第23号)规定:"本办法适用于2017年度企业所得税汇算清缴及以后年度企业所得税优惠事项办理工作。《国家税务总局关于发布〈企业所得税优惠政策事项办理办法〉的公告》(国家税务总局公告2015年第76号)同时废止。"

对被取消高新技术企业资格的企业,由认定机构通知税务机关按《中华人民共和国税收征收管理法》及有关规定,追缴其自发生上述行为之日所属年度起已享受的高新技术企业税收优惠。

2. 不符合高新技术企业条件

若高新技术企业不拥有核心技术自主知识产权,产品(服务)不属于《国家重点支持的高新技术领域》规定的范围,科技人员、研发费用、高新技术产品(服务)收入达不到规定比例等,则不能享受15%税率优惠。

3. 总收入为税法第六条规定的收入总额减不征税收入

《高新技术企业认定管理工作指引》(国科发火〔2016〕195号)第三条第四款第二项规定:"总收入是指收入总额减去不征税收入。收入总额与不征税收入按照《中华人民共和国企业所得税法》及《中华人民共和国企业所得税法实施条例》的规定计算。"

19.3 《软件、集成电路企业税收优惠情况及明细表》(A107042)

19.3.1 表样

A107042　　　　　　　　　软件、集成电路企业优惠情况及明细表

税收优惠基本信息			
减免方式1		获利年度\开始计算优惠期年度1	
减免方式2		获利年度\开始计算优惠期年度2	
税收优惠有关情况			
行次	项	目	金额(数量等)
1	人员指标	一、企业本年月平均职工总人数	
2		其中:签订劳动合同关系且具有大学专科以上学历的职工人数	
3		研究开发人员人数	
4		二、大学专科以上职工占企业本年月平均职工总人数的比例(2÷1)	
5		三、研究开发人员占企业本年月平均职工总人数的比例(3÷1)	
6	研发费用指标	四、研发费用总额	
7		其中:企业在中国境内发生的研发费用金额	
8		五、研发费用占销售(营业)收入的比例	
9		六、境内研发费用占研发费用总额的比例(7÷6)	

续表

行次	项 目		金额(数量等)
10	收入指标	七、企业收入总额	
11		八、符合条件的销售(营业)收入	
12		九、符合条件的收入占收入总额的比例(11÷10)	
13		十、集成电路设计企业、软件企业填报	(一)自主设计\开发销售(营业)收入	
14			(二)自主设计\开发收入占企业收入总额的比例(13÷10)	
15		十一、重点软件企业或重点集成电路设计企业符合"领域"的填报	(一)适用的领域	
16			(二)适用领域的销售(营业)收入	
17			(三)领域内的销售收入占符合条件的销售收入的比例(16÷11)	
18		十二、重点软件企业符合"出口"的填报	(一)年度软件出口收入总额(美元)	
19			(二)年度软件出口收入总额(人民币)	
20			(三)软件出口收入总额占本企业年度收入总额的比例(19÷10)	
21		十三、集成电路关键专用材料或专用设备生产企业填报	产品适用目录	
22		减免税额		

19.3.2 修订变化

《软件、集成电路企业优惠情况及明细表》(2017版)修订后的变化见表19-4。

表19-4 《软件、集成电路企业优惠情况及明细表》(2017版)修订后的变化

序号	修订后2017版申报表 (国家税务总局公告2018年第57号)		2017版申报表 (国家税务总局公告2017年第54号)	
	报表名称	新表	报表名称	原表
1	《软件、集成电路企业优惠情况及明细表》(A107042)	将原表单的"企业类型"调整至《企业所得税年度纳税申报基础信息表》(A000000)中;增加"减免方式1"和"减免方式2",并同时填报对应的"获利年度\开始计算优惠期年度1"和"获利年度\开始计算优惠期年度2": 1.减免方式:纳税人根据《企业所得税年度纳税申报基础信息表》(A000000)"208 软件、集成电路企业类型"填报的企业类型和实际经营情况,从《软件、集成电路企业优惠方式代码表》"代码"列中选择相应代码,填入本项。在"110""120""210""220""300""400"六个代码中,纳税人仅可从中选择一项填列。	《软件、集成电路企业优惠情况及明细表》(A107042)	原表1行至10行"企业类型"

续表

序号	修订后 2017 版申报表 （国家税务总局公告 2018 年第 57 号）		2017 版申报表 （国家税务总局公告 2017 年第 54 号）	
	报表名称	新表	报表名称	原表
1	《软件、集成电路企业优惠情况及明细表》（A107042）	"获利年度\开始计算优惠期年度"：适用选择"二免三减半""五免五减半"定期减免类型的纳税人填报。其中，"开始计算优惠年度"按照财税〔2012〕27 号、财税〔2015〕6 号、财税〔2018〕27 号等文件的相关规定确定	《软件、集成电路企业优惠情况及明细表》（A107042）	原表 1 行至 10 行"企业类型"

19.3.3 关键要点

1. 部分行政审批（税收优惠资格认定）取消

按照《国务院关于取消和调整一批行政审批项目等事项的决定》（国发〔2015〕11 号）和《国务院关于取消非行政许可审批事项的决定》（国发〔2015〕27 号）规定，集成电路生产企业、集成电路设计企业、软件企业、国家规划布局内的重点软件企业和集成电路设计企业（以下统称软件、集成电路企业）的税收优惠资格认定等非行政许可审批已经取消。

2. 取消相关行政事项审批后续衔接工作

（1）享受《财政部 国家税务总局关于进一步鼓励软件产业和集成电路产业发展企业所得税政策的通知》（财税〔2012〕27 号，以下简称财税〔2012〕27 号文件）规定的税收优惠政策的软件、集成电路企业，每年汇算清缴时应按照《国家税务总局关于发布修订后的〈企业所得税优惠事项办理办法〉的公告》（国家税务总局公告 2018 年第 23 号）规定向税务机关备案，同时提交《享受企业所得税优惠政策的软件和集成电路企业备案资料明细表》规定的备案资料。

为切实加强优惠资格认定取消后的管理工作，在软件、集成电路企业享受优惠政策后，税务部门转请发展改革、工业和信息化部门进行核查。对经核查不符合软件、集成电路企业条件的，由税务部门追缴其已经享受的企业所得税优惠，并按照《中华人民共和国税收征管法》的规定进行处理。

（2）财税〔2012〕27 号文件所称集成电路生产企业，是指以单片集成电路、多芯片集成电路、混合集成电路制造为主营业务并同时符合下列条件的企业：①在中国境内（不包括港、澳、台地区）依法注册并在发展改革、工业和信息化部门备案的居民企业。②汇算清缴年度具有劳动合同关系且具有大学专科以上学历职工人数占企业月平均职工总人数的比例不低于 40%。其中研究开发人员占企业月平均职工总数的比例不低于 20%。③拥有核心关键技术，并以此为基础开展经营活动，且汇算清缴年度研究开发费用总额占企业销售（营业）收入（主营业务收入与其他业务收入之和，下同）总额的比例不低于 5%。其中，企业在中国境内发生的研究开发费用金额占研究开发费用总额的比例不低于 60%。④汇算清缴年度集成电路制造销售（营业）收入占企业收入总额的比例不低于

60%。⑤具有保证产品生产的手段和能力,并获得有关资质认证(包括ISO质量体系认证)。⑥汇算清缴年度未发生重大安全、重大质量事故或严重环境违法行为。

(3)财税〔2012〕27号文件所称集成电路设计企业,是指以集成电路设计为主营业务并同时符合下列条件的企业:①在中国境内(不包括港、澳、台地区)依法注册的居民企业。②汇算清缴年度具有劳动合同关系且具有大学专科以上学历的职工人数占企业月平均职工总人数的比例不低40%,其中研究开发人员占企业月平均职工总数的比例不低于20%。③拥有核心关键技术,并以此为基础开展经营活动,且汇算清缴年度研究开发费用总额占企业销售(营业)收入总额的比例不低于6%。其中,企业在中国境内发生的研究开发费用金额占研究开发费用总额的比例不低于60%。④汇算清缴年度集成电路设计销售(营业)收入占企业收入总额的比例不低于60%,其中集成电路自主设计销售(营业)收入占企业收入总额的比例不低于50%。⑤主营业务拥有自主知识产权。⑥具有与集成电路设计相适应的软硬件设施等开发环境(如EDA工具、服务器或工作站等)。⑦汇算清缴年度未发生重大安全、重大质量事故或严重环境违法行为。

(4)财税〔2012〕27号文件所称软件企业,是指以软件产品开发销售(营业)为主营业务并同时符合下列条件的企业:①在中国境内(不包括港、澳、台地区)依法注册的居民企业。②汇算清缴年度具有劳动合同关系且具有大学专科以上学历的职工人数占企业月平均职工人数的比例不低于40%,其中研究开发人员占企业月平均职工总数的比例不低于20%。③拥有核心关键技术,并以此为基础开展经营活动,且汇算清缴年度研究开发费用总额占企业销售(营业)收入总额的比例不低于6%。其中,企业在中国境内发生的研究开发费用金额占研究开发费用总额的比例不低于60%。④汇算清缴年度软件产品开发销售(营业)收入占企业收入总额的比例不低于50%[嵌入式软件产品和信息系统集成产品开发销售(营业)收入占企业收入总额的比例不低于40%],其中:软件产品自主开发销售(营业)收入占企业收入总额的比例不低于40%[嵌入式软件产品和信息系统集成产品开发销售(营业)收入占企业收入总额的比例不低于30%]。⑤主营业务拥有自主知识产权。⑥具有与软件开发相适应软硬件设施等开发环境(如合法的开发工具等)。⑦汇算清缴年度未发生重大安全、重大质量事故或严重环境违法行为。

(5)财税〔2012〕27号文件所称国家规划布局内重点集成电路设计企业,除符合《财政部 国家税务总局 发展改革委 工业和信息化部关于软件和集成电路产业企业所得税优惠政策有关问题的通知》(财税〔2016〕49号)第三条规定,还应至少符合下列条件中的一项:①汇算清缴年度集成电路设计销售(营业)收入不低于2亿元,年应纳税所得额不低于1000万元,研究开发人员占月平均职工总数的比例不低于25%;②在国家规定的重点集成电路设计领域内,汇算清缴年度集成电路设计销售(营业)收入不低于2000万元,应纳税所得额不低于250万元,研究开发人员占月平均职工总数的比例不低于35%,企业在中国境内发生的研究开发费用金额占研究开发费用总额的比例不低于70%。

(6)财税[2012]27号文件所称国家规划布局内重点软件企业,除符合《财政部 国家税务总局 发展改革委 工业和信息化部关于软件和集成电路产业企业所得税优惠政策有关问题的通知》(财税[2016]49号)第四条规定,还应至少符合下列条件中的一项:①汇算清缴年度软件产品开发销售(营业)收入不低于2亿元,应纳税所得额不低于1000万元,研究开发人员占企业月平均职工总数的比例不低于25%;②在国家规定的重点软件领域内,汇算清缴年度软件产品开发销售(营业)收入不低于5000万元,应纳税所得额不低于250万元,研究开发人员占企业月平均职工总数的比例不低于25%,企业在中国境内发生的研究开发费用金额占研究开发费用总额的比例不低于70%;③汇算清缴年度软件出口收入总额不低于800万美元,软件出口收入总额占本企业年度收入总额比例不低于50%,研究开发人员占企业月平均职工总数的比例不低于25%。

(7)国家规定的重点软件领域及重点集成电路设计领域,由国家发展改革委、工业和信息化部会同财政部、税务总局根据国家产业规划和布局确定,并实行动态调整。

(8)软件、集成电路企业规定条件中所称研究开发费用政策口径,2015年度仍按《国家税务总局关于印发〈企业研究开发费用税前扣除管理办法(试行)〉的通知》(国税发[2008]116号)和《财政部 国家税务总局关于研究开发费用税前加计扣除有关政策的通知》(财税[2013]70号)的规定执行,2016年及以后年度按照《财政部 国家税务总局 科技部关于完善研究开发费用税前加计扣除政策的通知》(财税[2015]119号)的规定执行。

(9)软件、集成电路企业应从企业的获利年度起计算定期减免税优惠期。如获利年度不符合优惠条件的,应自首次符合软件、集成电路企业条件的年度起,在其优惠期的剩余年限内享受相应的减免税优惠。

(10)省级(省、自治区、直辖市、计划单列市)财政、税务、发展改革和工业和信息化部门应密切配合,通过建立核查机制并有效运用核查结果,切实加强对软件、集成电路企业的后续管理工作。

①省级税务部门应在每年3月20日前和6月20日前分两批将汇算清缴年度已申报享受软件、集成电路企业税收优惠政策的企业名单及其备案资料提交省级发展改革、工业和信息化部门。其中,享受软件企业、集成电路设计企业税收优惠政策的名单及备案资料提交给省级工业和信息化部门,省级工业和信息化部门组织专家或者委托第三方机构对名单内企业是否符合条件进行核查;享受其他优惠政策的名单及备案资料提交给省级发展改革部门,省级发展改革部门会同工业和信息化部门共同组织专家或者委托第三方机构对名单内企业是否符合条件进行核查。

2015年度享受优惠政策的企业名单和备案资料,省级税务部门可在2016年6月20日前一次性提交给省级发展改革、工业和信息化部门。

②省级发展改革、工业和信息化部门应在收到享受优惠政策的企业名单和备案资料两个月内将复核结果反馈省级税务部门(第一批名单复核结果应在汇算清缴期结束前反馈)。

③每年10月底前,省级财政、税务、发展改革、工业和信息化部门应将核查结果及税收优惠落实情况联合汇总上报财政部、税务总局、国家发展改革委、工业和信息化部。如遇特殊情况汇算清缴延期的,上述期限可相应顺延。

④省级财政、税务、发展改革、工业和信息化部门可以根据《财政部 国家税务总局 发展改革委 工业和信息化部关于软件和集成电路产业企业所得税优惠政策有关问题的通知》(财税〔2016〕149号)规定,结合当地实际,制定具体操作管理办法,并报财政部、税务总局、发展改革委、工业和信息化部备案。

3. 鼓励集成电路产业发展的企业所得税政策

《财政部 国家税务总局 发展改革委 工业和信息化部关于进一步鼓励集成电路产业发展企业所得税政策的通知》(财税〔2015〕6号)规定:

(1)符合条件的集成电路封装、测试企业以及集成电路关键专用材料生产企业、集成电路专用设备生产企业,在2017年(含2017年)前实现获利的,自获利年度起,第一年至第二年免征企业所得税,第三年至第五年按照25%的法定税率减半征收企业所得税,并享受至期满为止;2017年前未实现获利的,自2017年起计算优惠期,享受至期满为止。

(2)集成电路封装、测试企业,必须同时满足以下条件:①2014年1月1日后依法在中国境内成立的法人企业。②签订劳动合同关系且具有大学专科以上学历的职工人数占企业当年月平均职工总人数的比例不低于40%。其中,研究开发人员占企业当年月平均职工总数的比例不低于20%。③拥有核心关键技术,并以此为基础开展经营活动,且当年度的研究开发费用总额占企业销售(营业)收入(主营业务收入与其他业务收入之和,下同)总额的比例不低于3.5%。其中,企业在中国境内发生的研究开发费用金额占研究开发费用总额的比例不低于60%。④集成电路封装、测试销售(营业)收入占企业收入总额的比例不低于60%。⑤具有保证产品生产的手段和能力,并获得有关资质认证(包括150质量体系认证、人力资源能力认证等)。⑥具有与集成电路封装、测试相适应的经营场所、软硬件设施等基本条件。

(3)集成电路关键专用材料生产企业或集成电路专用设备生产企业,必须同时满足以下条件:①2014年1月1日后依法在中国境内成立的法人企业。②签订劳动合同关系且具有大学专科以上学历的职工人数占企业当年月平均职工总人数的比例不低于40%,其中,研究开发人员占企业当年月平均职工总数的比例不低于20%。③拥有核心关键技术,并以此为基础开展经营活动,且当年度的研究开发费用总额占企业销售(营业)收入总额的比例不低于5%。其中,企业在中国境内发生的研究开发费用金额占研究开发费用总额的比例不低于60%。④集成电路关键专用材料或专用设备销售收入占企业销售(营业)收入总额的比例不低于30%。⑤具有保证集成电路关键专用材料或专用设备产品生产的手段和能力,并获得有关资质认证(包括150质量体系认证、人力资源能力认证等)。⑥具有与集成电路关键专用材料或专用设备生产相适应的经营场所、软硬件设施等基本条件。

4. 关于集成电路生产企业有关企业所得税的新政策

《财政部 税务总局 国家发展改革委 工业和信息化部关于集成电路生产企业

有关企业所得税政策问题的通知》(财税〔2018〕27号)规定：

(1)2018年1月1日后投资新设的集成电路线宽小于130纳米,且经营期在10年以上的集成电路生产企业或项目,第一年至第二年免征企业所得税,第三年至第五年按照25%的法定税率减半征收企业所得税,并享受至期满为止。

(2)2018年1月1日后投资新设的集成电路线宽小于65纳米或投资额超过150亿元,且经营期在15年以上的集成电路生产企业或项目,第一年至第五年免征企业所得税,第六年至第十年按照25%的法定税率减半征收企业所得税,并享受至期满为止。

(3)对于按照集成电路生产企业享受本通知第一条、第二条税收优惠政策的,优惠期自企业获利年度起计算;对于按照集成电路生产项目享受上述优惠的,优惠期自项目取得第一笔生产经营收入所属纳税年度起计算。

(4)享受本通知第一条、第二条税收优惠政策的集成电路生产项目,其主体企业应符合集成电路生产企业条件,且能够对该项目单独进行会计核算、计算所得,并合理分摊期间费用。

(5)2017年12月31日前设立但未获利的集成电路线宽小于0.25微米或投资额超过80亿元,且经营期在15年以上的集成电路生产企业,自获利年度起第一年至第五年免征企业所得税,第六年至第十年按照25%的法定税率减半征收企业所得税,并享受至期满为止。

(6)2017年12月31日前设立但未获利的集成电路线宽小于0.8微米(含)的集成电路生产企业,自获利年度起第一年至第二年免征企业所得税,第三年至第五年按照25%的法定税率减半征收企业所得税,并享受至期满为止。

(7)享受本通知规定税收优惠政策的集成电路生产企业的范围和条件,按照《财政部　国家税务总局　发展改革委　工业和信息化部关于软件和集成电路产业企业所得税优惠政策有关问题的通知》(财税〔2016〕49号,以下简称财税〔2016〕49号文件)第二条执行;财税〔2016〕49号文件第二条第(二)项中"具有劳动合同关系"调整为"具有劳动合同关系或劳务派遣、聘用关系",第(三)项中汇算清缴年度研究开发费用总额占企业销售(营业)收入总额(主营业务收入与其他业务收入之和)的比例由"不低于5%"调整为"不低于2%",同时企业应持续加强研发活动,不断提高研发能力。

(8)集成电路生产企业或项目享受上述企业所得税优惠的有关管理问题,按照财税〔2016〕49号文件和税务总局关于办理企业所得税优惠政策事项的相关规定执行。

19.3.4　风险环节

1. 不符合相关条件

不符合相关条件的不能享受软件、集成电路企业税收优惠。

2. 获利年度

软件企业的获利年度,是指软件企业开始生产经营后,第一个应纳税所得额大于零的纳税年度,包括对企业所得税实行核定征收方式的纳税年度。

19.4 《税额抵免优惠明细表》(A107050)

19.4.1 表样

A107050

税额抵免优惠明细表

行次	项目	本年抵免前应纳税额	本年允许抵免的专用设备投资额	本年可抵免税额	以前年度已抵免额						本年实际抵免的各年度税额	可结转以后年度抵免的税额
					前五年度	前四年度	前三年度	前二年度	前一年度	小计		
		1	2	3	4(3×10%)	5	6	7	8	9	10(5+…+9)	11	12(4-10-11)
1	前五年度												*
2	前四年度					*							
3	前三年度					*	*						
4	前二年度					*	*	*					
5	前一年度					*	*	*	*				
6	本年度					*	*	*	*	*	*		
7	本年实际抵免额合计												
8	可结转以后年度抵免的税额合计												*
9	专用设备投资情况	本年允许抵免的环境保护专用设备投资额											
10		本年允许抵免的节能节水的专用设备投资额											
11		本年允许抵免的安全生产专用设备投资额											

19.4.2　一般规定

《中华人民共和国企业所得税法》第三十四条规定,企业购置用于环境保护、节能节水、安全生产等专用设备的投资额,可以按一定比例实行税额抵免。

《中华人民共和国企业所得税法实施条例》第一百条规定,企业所得税法第三十四条所称税额抵免,是指企业购置并实际使用《环境保护专用设备企业所得税优惠目录》《节能节水专用设备企业所得税优惠目录》和《安全生产专用设备企业所得税优惠目录》规定的环境保护、节能节水、安全生产等专用设备的,该专用设备的投资额的10%可以从企业当年的应纳税额中抵免;当年不足抵免的,可以在以后5个纳税年度结转抵免。

《财政部　税务总局　应急管理部关于印发〈安全生产专用设备企业所得税优惠目录(2018年版)〉的通知》(财税〔2018〕84号)第一条规定,对企业购置并实际使用安全生产专用设备享受企业所得税抵免优惠政策的适用目录进行适当调整,统一按《安全生产专用设备企业所得税优惠目录(2018年版)》执行。

19.4.3　关键要点

1. 包括融资租赁方式租入的专用设备

购置并实际使用的环境保护、节能节水和安全生产专用设备,包括承租方企业以融资租赁方式租入的、并在融资租赁合同中约定租赁期届满时租赁设备所有权转移给承租方企业,且符合规定条件的上述专用设备。凡融资租赁期届满后租赁设备所有权未转移至承租方企业的,承租方企业应停止享受抵免企业所得税优惠,并补缴已经抵免的企业所得税税款。

2. 未抵扣的进项税额可以抵免所得税税额

自2009年1月1日起,增值税一般纳税人购进固定资产发生的进项税额可从其销项税额中抵扣,如增值税进项税额允许抵扣,其专用设备投资额不再包括增值税进项税额;如增值税进项税额不允许抵扣,其专用设备投资额应为增值税专用发票上注明的价税合计金额。企业购买专用设备取得普通发票的,其专用设备投资额为普通发票上注明的金额。

3. 留存备查资料

留存备查资料主要包括:①购买并自身投入使用的专用设备清单及发票;②以融资租赁方式取得的专用设备的合同或协议;③专用设备属于《环境保护专用设备企业所得税优惠目录》《节能节水专用设备企业所得税优惠目录》或《安全生产专用设备企业所得税优惠目录》中的具体项目的说明;④专用设备实际投入使用时间的说明。

19.4.4　风险环节

1. 专用设备未满5年转让应补缴已抵免税款

企业购置上述专用设备在5年内转让、出租的,应当停止享受企业所得税优惠,并补缴已经抵免的企业所得税税款。

2. 附着物不能抵免税额

企业购置专用设备发生咨询费、服务费,零件和附属设备等超过《公共基础设施项目企业所得税优惠目录》范围的附着物等,不能抵免企业所得税。

19.5 企业清算期间及重组事项发生后税收优惠享受问题

19.5.1 关键要点

1. 企业清算期间税收优惠享受问题

(1)根据清算所得税申报表主表的项目设置和填报说明,清算应纳税所得额=清算所得-免税收入-不征税收入-其他免税所得-弥补以前年度亏损。其中"免税收入"和"其他免税所得"均属于《中华人民共和国企业所得税法》第四章所规定的税收优惠范畴。

(2)一般来讲,企业清算期间,正常的生产经营一般都已停止,企业取得的所得已是非正常的生产经营所得,企业所得税优惠政策的适用对象已不存在,企业应就清算所得按所得税法规定的法定税率缴纳企业所得税。因此,企业清算所得不适用《中华人民共和国企业所得税法》所规定的小型微利企业、高新技术企业、软件生产企业、技术先进型服务企业、动漫企业等享受的优惠税率以及《国务院关于实施企业所得税过渡优惠政策的通知》(国发〔2007〕39号)所规定的过渡期优惠税率。

(3)企业在经营期的经营或投资行为,为企业在清算期所带来的所得,应该仍然适用相关优惠政策。如处于清算期的企业,在未处置其对外的长期股权投资前,其源自被投资方分配的股息红利,清算组应确认为权益性投资收益。如果该权益性投资收益符合《中华人民共和国企业所得税法》第二十六条规定的免税收入的条件,即使企业处于清算期,仍然应享受免税收入的税收优惠政策。

2. 重组事项发生后税收优惠享受问题

在企业吸收合并中,合并后的存续企业性质及适用税收优惠的条件未发生改变的,可以继续享受合并前该企业剩余期限的税收优惠,其优惠金额按存续企业合并前一年的应纳税所得额(亏损计为零)计算(合并方)。

在企业存续分立中,分立后的存续企业性质及适用税收优惠的条件未发生改变的,可以继续享受分立前该企业剩余期限的税收优惠,其优惠金额按该企业分立前一年的应纳税所得额(亏损计为零)乘以分立后存续企业资产占分立前该企业全部资产的比例计算。

《企业重组业务企业所得税管理办法》(国家税务总局公告2010年第4号)第十五条规定,企业合并或分立,合并各方企业或分立企业涉及享受《中华人民共和国企业所得税法》第五十七条规定中就企业整体(即全部生产经营所得)享受的税收优惠过渡政策尚未期满的,仅就存续企业未享受完的税收优惠,按照《财政部 国家税务总局关于企业重组业务企业所得税处理若干问题的通知》(财税〔2009〕59号)第九条的规定执行;注销的被合并或被分立企业未享受完的税收优惠,不再由存续企业承继;合并或分立而新设的企业不得再承继或重新享受上述优惠。合并或分立各方企业按照《中华人民共和国企业所得税法》的税收优惠规定和税收优惠过渡政策中就企业有关生产经营项目的所得享受的税收优惠承继问题,按照《中华人民共和国企业所得税法实施条例》第八十九条规定执行。

《企业重组业务企业所得税管理办法》(国家税务总局公告2010年第4号)第二十八条规定,根据《财政部 国家税务总局关于企业重组业务企业所得税处理若干问题的通知》(财税〔2009〕59号)第六条第(四)项第2目的规定,被合并企业合并前的相关所得税事项由合并企业承继,以及根据第六条第(五)项第2目的规定,企业分立,已分立资产相应的所得税事项由分立企业承继,这些事项包括尚未确认的资产损失、分期确认收入的处理以及尚未享受期满的税收优惠政策承继处理问题等。其中,对税收优惠政策承继处理问题,凡属于依照《中华人民共和国企业所得税法》第五十七条规定中就企业整体(即全部生产经营所得)享受税收优惠过渡政策的,合并或分立后的企业性质及适用税收优惠条件未发生改变的,可以继续享受合并前各企业或分立前被分立企业剩余期限的税收优惠。合并前各企业剩余的税收优惠年限不一致的,合并后企业每年度的应纳税所得额,应统一按合并日各合并前企业资产占合并后企业总资产的比例进行划分,再分别按相应的剩余优惠计算应纳税额。合并前各企业或分立前被分立企业按照《中华人民共和国企业所得税法》的税收优惠规定以及税收优惠过渡政策中就有关生产经营项目所得享受的税收优惠承继处理问题,按照《中华人民共和国企业所得税法实施条例》第八十九条规定执行。

19.5.2 风险环节

1. 清算期不得享受税收优惠

企业处于清算期,除免税收入外,不得享受《中华人民共和国企业所得税法》规定的其他税收优惠。

2. 企业重组税收优惠承继

企业合并或分立,应按照《财政部 国家税务总局关于企业重组业务企业所得税处理若干问题的通知》(财税〔2009〕59号)规定正确计算可继续享受的税收优惠额。

19.6 房地产开发企业土地增值税清算涉及企业所得税退税问题

《国家税务总局关于房地产开发企业土地增值税清算涉及企业所得税退税有关问

题的公告》(国家税务总局公告 2016 年第 81 号)规定：

"一、企业按规定对开发项目进行土地增值税清算后,当年企业所得税汇算清缴出现亏损且有其他后续开发项目的,该亏损应按照税法规定向以后年度结转,用以后年度所得弥补。后续开发项目,是指正在开发以及中标的项目。

二、企业按规定对开发项目进行土地增值税清算后,当年企业所得税汇算清缴出现亏损,且没有后续开发项目的,可以按照以下方法,计算出该项目由于土地增值税原因导致的项目开发各年度多缴企业所得税税款,并申请退税：

(一)该项目缴纳的土地增值税总额,应按照该项目开发各年度实现的项目销售收入占整个项目销售收入总额的比例,在项目开发各年度进行分摊,具体按以下公式计算：

各年度应分摊的土地增值税 = 土地增值税总额 ×(项目年度销售收入÷整个项目销售收入总额)

本公告所称销售收入包括视同销售房地产的收入,但不包括企业销售的增值额未超过扣除项目金额 20% 的普通标准住宅的销售收入。

(二)该项目开发各年度应分摊的土地增值税减去该年度已经在企业所得税税前扣除的土地增值税后,余额属于当年应补充扣除的土地增值税；企业应调整当年度的应纳税所得额,并按规定计算当年度应退的企业所得税税款；当年度已缴纳的企业所得税税款不足退税的,应作为亏损向以后年度结转,并调整以后年度的应纳税所得额。

(三)按照上述方法进行土地增值税分摊调整后,导致相应年度应纳税所得额出现正数的,应按规定计算缴纳企业所得税。

(四)企业按上述方法计算的累计退税额,不得超过其在该项目开发各年度累计实际缴纳的企业所得税；超过部分作为项目清算年度产生的亏损,向以后年度结转。

三、企业在申请退税时,应向主管税务机关提供书面材料说明应退企业所得税款的计算过程,包括该项目缴纳的土地增值税总额、项目销售收入总额、项目年度销售收入额、各年度应分摊的土地增值税和已经税前扣除的土地增值税、各年度的适用税率,以及是否存在后续开发项目等情况。

四、本公告自发布之日起施行。本公告发布之日前,企业凡已经对土地增值税进行清算且没有后续开发项目的,在本公告发布后仍存在尚未弥补的因土地增值税清算导致的亏损,按照本公告第二条规定的方法计算多缴企业所得税税款,并申请退税。

《国家税务总局关于房地产开发企业注销前有关企业所得税处理问题的公告》(国家税务总局公告 2010 年第 29 号)同时废止。"

20 境外所得税收抵免填报实务（A108000—A108030）

20.1 境外所得税收抵免政策要点（A108000）

20.1.1 表样

A108000

境外所得税收抵免明细表

行次	国家（地区）	境外税前所得	境外所得纳税调整后所得	弥补境外以前年度亏损	境外应纳税所得额	抵减境内亏损	抵减境内亏损后的境外应纳税所得额	税率	境外所得应纳税额	境外所得可抵免税额	境外所得税抵免限额	本年可抵免境外所得税额	未超过境外所得税抵免限额的余额	本年可抵免以前年度未抵免境外所得税额	按低于12.5%的实际税率计算的抵免额	按简易办法计算		小计	境外所得抵免所得税额合计
																按12.5%计算的抵免额	按25%计算的抵免额		
		1	2	3	4	5(3-4)	6	7(5-6)	8	9(7×8)	10	11	12	13(11-12)	14	15	16	17	18(15+16+17)	19(12+14+18)
1																				
2																				
3																				
4																				
5																				
6																				
7																				
8																				
9																				
10	合计																			

20.1.2 一般规定

1. "境外所得"的范围

根据《中华人民共和国企业所得税法》第三条规定,居民企业应当就其来源于中国境内、境外的所得缴纳企业所得税。非居民企业在中国境内设立机构、场所的,应当就其所设机构、场所取得的来源于中国境内的所得,以及发生在中国境外但与其所设机构、场所有实际联系的所得,缴纳企业所得税。我国企业所得税税收管辖权遵循"属地兼属人"的原则。

上述"居民企业来源于中国境外的所得,以及非居民企业在中国境内设立机构、场所,发生在中国境外但与其所设机构场所有实际联系的所得",即构成了本部分讨论的"境外所得"的范围。

《中华人民共和国企业所得税法》第六条规定,企业以货币形式和非货币形式从各种来源取得的收入,为收入总额。包括:①销售货物收入;②提供劳务收入;③转让财产收入;④股息、红利等权益性投资收益;⑤利息收入;⑥租金收入;⑦特许权使用费收入;⑧接受捐赠收入;⑨其他收入。

上述"收入总额"的确定标准同时适用境内外所得。

2. 划分"来源于境外的所得"与"来源于境内的所得"标准

根据《中华人民共和国企业所得税法实施条例》第七条规定,企业所得税法第三条所称来源于中国境内、境外的所得,按照以下原则确定:①销售货物所得,按照交易活动发生地确定;②提供劳务所得,按照劳务发生地确定;③转让财产所得,不动产转让所得按照不动产所在地确定,动产转让所得按照转让动产的企业或者机构、场所所在地确定,权益性投资资产转让所得按照被投资企业所在地确定;④股息、红利等权益性投资所得,按照分配所得的企业所在地确定;⑤利息所得、租金所得、特许权使用费所得,按照负担、支付所得的企业或者机构、场所所在地确定,或者按照负担、支付所得的个人的住所地确定;⑥其他所得,由国务院财政、税务主管部门确定。上述政策规定进一步划定了"境外所得"的范围。

3. 为实施"走出去"战略,新企业所得税法引入了股息红利负担税收的间接抵免方式

《国家税务总局关于印发〈新企业所得税法精神宣传提纲〉的通知》(国税函〔2008〕159号)第十九条明确,为实施"走出去"战略,提高我国企业国际竞争力,新企业所得税法保留了现行对境外所得直接负担的税收采取抵免法,同时引入了股息红利负担税收的间接抵免方式。从国际惯例看,实行间接抵免一般要求以居民企业对外国公司有实质性股权参与为前提。如美国、加拿大、英国、澳大利亚、墨西哥等规定,本国公司直接或间接拥有外国公司10%以上有表决权的股票;日本、西班牙规定的比例为25%以上。新企业所得税法中首次引入间接抵免,税收征管经验相对不足,为严格税收征管,《中华人民共和国企业所得税法实施条例》规定,居民企业直接持有或间接持有外国企业20%以上股份,可以实行间接抵免。

间接抵免的母子公司的层次问题,目前各国的规定有所不同,如德国、日本为两层,西班牙为三层,美国为六层,英国不限层次。考虑到我国企业的海外投资状况和我国税收的征管水平,《中华人民共和国企业所得税法实施条例》对间接抵免的规定比较原则,具体抵免层次和计算方法等详细规定,将在部门规章或规范性文件中具体明确。

20.1.3 关键要点

1. 转让境外被投资企业股权的收入确认条件

转让境外被投资企业股权无须以"合同或协议生效且完成股权变更手续"为收入确认条件。

依据《财政部 国家税务总局关于企业境外所得税收抵免有关问题的通知》(财税〔2009〕125号)规定,居民企业应就其来源于境外的股息、红利等权益性投资收益,以及利息、租金、特许权使用费、转让财产等收入,扣除按照《中华人民共和国企业所得税法》及其实施条例等规定计算的与取得该项收入有关的各项合理支出后的余额为应纳税所得额。

来源于境外的股息、红利等权益性投资收益,应按被投资方作出利润分配决定的日期确认收入实现;来源于境外的利息、租金、特许权使用费、转让财产等收入,应按有关合同约定应付交易对价款的日期确认收入实现。

根据上述政策规定可以得知,境外所得收入确认条件与境内所得存在差异。特别需要注意的是,居民企业进行权益性投资,如果被投资企业所在地在境外,则转让被投资企业股权所得为境外所得,该项所得确认条件不同于转让境内被投资企业股权所遵循的"合同或协议生效且完成股权变更手续",而是应按照"有关合同约定应付交易对价款的日期确认收入实现"。

实务中也曾遇到过纳税人未按合同约定确认转让境外被投资企业股权所得,导致自身涉税风险的情况。因此,纳税人应提高对于本问题的关注度。

2. 境外所得简易计算抵免、税收饶让抵免的范围

境外所得的简易计算抵免和税收饶让抵免是境外所得计算抵免的特殊情况。按照《财政部 国家税务总局关于企业境外所得税收抵免有关问题的通知》(财税〔2009〕125号)的规定,简易计算抵免包括两种情形,分别对所得来源国(地区)实际税率低于12.5%或高于25%时,境外所得抵免计算适用简易办法的相关要求进行了规定。

(1)只有境外分支机构营业利润所得和符合境外税额间接抵免条件的股息所得可使用简易计算抵免政策。居民企业从境外未达到直接持股20%条件的境外子公司取得的股息所得,以及取得利息、租金、特许权使用费、转让财产等所得,向所得来源国直接缴纳的预提所得税额,不能适用简易计算抵免。

(2)适用简易计算抵免政策规定中"所得来源国(地区)的法定税率且其实际有效税率明显高于我国的",具体国家(地区)名单在《财政部 国家税务总局关于企业境外所得税收抵免有关问题的通知》(财税〔2009〕125号)附件中进行了正列举,并规定由财政部、国家税务总局根据实际情况适时对名单进行调整。来源于列举之外国家(地区)的境外所得不能适用相关简易计算抵免政策。

(3)依据《国家税务总局关于公开行政审批事项等相关工作的公告》(国家税务总局公告2014年第10号)规定,境外所得简易计算抵免和税收饶让抵免属于行政审批事项,纳税人适用上述政策前需经主管税务机关核准。

(4)境外所得采用简易办法计算抵免额的,不适用饶让抵免。

依据《财政部 税务总局关于完善企业境外所得税收抵免政策问题的通知》(财税〔2017〕84号)规定,企业在境外取得的股息所得,在按规定计算该企业境外股息所得的可抵免所得税额和抵免限额时,由该企业直接或者间接持有20%以上股份的外国企业,限于按照《财政部 国家税务总局关于企业境外所得税收抵免有关问题的通知》(财税〔2009〕125号)第六条规定的持股方式确定的五层外国企业,即:

第一层:企业直接持有20%以上股份的外国企业;

第二层至第五层:单一上一层外国企业直接持有20%以上股份,且由该企业直接持有或通过一个或多个符合《财政部 国家税务总局关于企业境外所得税收抵免有关问题的通知》(财税〔2009〕125号)第六条规定持股方式的外国企业间接持有总和达到20%以上股份的外国企业。

3. 境外所得简易计算抵免、税收饶让抵免的备案和变更

1)备案

依据《国家税务总局关于企业境外所得适用简易征收和饶让抵免的核准事项取消后有关后续管理问题的公告》(国家税务总局公告2015年第70号)企业境外所得符合《财政部 国家税务总局关于企业境外所得税收抵免有关问题的通知》(财税〔2009〕125号)第十条第(一)项和第(二)项规定情形的,可以采取简易办法对境外所得已纳税额计算抵免。企业在年度汇算清缴期内,应向主管税务机关报送备案资料,备案资料的具体内容按照《国家税务总局关于发布〈企业境外所得税收抵免操作指南〉的公告》(国家税务总局公告2010年第1号)第三十条的规定执行。

第三十条规定,企业申报抵免境外所得税收[包括按照《财政部 国家税务总局关于企业境外所得税收抵免有关问题的通知》(财税〔2009〕125号)第十条规定的简易办法进行的抵免]时应向其主管税务机关提交如下书面资料:

(1)与境外所得相关的完税证明或纳税凭证(原件或复印件)。

(2)不同类型的境外所得申报税收抵免还需分别提供:

①取得境外分支机构的营业利润所得需提供境外分支机构会计报表;境外分支机构所得依照中国境内企业所得税法及其实施条例的规定计算的应纳税额的计算过程及说明资料;具有资质的机构出具的有关分支机构审计报告等。

②取得境外股息、红利所得需提供集团组织架构图;被投资公司章程复印件;境外企业有权决定利润分配的机构作出的决定书等。

③取得境外利息、租金、特许权使用费、转让财产等所得需提供依照中国境内企

所得税法及其实施条例规定计算的应纳税额的资料及计算过程;项目合同复印件等。

(3)申请享受税收饶让抵免的还需提供:

①本企业及其直接或间接控制的外国企业在境外所获免税及减税的依据及证明或有关审计报告披露该企业享受的优惠政策的复印件;

②企业在其直接或间接控制的外国企业的参股比例等情况的证明复印件;

③间接抵免税额或者饶让抵免税额的计算过程;

④由本企业直接或间接控制的外国企业的财务会计资料。

(4)采用简易办法计算抵免限额的还需提供:

①取得境外分支机构的营业利润所得需提供企业申请及有关情况说明;来源国(地区)政府机关核发的具有纳税性质的凭证和证明复印件。

②取得符合境外税额间接抵免条件的股息所得需提供企业申请及有关情况说明;符合《中华人民共和国企业所得税法》第二十四条条件的有关股权证明的文件或凭证复印件。

(5)主管税务机关要求提供的其他资料。

以上提交备案资料使用非中文的,企业应同时提交中文译本复印件。

上述资料已向税务机关提供的,可不再提供;上述资料若有变更的,须重新提供;复印件须注明与原件一致,译本须注明与原本无异义,并加盖企业公章。

2)变更

依据《财政部 税务总局关于完善企业境外所得税收抵免政策问题的通知》(财税〔2017〕84号)规定,企业选择采用不同于以前年度的方式(以下简称新方式)计算可抵免境外所得税税额和抵免限额时,对该企业以前年度按照《财政部 国家税务总局关于企业境外所得税收抵免有关问题的通知》(财税〔2009〕125号)规定没有抵免完的余额,可在税法规定结转的剩余年限内,按新方式计算的抵免限额中继续结转抵免。

4. 境外所得享受高新技术企业减免税额优惠的适用条件

《财政部 国家税务总局关于高新技术企业境外所得适用税率及税收抵免问题的通知》(财税〔2011〕47号)规定,纳税人适用境外所得享受高新技术企业减免税额的税收优惠待遇,其来源于境外的所得可以享受高新技术企业所得税优惠政策,即对其来源于境外所得可以按照15%的优惠税率缴纳企业所得税,在计算境外抵免限额时,可按照15%的优惠税率计算境内外应纳税总额。

适用上述政策应把握以下要点:

(1)高新技术企业认定环节,应为"以境内、境外全部生产经营活动有关的研究开发费用总额、总收入、销售收入总额、高新技术产品(服务)收入等指标申请并经认定的高新技术企业"。

(2)纳税人应依照《中华人民共和国企业所得税法》及其实施条例规定,经认定机构按照《高新技术企业认定管理办法》(国科发火〔2016〕32号)和《高新技术企业认定管理工作指引》(国科发火〔2016〕195号)认定取得高新技术企业证书。

（3）纳税人应当"正在享受企业所得税15%税率优惠"。

（4）高新技术企业境外所得税收抵免的其他事项，仍按照《财政部 国家税务总局关于企业境外所得税收抵免有关问题的通知》（财税〔2009〕125号）的有关规定执行。

5. "联合体公司"境外经营的境外所得税收抵免

具体以北京市为例，介绍"联合体公司"境外经营的境外所得税收抵免在实务中的操作方法。纳税人A是建筑集团公司B控股的关联企业，集团公司B与国内其他单位（简称合作方）以联合体形式合作中标境外施工项目，签订合作合同。集团公司B再将项目分包给其下属关联企业A。在此种合作模式下，项目施工所涉及的所有外事活动均以联合体公司的名义进行，因此，在境外缴纳税款时完税凭证抬头是联合体公司。集团公司B对承包项目进行财务核算时，上述税款全部由集团公司B进行抵免，还是由分包企业A与集团公司B分别就其负担的部分境外税款进行抵免，如何提供抵免证明材料是目前所得税实践中的一个问题。纳税人与主管税务机关沟通时，一是应提供其将相关项目所得确认为自身企业所得税应税所得的核算资料；二是应提供清晰列明分包项目负担税款金额的完税凭证；三是应咨询主管税务机关是否认可分包企业纳税人按照"实质重于形式"的确认原则对境外所得应纳税额进行抵免；四是向税务机关提供能够按照一定的规则和比例划分各自应确认的项目所得和实际负担的境外税款的证明材料。

20.1.4 风险环节

1. 境外所得弥补以前年度境内亏损的问题

《中华人民共和国企业所得税法》第十七条规定，企业在汇总计算缴纳企业所得税时，其境外营业机构的亏损不得抵减境内营业机构的盈利。

《企业境外所得税收抵免操作指南》（国家税务总局公告2010年第1号）规定，若企业境内所得为亏损，境外所得为盈利，且企业已使用同期境外盈利全部或部分弥补了境内亏损，则境内已用境外盈利弥补的亏损不得再用以后年度境内盈利重复弥补。由此，在计算境外所得抵免限额时，形成当期境内、外应纳税所得总额小于零的，应以零计算当期境内、外应纳税所得总额，其当期境外所得税的抵免限额也为零。据上述政策规定，国家税务总局未对"境外所得弥补以前年度境内亏损"这一事项做出明确，既无授权性也无限制性规定。企业所得税年度纳税申报表在逻辑关系设置上也未明确"境外所得弥补境内亏损"的申报填写方法。

企业在纳税申报时应准确衡量"境外所得弥补境内亏损"是否符合自身利益诉求，如有意愿进行相关税务处理，应准备好境外所得相关数据计算资料，并与主管税务机关及时进行沟通。

2. 企业境内、境外营业机构发生的资产损失应分开核算

企业境内、境外营业机构发生的资产损失应分开核算，对境外营业机构由于发生资

产损失而产生的亏损,不得在计算境内应纳税所得额时扣除。

纳税人境外经营产生的资产损失,包括参与境外分支机构营业利润计算资产损失、被投资企业所在地为境外的股权投资损失、债务人在境外的债权投资损失、应收及预付款损失、应收票据、各类垫款、往来款损失,固定资产所在地为境外的固定资产损失等。

3. 不可抵免境外所得税税额的情况

可抵免境外所得税税额,是指企业来源于中国境外的所得依照中国境外税收法律以及相关规定应当缴纳并已实际缴纳的企业所得税性质的税款。但不包括:①按照境外所得税法律及相关规定属于错缴或错征的境外所得税税款。②按照税收协定规定不应征收的境外所得税税款,上述两类情形企业应向境外税务机关申请予以退还,而不应作为境外已交税额向中国申请抵免企业所得税。③因少缴或迟缴境外所得税而追加的利息、滞纳金或罚款。④境外所得税纳税人或者其利害关系人从境外征税主体得到实际返还或补偿的境外所得税税款。⑤按照我国企业所得税法及其实施条例规定,已经免征我国企业所得税的境外所得负担的境外所得税税款,该项所得的应纳税所得额及其缴纳的境外所得税额均应从计算境外所得税额抵免的境外应纳税所得额和境外已纳税额中减除。⑥按照国务院财政、税务主管部门有关规定已经从企业境外应纳税所得额中扣除的境外所得税税款。

20.1.5 表单风险指引

1. 是否选择分国不分项带来的填表差异

纳税人若选择"分国(地区)不分项"的境外所得抵免方式,应根据表 A108010、表 A108020、表 A108030 分国(地区)别逐行填报本表;纳税人若选择"不分国(地区)不分项"的境外所得抵免方式,应按照税收规定计算可抵免境外所得税税额和抵免限额,并根据表 A108010、表 A108020、表 A108030 的合计金额填报本表第 1 行。

第 1 列"国家(地区)":纳税人若选择"分国(地区)不分项"的境外所得抵免方式,填报纳税人境外所得来源的国家(地区)名称,来源于同一国家(地区)的境外所得合并到一行填报;纳税人若选择"不分国(地区)不分项"的境外所得抵免方式,填报"不分国(地区)不分项"。

2. 是否使用境外所得弥补境内亏损带来的填表差异

第 6 列"抵减境内亏损":当纳税人选择用境外所得弥补境内亏损时,填报纳税人境外所得按照税收规定抵减境内的亏损额(包括弥补的当年度境内亏损额和以前年度境内亏损额);当纳税人选择不用境外所得弥补境内亏损时,填报 0。

20.2 境外所得纳税调整后所得政策要点（A108010）

20.2.1 表样

A108010

境外所得纳税调整后所得明细表

国家（地区）	境外税后所得								境外所得可抵免的所得税额				境外税前所得	境外分支机构与支出纳税调整额	境外分支机构调整分摊扣除的有关成本费用	境外所得对应调整的相关成本费用支出	境外所得纳税调整后所得
	分支机构营业利润所得	股息、红利等权益性投资所得	利息所得	租金所得	特许权使用费所得	财产转让所得	其他所得	小计	直接缴纳的所得税额	间接负担的所得税额	享受税收饶让抵免税额	小计					
行次	1	2	3	4	5	6	7	8	9(2+…+8)	10	11	12	13(10+11+12)	14(9+10+11)	15	16	17	18(14+15−16−17)
1																		
2																		
3																		
4																		
5																		
6																		
7																		
8																		
9																		
10	合计																	

主表《中华人民共和国企业所得税年度纳税申报表(A类)》(A100000)第14行调减境外所得(未考虑税会差异和共同支出),涉及《境外所得纳税调整后所得明细表》(A108010)第2列至第14列。

20.2.2 一般规定

境外所得按照《中华人民共和国企业所得税法》第六条规定的范围进行收入确认。按照企业所得税法规定,对居民企业和非居民企业设立在中国境内的机构场所而言,其境内外应税所得具有同等纳税义务。因此企业计算境外应税所得时,在收入确认的范围、时间,扣除项目确认标准上同样应遵从《中华人民共和国企业所得税法》《中华人民共和国企业所得税法实施条例》及其他各项企业所得税收入、扣除政策规定。

《境外所得纳税调整后所得明细表》(A108010)第2列至第8列对境外所得计算项目进行了正列举,具体包括企业在境外设立的不具备独立纳税地位的分支机构利润及企业直接取得的来源于境外的股息、红利等权益性投资收益,利息、租金、特许权使用费、转让财产收入、其他收入。应注意《境外所得纳税调整后所得明细表》(A108010)第8列的"其他所得"应填写属于《中华人民共和国企业所得税法》第六条规定范围但未在第2列至第7列进行列示的收入项目。

20.2.3 关键要点

1. 境外"毛所得"对应直接成本费用的调整扣除

《企业境外所得税收抵免操作指南》(国家税务总局公告2010年第1号)规定,从境外收到的股息、红利、利息等境外投资性所得一般表现为毛所得,应对在计算企业总所得额时已做统一扣除的成本费用中与境外所得有关的部分,在该境外所得中对应调整扣除后,才能作为计算境外税额抵免限额的境外应纳税所得额。

《境外所得纳税调整后所得明细表》(A108010)第2列至第8列填写的应该是境外毛所得扣除成本费用之后的"净所得"。但此处的成本费用仅限于匹配归属于境外收入的部分。与取得境外所得有关但未直接计入境外所得应纳税所得额的成本费用支出,即下文将具体说明的"共同支出",未在填报的"净所得"中进行扣除,而要在《境外所得纳税调整后所得明细表》(A108010)第16列和第17列进行扣除。在就境外所得计算应对应调整扣除的有关成本费用时,应对如下成本费用(但不限于)予以特别注意:①股息、红利,应对应调整扣除与境外投资业务有关的项目研究、融资成本和管理费用。②利息,应对应调整扣除为取得该项利息而发生的相应的融资成本和相关费用。③租金,属于融资租赁业务的,应对应调整扣除其融资成本;属于经营租赁业务的,应对应调整扣除租赁物相应的折旧或折耗。④特许权使用费,应对应调整扣除提供特许使用的资产的研发、摊销等费用。⑤财产转让,应对应调整扣除被转让财产的成本净值和相关费用。

2. 境外"源泉扣缴"后的直接税税后所得换算成税前所得

《境外所得纳税调整后所得明细表》(A108010)第2列至第8列对应的项目所得填

报口径为经境外税务机关"源泉扣缴"后的税后所得。填报时,应先按照上述政策规定将"毛所得"换算成"净所得"。此外,在新申报表的逻辑结构中与"境内所得"相对应的"境外所得",应当是上述项目的直接税税前所得,即表A108010第9列"境外税后所得小计"与第10列"直接税"之和。该境外所得填报在主表A100000第14行,完成境内所得与境外所得的分离。

3. 可选择"分国不分项"或"不分国不分项"计算抵免限额

《财政部 国家税务总局关于企业境外所得税收抵免有关问题的通知》(财税〔2009〕125号)规定的"分国不分项"原则已经被《财政部 税务总局关于完善企业境外所得税收抵免政策问题的通知》(财税〔2017〕84号)所突破,纳税人可以自行选择是否按照该原则计算抵免限额。

企业若选择"分国不分项"计算方法,则必须分国别计算境外应纳税所得额、境外所得应纳税额、可抵免税额、抵免限额。企业不能准确计算上述项目实际可抵免分国(地区)别的境外所得税税额的,在相应国家(地区)缴纳的税收均不得在该企业当期应纳税额中抵免,也不得结转以后年度抵免。

企业若选择"不分国不分项"计算方法,则依据《财政部 税务总局关于完善企业境外所得税收抵免政策问题的通知》(财税〔2017〕84号)规定,企业可不按国(地区)别汇总计算其来源于境外的应纳税所得额。上述方式一经选择,5年内不得改变。

4. 境外所得独立于境内所得进行税会差异调整

境外所得独立于境内所得进行税会差异调整涉及《境外所得纳税调整后所得明细表》(A108010)第15列。

《财政部 国家税务总局关于企业境外所得税收抵免有关问题的通知》(财税〔2009〕125号)规定,居民企业在境外投资设立不具有独立纳税地位的分支机构,其来源于境外的所得,以境外收入总额扣除与取得境外收入有关的各项合理支出后的余额为应纳税所得额。各项收入、支出按《中华人民共和国企业所得税法》及其实施条例的有关规定确定。

由上述规定可知,计算境外分支机构营业利润的收入、扣除项目需按我国企业所得税政策口径进行调整。表A108010每一行填写申报所属年度来自某一个国家的境外所得计算数据信息,表A108010第15列"境外分支机构收入与支出纳税调整额"可能涉及同一国家的一家或几家分支机构应税所得的税会差异调整,填报信息是分国别的税会差异调整计算结果。因此,境外所得的税会差异调整申报信息无法在企业所得税年度纳税申报表中进行体现。

按照《企业境外所得税收抵免操作指南》(国家税务总局公告2010年第1号)的规定,纳税人企业申报抵免境外所得税收时应向其主管税务机关提交书面资料,包括取得境外分支机构的营业利润所得需提供境外分支机构会计报表;境外分支机构所得依照《中华人民共和国企业所得税法》及其实施条例的规定计算的应纳税额的计算过程及说明资料;具有资质的机构出具的有关分支机构审计报告等。

5. 石油企业"不分国不分项"的境外所得计算原则

如上文所述,"分国不分项"是境外所得应纳税所得额、应纳税额、可抵免税额、抵免限额计算时需遵循的原则。

《财政部 国家税务总局关于企业境外所得税收抵免有关问题的通知》(财税〔2009〕125号)第三条第(五)项规定,在汇总计算境外应纳税所得额时,企业在境外同一国家(地区)设立不具有独立纳税地位的分支机构,按照《中华人民共和国企业所得税法》及其实施条例的有关规定计算的亏损,不得抵减其境内或他国(地区)的应纳税所得额,但可以用同一国家(地区)其他项目或以后年度的所得按规定弥补。

《企业境外所得税收抵免操作指南》(国家税务总局公告2010年第1号)第十三条指出,基于分国不分项计算抵免的原则及其要求,对在不同国家的分支机构发生的亏损不得相互弥补做出了规定,以避免出现同一笔亏损重复弥补或须进行繁复的还原弥补、还原抵免的现象。

《财政部 国家税务总局关于我国石油企业在境外从事油(气)资源开采所得税收抵免有关问题的通知》(财税〔2011〕23号)第一条规定,石油企业可以选择按国(地区)别分别计算[即"分国(地区)不分项"],或者不按国(地区)别汇总计算[即"不分国(地区)不分项"]其来源于境外油(气)项目投资、工程技术服务和工程建设的油(气)资源开采活动的应纳税所得额,并按照《财政部 国家税务总局关于企业境外所得税收抵免有关问题的通知》(财税〔2009〕125号)第八条规定的税率,分别计算其可抵免境外所得税税额和抵免限额。上述方式一经选择,5年内不得改变。

实务中,石油企业选择使用"不分国不分项"的抵免方式,一是能以"不分国"的境外盈利弥补境外分支机构亏损,减少"境外应纳税所得额";二是能平衡不同国家和地区之间的税率,增大"境外所得抵免限额"。

20.2.4 风险环节

境外所得税收抵免的风险环节主要集中于同一纳税主体境内、境外所得共同支出的分摊。

同一纳税主体境内、境外所得共同支出的分摊涉及《境外所得纳税调整后所得明细表》(A108010)第16、17列。

《财政部 国家税务总局关于企业境外所得税收抵免有关问题的通知》(财税〔2009〕125号)规定,在计算境外应纳税所得额时,企业为取得境内、境外所得而在境内、境外发生的共同支出,与取得境外应税所得有关的、合理的部分,应在境内、境外[分国(地区)别]应税所得之间,按照合理比例进行分摊后扣除。

《企业境外所得税收抵免操作指南》(国家税务总局公告2010年第1号)进一步规定,共同支出,是指与取得境外所得有关但未直接计入境外所得应纳税所得额的成本费用支出,通常包括未直接计入境外所得的营业费用、管理费用和财务费用等支出。

《企业境外所得税收抵免操作指南》(国家税务总局公告2010年第1号)规定,企业应对在计算总所得额时已统一归集并扣除的共同费用,按境外每一国(地区)别数额占企业全部数额的下列一种比例或几种比例的综合比例,在每一国别的境外所得中对应调整扣除,计算来自每一国别的应纳税所得额:①资产比例;②收入比例;③员工工资支出比例;④其他合理比例。上述分摊比例确定后应报送主管税务机关备案;无合理原因不得改变。

由于企业所得税针对法人主体课税,企业所得税汇算清缴主体和会计利润报告主体均为法人主体,对同一法人主体而言,部分支出项目如融资成本、研发支出等,可能以法人主体为财务核算主体进行列支,而未在"境内所得"和"境外所得"之间进行分摊。这部分"共同支出"也就没有包含在主表A100000第14行中,需要按照上述政策规定在表A108010第16、17列和《纳税调整项目明细表》(A105000)进行调整,对"境外所得"进行调减,对境内所得进行调增。

20.3 境外分支机构弥补亏损政策要点(A108020)

20.3.1 表样

A108020　　　　　　　　　境外分支机构弥补亏损明细表

行次	国家(地区)	非实际亏损额的弥补				实际亏损额的弥补			
		以前年度结转尚未弥补的非实际亏损额	本年发生的非实际亏损额	本年弥补的以前年度非实际亏损额	结转以后年度弥补的非实际亏损额	以前年度结转尚未弥补的实际亏损额	本年发生的实际亏损额	本年弥补的以前年度实际亏损额	结转以后年度弥补的实际亏损额
	1	2	3	4	5(2+3-4)	6	7	8	9
1									
2									
3									
4									
5									
6									
7									
8									
9									
10	合计								

20.3.2 修订变化

《境外分支机构弥补亏损明细表》(2017版)修订后的变化见表20-1。

表20-1 《境外分支机构弥补亏损明细表》(2017版)修订后的变化

序号	修订后的2017版申报表 (国家税务总局公告2018年第57号)		2017版申报表 (国家税务总局公告2017年第54号)	
	报表名称	新表	报表名称	原表
1	《境外分支机构弥补亏损明细表》(A108020)	"以前年度结转尚未弥补的实际亏损额"精简为一列； "结转以后年度弥补的实际亏损额"精简为一列	《境外分支机构弥补亏损明细表》(A108020)	"以前年度结转尚未弥补的实际亏损额"第6列至第11列，共六列； "结转以后年度弥补的实际亏损额"第14列至第19列，共六列

20.3.3 一般规定

境外分支机构亏损不得抵减境内盈利。《中华人民共和国企业所得税法》第十七条规定，企业在汇总计算缴纳企业所得税时，其境外营业机构的亏损不得抵减境内营业机构的盈利。

20.3.4 关键要点

1. 境外分支机构弥补亏损遵循"分国不分项"原则

在汇总计算境外应纳税所得额时，企业在境外同一国家(地区)设立不具有独立纳税地位的分支机构，按照《中华人民共和国企业所得税法》及其实施条例的有关规定计算的亏损，不得抵减其境内或他国(地区)的应纳税所得额，但可以用同一国家(地区)其他项目或以后年度的所得按规定弥补。

基于"分国不分项"计算抵免的原则及其要求，对在不同国家的分支机构发生的亏损不得相互弥补作出了规定，以避免出现同一笔亏损重复弥补或须进行繁复的还原弥补、还原抵免的现象。

2. "非实际亏损"与"实际亏损"的判断标准

对"非实际亏损"与"实际亏损"的判断应当注意，"境外分支机构亏损额"指的是境外分支机构形成负的纳税调整后所得经"分国不分项"弥补亏损的余额。"企业盈利额"指的是境内和应纳税所得额为正数的境外国家(地区)的应纳税所得额之和。

企业在同一纳税年度的境内外所得加总为正数的，其境外分支机构发生的亏损，由于上述"分国不分项"结转弥补的限制而发生的未予弥补的部分(以下称为非实际亏损额),今后在该分支机构的结转弥补期限不受5年期限制。即如果企业当期境内外所得盈利额与亏损额加总后和为零或正数,则其当年度境外分支机构的非实际亏损额可无限期向后结转弥补。

案例1

甲企业在境外设立无独立纳税地位的分支机构A和B,另有一笔对M公司的股权投资,M公司注册地为A分支机构所在地,且该纳税人无其他境外经营项目。2018年,甲企业境内应纳税所得额为200万元,境外A分支机构纳税调整后所得为-360万元,甲企业从M公司分得股息红利100万元,境外B分支机构纳税调整后所得为250万元,境内外应纳税所得额为450万元,境外A分支机构当年形成的可无限期结转弥补的非实际亏损金额为260万元,填写在《境外分支机构弥补亏损明细表》(A108020)第3列"本年发生的非实际亏损额"。

如果企业当期境内外所得盈利额与亏损额加总后为负数,则以境外分支机构的亏损额超过企业盈利额部分的实际亏损额,按《中华人民共和国企业所得税法》第十八条规定的期限,在亏损发生年度下一纳税年度起,5年内进行亏损弥补,未超过企业盈利额部分的非实际亏损额仍可无限期向后结转弥补。

案例2

乙企业在境外设立无独立纳税地位的分支机构C和D,另有一笔对N公司的股权投资,N公司注册地为C分支机构所在地,且该纳税人无其他境外经营项目。2018年,乙企业境内应纳税所得额为200万元,境外C分支机构纳税调整后所得为-560万元,乙企业从N公司分得股息红利100万元,境外D分支机构纳税调整后所得为250万元,境内外应纳税所得额为450万元,境外C分支机构当年形成的可无限期结转弥补的非实际亏损金额为450万元,填写在《境外分支机构弥补亏损明细表》(A108020)第3列"本年发生的非实际亏损额"。境外C分支机构当年形成结转弥补的实际亏损金额为10万元,填写在《境外分支机构弥补亏损明细表》(A108020)第7列"本年发生的实际亏损额"。

3. 境外分支机构弥补亏损的计算管理要求

企业应对境外分支机构的实际亏损额与非实际亏损额不同的结转弥补情况做好备查台账。

20.4 跨年度结转抵免境外所得税政策要点（A108030）

20.4.1 表样

A108030

跨年度结转抵免境外所得税明细表

行次	国家（地区）	前五年境外所得已缴所得税未抵免余额						本年度实际抵免以前年度未抵免的境外已缴所得税税额						结转以后年度抵免的境外已缴所得税额					
		前五年	前四年	前三年	前二年	前一年	小计	前五年	前四年	前三年	前二年	前一年	小计	前四年	前三年	前二年	前一年	本年	小计
		1	2	3	4	5	6	7(2+…+6)	8	9	10	11	12	13(8+…+12)	14(3-9)	15(4-10)	16(5-11)	17(6-12)	18	19(14+…+18)
1																				
2																				
3																				
4																				
5																				
6																				
7																				
8																				
9																				
10	合计																			

20.4.2 关键要点

跨年度结转抵免境外所得税的计算方法和管理要求如下：

企业在境外一国（地区）当年缴纳和间接负担的符合规定的企业所得税税额的具体抵免方法为：①企业每年应分国（地区）别在抵免限额内据实抵免境外所得税额，超过抵免限额的部分可在以后连续5个纳税年度延续抵免；②企业当年境外一国（地区）可抵免税额中既有属于当年已直接缴纳或间接负担的境外所得税额，又有以前年度结转的未逾期可抵免税额时，应首先抵免当年已直接缴纳或间接负担的境外所得税额后，抵免限额有余额的，可再抵免以前年度结转的未逾期可抵免税额，仍抵免不足的，继续向以后年度结转。

《企业境外所得税收抵免操作指南》（国家税务总局公告2010年第1号）规定，税务机关、企业在年度企业所得税汇算清缴时，应对结转以后年度抵免的境外所得税额分国别（地区）建立台账管理，准确填写逐年抵免情况。

20.5 《受控外国企业信息报告表》及外国企业年度独立财务报表政策要点

20.5.1 一般规定

设置《受控外国企业信息报告表》及外国企业年度独立财务报表用于监督居民企业境外收入的申报：该表主要针对的管理对象就是《中华人民共和国企业所得税法》第二十四条中规定的居民企业直接或间接控制的外国企业。《中华人民共和国企业所得税法》第二十四条规定，居民企业从其直接或者间接控制的外国企业分得的来源于中国境外的股息、红利等权益性投资收益，外国企业在境外实际缴纳的所得税税额中属于该项所得负担的部分，可以作为该居民企业的可抵免境外所得税税额，在本法第二十三条规定的抵免限额内抵免。

《中华人民共和国企业所得税法》第四十五条规定，由居民企业，或者由居民企业和中国居民控制的设立在实际税负明显低于本法第四条第一款规定税率水平的国家（地区）的企业，并非由于合理的经营需要而对利润不作分配或者减少分配的，上述利润中应归属于该居民企业的部分，应当计入该居民企业的当期收入。

20.5.2 关键要点

《受控外国企业信息报告表》及外国企业年度独立财务报表报送的具体要求：《特别纳税调整实施办法（试行）》（国税发〔2009〕2号）第八十四条规定，中国居民企业股东能够提供资料证明其控制的外国企业满足以下条件之一的，可免于将外国企业不作分配或减少分配的利润视同股息分配额,计入中国居民企业股东的当期所得;设立在国家税务总局指定的非低税率国家(地区);主要取得积极经营活动所得;年度利润总额低于500万元人民币。

《国家税务总局关于居民企业报告境外投资和所得信息有关问题的公告》(国家税务总局公告2014年第38号)规定,居民企业在办理企业所得税年度申报时,还应附报以下与境外所得相关的资料信息:①有适用《中华人民共和国企业所得税法》第四十五条情形或者需要适用《特别纳税调整实施办法(试行)》(国税发〔2009〕2号)第八十四条规定的居民企业填报《受控外国企业信息报告表》;②纳入《中华人民共和国企业所得税法》第二十四条规定抵免范围的外国企业或符合《中华人民共和国企业所得税法》第四十五条规定的受控外国企业按照中国会计制度编报的年度独立财务报表。

20.6 境外所得应纳税额计算填报案例(分国不分项)

案例

假设A公司2018年度可适用间接抵免的境外所得(含直接所缴预提所得税但未含间接负担的税额)为5250万元,其中,甲国的境外所得为2250万元;乙国的境外所得为3000万元。A公司可抵免的间接负担境外已纳税额为2203.75万元,其中,甲国的可抵免间接负担境外已纳税额为912.5万元;乙国的可抵免间接负担境外已纳税额为1291.25万元。

2018年A公司申报的境内外所得汇总额为15796.25万元,其中取得境外股息所得为5250万元(已还原境外直接缴纳10%的预提所得税525万元,但未含应还原计算的境外间接负担的税额2203.75万元),其中甲国2250万元,乙国3000万元;同时假设A公司用于管理B1、B2、B3、B4四个公司的管理费合计为433.75万元,其中用于甲国B1、B2公司的管理费用为184.5万元,用于乙国B3、B4公司的管理费用为249.25万元。应在计算来自两个国家四个子公司的股息应纳税所得时对应调整扣除。抵免限额计算分析情况如下:

第一步:计算境外股息所得。

1. 境外股息所得=境外股息净所得+境外直接缴纳税额+境外间接缴纳税额

2. 境外股息所得=7453.75万元=甲国、乙国的境外所得之和5250万元+甲国、乙国的可抵免间接负担境外已纳税额之和2203.75万元,具体计算如下:

(1)来源于甲国股息所得3162.5万元=甲国的境外所得2250万元+甲国的可抵免间接负担境外已纳税额912.5万元

(2)来源于乙国股息所得4291.25万元=乙国的境外所得3000万元+乙国的可抵免间接负担境外已纳税额1291.25万元

第二步:计算境外股息所得调整后的应纳税所得额。

境外股息所得对应调整扣除相关管理费后的应纳税所得额7020万元=境外股息所得应为境外股息净所得与境外直接缴纳税额和间接缴纳税额之和7453.75万元−A公司用于管理B1、B2、B3、B4四个公司的管理费合计为433.75万元。具体计算如下：

(1) 来源于甲国股息所得对应调整后应纳税所得额2978万元=甲国股息所得3162.5万元−甲国B1、B2公司的管理费用184.5万元

(2) 来源于乙国股息所得对应调整后应纳税所得额4042万元=乙国股息所得4291.25万元−乙国B3、B4公司的管理费用249.25万元

第三步：计算还原后的境内、境外应纳税所得总额。

境外间接负担税额还原计算后境内、境外应纳税所得总额18000万元=已还原直接税额的境内外所得总额15796.25万元+可予计算抵免的间接税额2203.75万元

第四步：计算A企业应纳税额。

A企业应纳税总额4500万元=境外间接负担税额还原计算后境内、境外应纳税所得总额18000万元×适用税率25%

第五步：计算A企业抵免限额。

A企业抵免限额1755万元=甲国所得的抵免限额744.5万元+乙国所得的抵免限额1010.5万元，具体计算如下：

(1) 来源于甲国所得的抵免限额744.5万元=企业应纳税总额4500万元×甲国股息所得对应调整后应纳税所得额2978万元÷境外间接负担税额还原计算后境内、境外应纳税所得总额18000万元

(2) 来源于乙国所得的抵免限额1010.5万元=企业应纳税总额4500万元×乙国股息所得对应调整后应纳税所得额4042万元÷境外间接负担税额还原计算后境内、境外应纳税所得总额18000万元

21 跨地区经营汇总纳税填报实务（A109000、A109010）

21.1 跨地区经营汇总纳税企业年度分摊企业所得税政策要点（A109000）

21.1.1 表样

A109000　　跨地区经营汇总纳税企业年度分摊企业所得税明细表

行次	项目	金额
1	一、实际应纳所得税额	
2	减：境外所得应纳所得税额	
3	加：境外所得抵免所得税额	
4	二、用于分摊的本年实际应纳所得税额（1-2+3）	
5	三、本年累计已预分、已分摊所得税额（6+7+8+9）	
6	（一）总机构直接管理建筑项目部已预分所得税额	
7	（二）总机构已分摊所得税额	
8	（三）财政集中已分配所得税额	
9	（四）分支机构已分摊所得税额	
10	其中：总机构主体生产经营部门已分摊所得税额	
11	四、本年度应分摊的应补（退）的所得税额（4-5）	
12	（一）总机构分摊本年应补（退）的所得税额（11×总机构分摊比例）	
13	（二）财政集中分配本年应补（退）的所得税额（11×财政集中分配比例）	
14	（三）分支机构分摊本年应补（退）的所得税额（11×分支机构分摊比例）	
15	其中：总机构主体生产经营部门分摊本年应补（退）的所得税额（11×总机构主体生产经营部门分摊比例）	
16	五、境外所得抵免后的应纳所得税额（2-3）	
17	六、总机构本年应补（退）所得税额（12+13+15+16）	

21.1.2 一般规定

1. 非法人营业机构汇总缴纳企业所得税

《中华人民共和国企业所得税法》第五十条规定，除税收法律、行政法规另有规定外，居民企业以企业登记注册地为纳税地点；但登记注册地在境外的，以实际管理机构所在地为纳税地点。居民企业在中国境内设立不具有法人资格的营业机构的，应当汇总计算并缴纳企业所得税。

《中华人民共和国企业所得税法实施条例》第一百二十五条规定，企业汇总计算并缴纳企业所得税时，应当统一核算应纳税所得额，具体办法由国务院财政、税务主管部门另行制定。

2. 解决跨地区汇总纳税后地区间税源转移问题

《国家税务总局关于印发〈新企业所得税法精神宣传提纲〉的通知》（国税函〔2008〕159号）第四十二条明确，新企业所得税法规定，不具有法人资格的营业机构应实行法人汇总纳税制度，由此会出现地区间税源转移问题。经请示国务院同意，将按照"统一核算、分级管理、就地预缴、集中清算、财政调库"的原则，合理确定总、分机构所在地区的企业所得税分享比例和办法，妥善解决实施新企业所得税法后引起的税收转移问题，处理好地区间利益分配关系。

21.1.3 关键要点

1. 适用跨地区汇总纳税方式的总、分机构范围

居民企业在中国境内跨地区（指跨省、自治区、直辖市和计划单列市）设立不具有法人资格分支机构的，该居民企业为跨地区经营汇总纳税企业（以下简称汇总纳税企业）在中国境外设立的不具有法人资格的二级分支机构，不就地分摊缴纳企业所得税。

总机构设立具有主体生产经营职能的部门，且该部门的营业收入、职工薪酬和资产总额与管理职能部门分开核算的，可将该部门视同一个二级分支机构，计算分摊并就地缴纳企业所得税。

纳税人申报填写年度纳税申报表时，总机构独立生产经营部门年度预缴税额填写在《跨地区经营汇总纳税企业年度分摊企业所得税明细表》（A109000）第10行"其中：总机构主体生产经营部门已分摊所得税额"。总机构独立生产经营部门分摊本年应补退的所得税额填写在表A109000第15行"其中：总机构主体生产经营部门分摊本年应补（退）的所得税额"。同时，总机构独立生产经营部门视同二级分支机构，分摊缴纳税款的计算信息在《企业所得税汇总纳税分支机构所得税分配表》（A109010）进行填报。

2. 总机构所得税汇算清缴时报送的申报资料

汇总纳税企业总机构所得税汇算清缴要求报送的申报资料包括：企业所得税年度纳税申报表、汇总纳税企业年度财务报表、汇总纳税企业分支机构所得税分配表、各分支机构的年度财务报表、各分支机构参与企业年度纳税调整情况的说明。

其中,"汇总纳税企业分支机构所得税分配表"申报信息已在企业所得税年度纳税申报表附《企业所得税汇总纳税分支机构所得税分配表》(A109010)采集,不再独立于年度纳税申报表进行申报。

3. 总机构管理的建筑项目部所在地预分所得税额

建筑企业总机构直接管理的跨地区设立的项目部,应按项目实际经营收入的0.2%按月或按季由总机构向项目所在地预分企业所得税,并由项目部向所在地主管税务机关预缴。

4. 跨地区汇总纳税分支机构变化后续管理

依据《国家税务总局关于贯彻落实〈国务院关于取消非行政许可审批事项的决定〉的通知》(税总发〔2015〕74号)和《国家税务总局关于3项企业所得税事项取消审批后加强后续管理的公告》(国家税务总局公告2015年第6号)的规定:

(1)二级及二级以下分支机构名单发生变化

收入全额归属中央的企业(以下简称中央企业)所属二级及二级以下分支机构名单发生变化的,按照以下规定分别向其主管税务机关报送相关资料:

中央企业所属二级分支机构名单发生变化的,中央企业总机构应将调整后情况及分支机构变化情况报送主管税务机关。

中央企业新增二级及以下分支机构的,二级分支机构应将营业执照和总机构出具的其为二级或二级以下分支机构证明文件,在报送企业所得税预缴申报表时,附送其主管税务机关。

新增的三级及以下分支机构,应将营业执照和总机构出具的其为三级或三级以下分支机构证明文件,报送其主管税务机关。

中央企业撤销(注销)二级及以下分支机构的,被撤销分支机构应当按照《中华人民共和国税收征收管理法》规定办理注销手续。二级分支机构应将撤销(注销)二级及以下分支机构情况报送其主管税务机关。

主管税务机关应根据中央企业二级及以下分支机构变更备案情况,及时调整完善税收管理信息。

(2)汇总纳税企业改变组织结构

汇总纳税企业改变组织结构的,总机构和相关二级分支机构应于组织结构改变后30日内,将组织结构变更情况报告主管税务机关。总机构所在省税务局按照《国家税务总局关于印发〈跨地区经营汇总纳税企业所得税征收管理办法〉的公告》(国家税务总局公告2012年第57号)第二十九条规定,将汇总纳税企业组织结构变更情况上传至企业所得税汇总纳税信息管理系统。

《跨地区经营汇总纳税企业所得税征收管理办法》(国家税务总局公告2012年第57号)第二十四条第三款"汇总纳税企业以后年度改变组织结构的,该分支机构应按本办法第二十三条规定报送相关证据;分支机构所在地主管税务机关重新进行审核鉴定"的规定已被废止。

21.1.4 风险环节

1. 分支机构未按税款分配数额预缴所得税的法律责任

分支机构未按税款分配数额预缴所得税造成少缴税款的,存在被税务机关处罚的风险。具体政策为:《跨地区经营汇总纳税企业所得税征收管理办法》(国家税务总局公告2012年第57号)第八条明确,总机构应将本期企业应纳所得税额的50%部分,在每月或季度终了后15日内就地申报预缴。总机构应将本期企业应纳所得税额的另外50%部分,按照各分支机构应分摊的比例,在各分支机构之间进行分摊,并及时通知到各分支机构;各分支机构应在每月或季度终了之日起15日内,就其分摊的所得税额就地申报预缴。分支机构未按税款分配数额预缴所得税造成少缴税款的,主管税务机关应按照《中华人民共和国税收征收管理法》的有关规定对其处罚,并将处罚结果通知总机构所在地主管税务机关。

2. 未按规定报送分支机构所得税分配表的法律责任

分支机构在申报期内不提供分配表,存在被税务机关处罚的风险。具体政策如下:《跨地区经营汇总纳税企业所得税征收管理办法》(国家税务总局公告2012年第57号)第十二条要求,分支机构未按规定报送经总机构所在地主管税务机关受理的汇总纳税企业分支机构所得税分配表,分支机构所在地主管税务机关应责成该分支机构在申报期内报送,同时提请总机构所在地主管税务机关督促总机构按照规定提供上述分配表;分支机构在申报期内不提供的,由分支机构所在地主管税务机关对分支机构按照《中华人民共和国税收征收管理法》的有关规定予以处罚;属于总机构未向分支机构提供分配表的,分支机构所在地主管税务机关还应提请总机构所在地主管税务机关对总机构按照《中华人民共和国税收征收管理法》的有关规定予以处罚。

21.2 企业所得税汇总纳税分支机构所得税分配政策要点(A109010)

21.2.1 表样

A109010 企业所得税汇总纳税分支机构所得税分配表

税款所属期间：　年　月　日至　年　月　日

总机构名称(盖章)：
总机构统一社会信用代码(纳税人识别号)：

金额单位:元(列至角分)

应纳所得税额	总机构分摊所得税额	总机构财政集中分配所得税额	分支机构分摊所得税额					
			分支机构名称	分支机构统一社会信用代码(纳税人识别号)	营业收入	三项因素		分配比例	分配所得税额
						职工薪酬	资产总额		

分支机构情况

合计

· 294 ·

21.2.2 关键要点

1. 总分机构应纳所得税额分摊计算比例

依据《国家税务总局关于印发〈跨地区经营汇总纳税企业所得税征收管理办法〉的公告》(国家税务总局公告 2012 年 57 号),汇总纳税企业按照《中华人民共和国企业所得税法》规定汇总计算的企业所得税,包括预缴税款和汇算清缴应缴应退税款,50%在各分支机构间分摊,各分支机构根据分摊税款就地办理缴库或退库;50%由总机构分摊缴纳,其中 25%就地办理缴库或退库,25%就地全额缴入中央国库或退库。

总机构按以下公式计算分摊税款:

总机构分摊税款=汇总纳税企业当期应纳所得税额×50%

分支机构按以下公式计算分摊税款:

所有分支机构分摊税款总额=汇总纳税企业当期应纳所得税额×50%

填报企业所得税年度纳税申报表时,上述"汇总纳税企业当期应纳所得税额"=表 A100000 第 31 行"实际应纳所得税额"-表 A100000 第 29 行"境外所得应纳所得税额"+表 A100000 第 30 行"境外所得抵免所得税额"。

某分支机构分摊税款=所有分支机构分摊税款总额×该分支机构分摊比例

总机构应按照上年度分支机构的营业收入、职工薪酬和资产总额三个因素计算各分支机构分摊所得税款的比例。上年度分支机构的营业收入、职工薪酬和资产总额,是指分支机构上年度全年的营业收入、职工薪酬数据和上年度 12 月 31 日的资产总额数据,是依照国家统一会计制度的规定核算的数据。三级及以下分支机构,其营业收入、职工薪酬和资产总额统一计入二级分支机构,三因素的权重依次为 0.35、0.35、0.30。

计算公式如下:

某分支机构分摊比例=该分支机构营业收入各分支机构营业收入之和×0.35+该分支机构职工薪酬各分支机构职工薪酬之和×0.35+该分支机构资产总额各分支机构资产总额之和×0.30

在一个纳税年度内,总机构首次计算分摊税款时采用的分支机构营业收入、职工薪酬和资产总额数据,与此后经过中国注册会计师审计确认的数据不一致的,不作调整。

2. 总分机构处于不同税率地区的税款分摊计算方法

对于按照税收法律、法规和其他规定,总机构和分支机构处于不同税率地区的,先由总机构统一计算全部应纳税所得额,然后按上述分摊计算比例,计算划分不同税率地区机构的应纳税所得额,再分别按各自的适用税率计算应纳税额后加总计算出汇总纳税企业的应纳税额总额,最后按上述分摊计算比例,向总机构和分支机构分摊就地缴纳的企业所得税款。

3. 二级分支机构不就地分摊缴纳企业所得税的情形

不具有主体生产经营职能,且在当地不缴纳增值税的产品售后服务、内部研发、仓储等汇总纳税企业内部辅助性的二级分支机构,不就地分摊缴纳企业所得税。

上年度认定为小型微利企业的,其二级分支机构不就地分摊缴纳企业所得税。

新设立的二级分支机构,设立当年不就地分摊缴纳企业所得税。

当年撤销的二级分支机构,自办理注销税务登记之日所属企业所得税预缴期间起,不就地分摊缴纳企业所得税。

汇总纳税企业在中国境外设立的不具有法人资格的二级分支机构,不就地分摊缴纳企业所得税。

4. 分支机构分摊比例在一个纳税年度内调整的情形

分支机构分摊比例按上述方法一经确定后,除出现以下三类情形外,当年不作调整。

(1) 当年撤销的二级分支机构,自办理注销税务登记之日起,所属企业所得税预缴期间不就地分摊缴纳企业所得税。

(2) 汇总纳税企业当年由于重组等原因从其他企业取得重组当年之前已存在的二级分支机构,并作为本企业二级分支机构管理的,该二级分支机构不视同当年新设立的二级分支机构,按《跨地区经营汇总纳税企业所得税征收管理办法》(国家税务总局公告2012年第57号)规定计算分摊并就地缴纳企业所得税。

(3) 汇总纳税企业内就地分摊缴纳企业所得税的总机构、二级分支机构之间,发生合并、分立、管理层级变更等形成的新设或存续的二级分支机构,不视同当年新设立的二级分支机构,按《跨地区经营汇总纳税企业所得税征收管理办法》(国家税务总局公告2012年第57号)规定计算分摊并就地缴纳企业所得税。

21.3 跨地区汇总纳税企业所得税汇算清缴填报案例

案例1

甲企业为建筑企业,2018年企业所得税汇算清缴时,共设有A、B两家跨省、自治区、直辖市,不具有法人资格,但具有主体生产经营职能的二级分支机构。其中B为2018年新成立的分支机构。甲企业另设有可视同二级分支机构分摊缴纳税款的总机构独立生产经营部门C。A、B、C三家分支机构2016年全年营业收入分别为200万元、150万元、100万元。全年职工薪酬分别为80万元、60万元、40万元,2016年12月31日,资产总额分别为800万元、600万元、400万元。

甲企业2018年汇算清缴实际应纳税额为80万元,填写在《跨地区经营汇总纳税企业年度分摊企业所得税明细表》(A109000)第1行"一、实际应纳所得税额"。其中境外所得应纳税额10万元,填写在《跨地区经营汇总纳税企业年度分摊企业所得税明细表》(A109000)第2行"减:境外所得应纳所得税额"。

境外所得抵免税额6万元,填写在《跨地区经营汇总纳税企业年度分摊企业所得税明细表》(A109000)第3行"加:境外所得抵免所得税额"。

甲企业设有跨省、自治区、直辖市的总机构直接管理建筑项目部 D,该项目部于 2018 年已按实际经营收入的 0.2% 预缴税款 1 万元,甲企业就该笔收入开具了发票并取得了预缴税款的完税凭证,填写在《跨地区经营汇总纳税企业年度分摊企业所得税明细表》(A109000)第 6 行"总机构直接管理建筑项目部已预分所得税额"。

2018 年甲企业总机构已预缴税额为 22 万元,填写在《跨地区经营汇总纳税企业年度分摊企业所得税明细表》(A109000)第 7 行"总机构已分摊所得税额"。

财政集中分配预缴税额 22 万元,填写在《跨地区经营汇总纳税企业年度分摊企业所得税明细表》(A109000)第 8 行"财政集中已分配所得税额"。

分支机构分摊预缴所得税额 44 万元,填写在《跨地区经营汇总纳税企业年度分摊企业所得税明细表》(A109000)第 9 行"分支机构已分摊所得税额"。

由此可计算得出:

(1)《跨地区经营汇总纳税企业年度分摊企业所得税明细表》(A109000)第 11 行"本年度应分摊的应补(退)的所得税额"$=80-10+6-1-22-22-44=-13$(万元)

(2)《跨地区经营汇总纳税企业年度分摊企业所得税明细表》(A109000)第 12 行"总机构分摊本年应补(退)的所得税额"$=-13\times25\%=-3.25$(万元)

(3)《跨地区经营汇总纳税企业年度分摊企业所得税明细表》(A109000)第 13 行"财政集中分配本年应补(退)的所得税额"$=-13\times25\%=-3.25$(万元)

(4)《跨地区经营汇总纳税企业年度分摊企业所得税明细表》(A109000)第 14 行"分支机构分摊本年应补(退)的所得税额"$=-13\times50\%=-6.5$(万元)

(5)《跨地区经营汇总纳税企业年度分摊企业所得税明细表》(A109000)第 15 行"总机构主体生产经营部门分摊本年应补(退)的所得税额"$=-6.5\times[100\div(200+150+100)\times35\%+40\div(80+60+40)\times35\%+400\div(800+600+400)\times30\%]=-1.44$(万元)

(6)《跨地区经营汇总纳税企业年度分摊企业所得税明细表》(A109000)第 16 行"境外所得抵免后的应纳所得税额"$=10-6=4$(万元)

(7)《跨地区经营汇总纳税企业年度分摊企业所得税明细表》(A109000)第 17 行"总机构本年应补(退)的所得税额"$=-3.25-3.25-1.44+4=-3.94$(万元)

案例 2

2018 年汇算清缴时,总机构位于北京的丙集团公司(内资企业),分省设置三个分支机构 A、B、C,所在地分别在南京、海南、上海,总机构 2016 年收入总额、工资总额、资产总额分别为 100 万元、20 万元、1000 万元;A 分公司 2016 年三项因素分别为 50 万元、10 万元、200 万元;B 分公司 2016 年三项因素分别为 30 万元、10 万元、100 万元;C 分公司 2016 年三项因素分别为 5 万元、1 万元、50 万元。

企业所得税年度纳税申报时,应将三个分公司的利润同总公司的利润进行汇总并计算应纳所得税额,再根据各分公司的三项因素所占比例分别计算分公司应承担的所得税。

假设:丙集团公司汇总后计算的应纳所得税额为 20 万元,则由总机构缴纳 10 万元

(20×50%),再由三个分支机构共计缴纳10万元(20×50%),各个分支机构应分摊税款计算如下:

A分公司分摊比例和缴纳税款:

A分公司分摊比例[50÷(50+30+5)×0.35+10÷(10+10+1)×0.35+200÷(200+100+50)×0.3]=0.54

A分公司应缴纳税款0.54×10=5.4(万元)

B分公司分摊比例和缴纳税款:

B分公司分摊比例[30÷(50+30+5)×0.35+10÷(10+10+1)×0.35+100÷(200+100+50)×0.3]=0.38

B分公司应缴纳税款0.38×10=3.8(万元)

C分公司分摊比例和缴纳税款:

C分公司分摊比例[5÷(50+30+5)×0.35+1÷(10+10+1)×0.35+50÷(200+100+50)×0.3]=0.08

C分公司应缴纳税款0.08×10=0.8(万元)